스폰서십 핸드북

박정배·박양우·임연철

박영사

이 책은 현대 스폰서십의 선구자, 스폰서십 역량을 개발할 수 있게 해준 동료와 회사,
그리고 인내와 유머있는 우리 가족들을 위해 바칩니다.

머리말

    유럽 스폰서십 협회의 사명은 스폰서십 실무의 전문성 기준을 개선하는 것이며, 스폰서십 핸드북은 이러한 목표를 달성하는 데 중요한 역할을 한다.

    스폰서십 핸드북은 스폰서십의 핵심 구성요소에 대한 실용적인 안내서로 함께 사고와 행동을 신속하게 처리하기 위한 도구 및 점검표를 제공한다. 전 세계에서 수집한 선행사례 연구는 핵심 사항을 설명하고 영감을 제공하는 데 도움이 된다. 저자들은 주요 주최자 및 스폰서들과 함께 일하며 폭넓고 수준 높은 경험을 쌓은 스폰서십 전문가들이다.

    스폰서십 산업이 성장하고 새로운 조직이 시장에 진입함에 따라, 스폰서십 핸드북은 새로운 스폰서, 주최자 및 기타 관심 있는 이해 관계자에게 스폰서십 모범 사례를 교육하는 데 중요한 자료와 도움이 될 것이다.

카렌 얼

회장

유럽 스폰서십 협회

역자의 글

우리 학문 분야에서 스폰서십 연구와 활용은 불가근불가원(不可近 不可遠)의 과제이다. 현대 사회에서 스폰서십은 필요하지만, 사회에서 보는 시선은 여전히 복잡하고 다양하기 때문이다.

주최자로서는 좋은 콘텐츠를 활성화하여 더 성공적인 모델을 만들기 위해 예산 등 부족한 부분을 채우고 싶을 것이고, 스폰서 입장에서는 그들 자신의 목적 사업과 방향이 일치한다면 목표가 같은 주최자와 함께하여 효율적이고, 효과적인 성과 창출을 기대할 것이다. 하지만 여전히 스폰서십은 모두에게 다소 조심스러운 영역이다. 그런데도, 스폰서십은 주최자와 스폰서 그리고 참여자들에게 윤활유 같은 역할을 할 수 있어서 제대로 활용된다면, 서로에게 긍정적 이익과 성과를 만들어낼 수 있다. 이 책에서 그런 점을 잘 설명해 주고 있다.

역자들은 급변화하는 현대 사회에서 협상을 통하여 갈등을 최소화할 수 있는 스폰서십의 이론적 체계화는 현장에서 효율성을 증대시키고 효과가 극대화될 수 있다고 보았다. 그야말로 스폰서십은 국내외 현장에서 컨버전스(Convergence)시대의 중요 요소이고, 마케팅 기법의 하나임이 틀림없기 때문이다.

현대 사회에서 스폰서십은 리더십, 갈등과 협상, 의사소통, 기획·운영, PR·홍보 그리고 법 관계 등 다양한 이론과 방법이 활용되고 있다. 이를 위한 스폰서십 과정은 다소 복잡할 수 있겠지만 효과적인 성과 모델을 창출하기 위해서는 기회 요소가 된다.

무엇보다도 현장에서 스폰서십은 부담스러워하지 말고 적극적으로 활용하길 바란다. 하지만 스폰서십은 무조건 일을 성립하게 해 주거나 피해야 할 스폰서십을 알아서 판별해 주지 않는다. 직접 세상으로 나가, 스폰서십의 여러 상황에서 부단히 노력하면서 성공모델을 찾아내고 서로 도움이 되는 목표가 무엇인지를 확인해야 한다. 만약 스폰서십의 본질적 기능에 대해 제대로 배우지 못하거나 기본을 잊어버린다면 슬프지만, 그 과정에서 실패를 경험할 수 있기 때문이다.

따라서 이 책을 통해 스폰서십에 대한 기본적이고 본질적 개념을 찾을 수 있을 것이라 본다. 하지만 결코 쉽게 얻을 수 있는 것은 아니다. 만약 이를 익힌 사람들은 성공의 보상으로 즐거움을 누릴 자격이 만들어질 것이다. 그리고 스폰서십을 스스로 찾아 행하는 즐거움이 동반된다면, 어떤 어려운 일도 재미와 흥미를 가지고 성과를 만들 수 있을 것이다. 여러분들은 학습과 실행을 하면서 현업에서 즐거움을 찾아보길 기대한다.

오랫동안 역자들은 이 책을 준비하였다. 모두 각자 업무와 이유로 출간이 늦어지고, 여전히 의욕에만 기대어 마무리한 것은 아닌지 걱정이 앞선다. 구차한 핑계를 댄다면, 원작의 내용이 2000년 중후반의 콘텐츠로서 신선도와 현장 적용에 대하여 고민하여 검토가 다소 필요했다. 그리고 코로나19로 인한 어수선한 국내외 상황도 한몫했다. 하지만 강의와 연구를 통해 내용을 정리하다 보니 장점이 월등하고 반드시 제공하여야 할 핵심적 내용과 이론적 체계화의 전달이 더 시급하다는 결론을 내려 용기 내 완성하게 되었다. 역서를 통해 관련 분야의 후속 연구의 방향성 제시와 현업에도 이바지할 것을 기대하며 부담스러운 마음을 내려놓는다. 특히 '스폰서십'이라는 분야의 체계적 정리가 우리 학문 분야에서도 새로운 개념적 위상을 갖고 중요한 기능을 한다는 것을 깨닫게 되길 바란다.

이 책에 관심과 선택하여 주신 모든 분에게 감사와 조언을 부탁드린다. 오랜 기간 출판을 위해 노력해준 ㈜박영사 안종만·안상준 대표님과 편집을 맡은 탁종민 님과 AE 정연환 님 그리고 자료 검토를 도와준 유은혜 님과 이하 여러분께 감사의 마음을 드린다.

청운대학교 은천관에서
2023. 8월. 역자 일동

서언

비교적 젊은 마케팅 분야인 스폰서십은 모범 사례와 만족스러운 결과를 가져오는 정책 및 절차의 실행을 보장하는 데 필요한 지식이 부족하다.

40년 이상의 스폰서십 경력을 가진 전문가이자 강사인 우리는 시행착오를 겪으며 배운 것들을 이 흥미진진한 산업을 처음 접하는 사람들이 우리보다 더 빨리, 덜 힘들게 배울 수 있도록 돕고자 했다!

이 책은 스폰서십 역량을 개발하는 데 관심이 있는 모든 사람에게 강력한 결과를 도출할 수 있는 원칙과 절차를 소개함으로써 스폰서십에 대한 기본적인 이해를 돕는 것을 목표로 한다.

스폰서십에 대한 자세한 방법 및 정보는 다음을 방문하세요.
http://www.sponsorshipstore.com.

SponsorshipStore

스폰서십 관련 뉴스, 생각과 동향에 대한 최신의 것은
트위터(@Sponsorshiptips)를 팔로우(follow)하시오.

저자 소개

피파 콜렛(*Pippa Collett*)

Managing Director – Sponsorship Consulting, Vice Chair – European Sponsorship Association
pippa.collett@sponsorshipconsulting.co.uk

피파는 Shell, American Express, Rank Organisation에서 폭넓은 고객사 경력을 쌓은 선도적인 스폰서십 전문가이다. 그녀의 글로벌 스폰서십 경험은 포뮬러 원 레이싱과 아테네 올림픽의 페라리부터 올리비에 어워드와 유니레버 시리즈를 포함한 문화 프로젝트에 이르기까지 모든 범위를 망라한다. 2006년 스폰서십 컨설팅에 합류하여 지멘스(*Siemens*), 스탠다드차타드은행(*Standard Chartered Bank*), Cisco와 같은 우량 고객과 함께 일했다.

유럽 스폰서십 협회의 부회장으로서 피파는 ESA의 스폰서십 심사 및 평가지침 작성, 스폰서십 대행사 선정 절차, 지속적 전문성 개발 개념 도입 등 스폰서십 의제 개발의 주요 측면을 주도해 왔다.

스폰서십 관행의 표준을 높이는 데 진정으로 헌신하는 피파는 영국, 유럽, 중동 및 미국의 컨퍼런스 청중과 스폰서십에 대한 자신의 관점과 경험을 공유해 왔다. 그녀는 다이렉트 마케팅 연구소(*Institute of Direct Marketing*)와 영국 광고주 협회에서 강의하는 데 시간을 할애하고 있으며 BBC, 파이낸셜 타임즈, 월스트리트 저널에서 스폰서십 문제에 대한 정기적인 논평자로 활동하고 있다.

윌리엄 펜턴(*William Fenton*)

Director of Sponsorship Consulting
William.Fenton@sponsorshipconsulting.co.uk

스폰서십 컨설팅에서 윌리엄의 고객은 영국 도서관, 두바이 국제 영화제, 엡손, 유럽 우주국 등 다양하다. 그는 국제 스포츠 마케팅 조사를 위한 올림픽, FIFA 월드컵, 포뮬러 원 경주 스폰서십을 평가하는 데 19의 경험을 가지고 있으며 스폰서십 리서치 인터내셔널/ISL의 연구 책임자로 있다.

그는 IFM 스포츠 마케팅 조사에 의해 출판된 세계 스폰서십 모니터의 편집장이며, 국제 스포츠 마케팅 및 스폰서십 저널에 게재되었다. 그는 브뤼셀의 HUB 경영대학원과 VUB 대학에서 강의하며 온라인 웹캐스트(*online webcasts*)에도 출연하고 있다. 국제회의 연사로 자주 활동하는 그는 CNBC 텔레비전의 '머니 앤 스포츠(*Money and Sport*)'에 출연했다. 그는 시장 조사협회의 시장(*market*) 및 사회조사 실무 고급 자격증을 보유하고 있고, 유럽 스폰서십 협회의 지속적인 전문성 개발 인증 프로그램의 설립자다.

목차

Chapter 01 스폰서십 개요 및 소개 11

Part I 스폰서*(Sponsors)* **35**

Chapter 02 스폰서십 전략 개발하기 37
Chapter 03 성공을 위한 계획 수립 53
Chapter 04 스폰서십 실행 75
Chapter 05 스폰서십 평가 97

Part II 스폰서십 판매 전문가*(Sponsorship Seekers)* **119**

Chapter 06 스폰서십 전략 개발 121
Chapter 07 필수 판매 준비 145
Chapter 08 판매과정 165
Chapter 09 서비스 및 갱신 191

Part III 앞으로 나아갈 길*(The way ahead)* **219**

Chapter 10 미래의 스폰서십 221

용어 사전 229

감사 인사

Christine Hutton, Suzanne Millington, Grame Davis(스폰서십 컨설팅); 데이비드 래피시(O2), 마이클 브록뱅크(유니레버), 조스 클리어(어센츄어), 대런 마샬(에볼루션), 데이비드 슬레이(풋밸런스); Caroline Booth(뉴질랜드 텔레콤); 에이미 리달 펠(넬슨); 파리나 자바리(넬슨); Guido Becchis Youthstream; Annemie Vander Vorst(FedEx); Gwendolyn Da Silva(Morgan Stanley); Daragh Persee(Vodafone), Pia DeVitre(Deloitte), Jacob Vanluchene(레드불), Anne Keogh(Siemens); 클레어 자비스(지멘스); Leilani Yan(항공 광고); 알라스테어 마크스(맥도날드); 가레스 로버츠(칼스버그); 숀 와틀링(레드 만다린); 레사 우크만(IEG); 토니 폰투로(폰투로 관리 그룹); 피오나 시모어(교통부); Nigel Geach(IFM 스포츠 마케팅 조사), Sandra Greer(IFM 스포츠 마케팅 조사), Jeff Ecclston(스폰서십 리서치 인터내셔널 - SRi), Ardi Kolah(Guru in a Bottle), Karen Earl(유럽 후원 협회), Jos Verschren(Vrije University, Brusel University of Physical Education and Policy Departy), IFM 스포츠 마케팅 조사(IFT), Jaclyn Neal(Beiersdorf UK Ltd); Nicola Seery(Beiersdorf UK Ltd); Zoe Stainsby(케이크); Simon Fry(FedEx); 파이살 데일(사우디 포스트), 루이스 비센테(맨체스터 시티 축구 클럽), 세레나 헤들리 - 덴트(파러 & 코), 벤 트레드어웨이 & 마크 코니시(스폰서리움).
포뮬러 원은 포뮬러 원 라이선스 B.V의 상표이다.

면책 조항(Disclaimer)

제3자의 출처를 확인하기 위해 모든 노력을 기울였으며(해당되는 경우) 정보를 정확하고 성실하게 표현하기 위해 모든 주의를 기울였지만, 저자는 사실 여부와 관계없이 어떠한 오류나 누락에 대해서도 책임을 지지 않으며, 본 간행물에 포함된 정보에 대한 신뢰로 인해 발생하는 어떠한 책임도 부담하지 않는다. 그러나 저자들은 향후 개정판을 위해 크레딧이나 본 출판물에 포함된 자료를 수정하는 것을 환영한다.

이 책의 사용 방법

    스폰서와 스폰서십을 원하는 사람들을 위한 섹션은 좋은 스폰서십의 열쇠가 양측의 필요와 다른 관점을 이해하는 것이기 때문에 서로를 알려준다. 아이콘은 이 책을 안내하고 정보를 빠르게 추출하는 데 사용된다.

 개요

사례 연구

 주요 활동

 주요 질문

주요 학습 요점

스폰서십 개요 및 소개

개요

스폰서십을 올바르게 구상하고 창의적으로 실행하면, 브랜드를 구축하고 이해관계자의 참여를 유도하며 수익성 있는 상업적 기회를 창출할 수 있는 탁월한 힘을 발휘할 수 있다.

이 장에서는 스폰서십을 이해하는 데 필요한 기본 구성 요소와 운영 환경을 소개하며, 다음을 포함한다:

- 스폰서십은 현대 스폰서십 관행의 맥락에서 무엇이고, 무엇이 아닌지.
- 산업의 규모, 그리고 광고 지출이 둔화하고 있는 상황에서 성장을 계속하는 이유.
- 주요 참가자와 스폰서십 기회의 범위, 목표 대상 및 고려해야 할 가능한 스폰서십 목표.
- 유·무형의 스폰서십 자산과 이 중 일부가 어떻게 평가될 수 있는지.
- 스폰서와 주최자의 관점에서 스폰서십하는 과정.
- 스폰서십 목표를 달성하기 위해 내부 인력과 외부 지원을 사용해야 하는 시기에 대한 논의.

스폰서십: 그것은 무엇인가?

이것은 특히 우리가 10장에서 토론하는 소셜 미디어의 활용과 관련하여 현재 많은 논쟁의 주제이다. 스폰서십은 기껏해야 연관성 있는 마케팅 도구로, 스폰서와 스폰서십 활동 모두에 상호 브랜드 및 비즈니스 가치를 창출한다.

스폰서 및 스폰서 활동은 최악의 경우, 스폰서십은 회장이 아내에게 주주들의 비용으로 아내의 이익을 탐닉하기 위한 변명일 수 있다. 현재 가장 널리 받아들여지는 정의는 국제 상공회의소의 정의이다.

> "스폰서와 스폰서 당사자의 상호이익을 위해 스폰서가 스폰서의 이미지, 브랜드 또는 제품과 스폰서십 특성 간의 연관성을 구축하기 위해 계약상 자금 또는 기타 지원을 제공하고, 이 연관성을 홍보할 권리 또는 합의된 특정 직간접적 혜택에 대한 대가로 스폰서십 특성을 제공하는 모든 상업적 계약이다."

이 다소 긴 문장의 핵심 단어는 다음과 같다.

- 이윤: 크고 작은 기업이 수행하는 현대의 스폰서십은 기업이 상장 기업이든 비상장 기업이든 상관없이 비즈니스 소유주에게 어떤 종류의 상업적 결과를 제공하는 것을 목표로 한다. 이러한 혜택은 손익계정의 추가수익 또는 비용 절감과 대차대조표의 브랜드 자산 가치 증가로 나타날 수 있다. 마라톤을 뛰거나 새로운 기술을 배우는 등 개인이 좋은 취지의 기금 마련을 위해 도전하는 것은 칭찬할 만한 활동이지만, 이 정의와 이 책의 범위를 벗어나는 것이다.
- 상호: 스폰서십 관계의 혜택이 스폰서 조직과 스폰서 활동 모두의 성공적인 파트너십을 의미한다는 것이 점차 확산하고 있다.
- 계약: 계약은 상세하게 작성되거나 구두 합의에 근거할 수 있지만, 해당 사법 시스템에서 적용되는 계약법의 기본 원칙이 관계에 적용된다. 주최자가 협회 가입권 및 기타 혜택을 판매하기 위해 제공하는 것으로, 스폰서가 이를 수락하고 현금 또는 현물 등 일정한 형태의 대가를 제공함으로써 확정된다. 대가가 없는 비공식적인 상호 연합 계약은 ICC 정의에 따라 스폰서십에 해당하지 않는다.

따라서 이 정의는 자선, 기부 또는 후원 같은 역사적으로 이름이 붙었던 많은 활동을 제외한다. 그러나 스폰서십의 정의가 현재 이러한 논란을 초래하는 이유 중 하나는, 일반 소비자의 관점에서 볼 때 일종의 스폰서십처럼 보이거나 느껴지는 다른 연관 마케팅 활동의 발전 때문이다〈그림 1-1 참조〉. 여기에는 다음이 포함된다:

- 공익 관련 마케팅: 글로벌 에이즈 관련 기금 모금계획인 레드(Red)는 다양한 브랜드

가 힘을 합쳐 에이즈 퇴치를 위한 기금을 모금하는 동시에 브랜드 자산을 높이는 효과를 누린 좋은 예이다.

- 작품 속 광고: 본드 영화에 등장하는 BMW나 X 팩터 USA 심사위원들이 눈에 띄게 소비하는 코카콜라 등, 소비자들은 브랜드가 집단적인 열망을 활용하여 제품을 마케팅한다.
- 광고주 - 자금 지원 프로그램: 면도 제품을 성능과 연관시키는 질레트*(Gillette)*의 월드 오브 스포츠*(World of Sport)*는 이러한 장르의 대표적인 예이다.

그림 1-1 스폰서십의 정의 그림 표현

- 이벤트 주최: 레드불 에어 레이스나 나이키 10k 런*(The Red Bull Air Race or Nike 10K Runs)*은 스폰서십 이벤트처럼 보이지만 실제로는 해당 브랜드가 소유하고 있으며, 이는 진정한 스폰서십 관계에서 일반적으로 가능한 것보다 더 많은 통제권을 갖고자 하는 브랜드의 욕구를 나타낸다.

이 책은 주로 핵심 스폰서십 정의와 관련된 원칙과 프로세스에 대한 논의에 국한되어 있지만, 이러한 이슈 중 상당수는 제휴 마케팅 범위 내의 다른 활동에도 적용될 수 있다는 점을 이해해야 한다.

산업 발전

　스폰서십은 지난 10년 동안 전례 없는 성장을 경험했으며, 협회의 스폰서십 권리 구매에 대한 투자 수준은 거의 두 배로 증가했다〈그림 1-2 참조〉.

　이는 같은 기간 동안 광고 지출이 증가한 것과 비교하면 매우 고무적인 결과이다. 특히 주목할 만한 점은 2008~9년 경기 침체기 동안 광고 지출이 약 5% 감소한 시기에 전년도보다 느리긴 했지만 스폰서십이 지속해서 성장했다는 점이다. 스폰서십에 대한 투자 증가는 경제 발전, 사회적 진화, 기술혁명의 3가지 핵심 흐름이 뒷받침하고 있다.

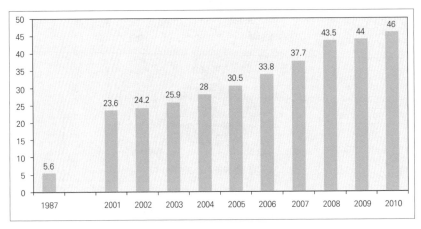

그림 1-2　수백만 달러가 지출되는 국제 스폰서십
(Reproduced with permission of IEG)

- 경제 발전이 개인에게 가져다주는 경제적 자유에 대한 열망으로 인해 현재 마케팅 도구로서 스폰서십에 대한 관심이 집중되고 있다. 농경 사회에서는 부의 편중이 심해 대다수가 생계 수준 이하에 머물러 재량 활동할 여유가 부족하다. 경제 발전은 개인이 재량적인 항목에 소비할 수 있는 시간과 현금을 창출하는데, 일반적으로 처음에는 신체적 편안함에 할당된다. 번영이 일상화됨에 따라 더 많은 돈을 우선으로 부담을 줄이고 여가를 추구하는 데 할당할 수 있게 된다. 매우 성숙한 시장은 이제 사람들이 자아를 실현하는 경험을 찾는 경험 경제로 이동하고 있다. 피자헛(*Pizza Hut*)에서 식사하거나 애플(*Apple*)에서 쇼핑하거나 그루밍 제품을 바르는 등의 '멋진 경험'을 원하는 소비자의 요구에 브랜드가 부응하고 있다. 많은 브랜드가 직면한 과제는 이

러한 경험을 고객에게 현실로 만드는 것이다. 스폰서십은 브랜드 경험에 생동감을 불어넣고 있다.

▪ 사회적 진화는 스폰서십 산업의 성장을 이끄는 두 번째 흐름이다. 역사적으로 사람들은 자신이 섬기는 봉건 영주와 자신을 동일시했다. 최근에는 고용을 제공한 회사와 정체성이 연결되었다. 마찬가지로 여성도 더 이상 아버지의 딸이나 남편의 아내로만 인식되지 않고 자신만의 정체성을 갖기 시작했다. 이러한 사회적 변화의 결과는 사람들이 새로운 충성심을 나타내는 배지[1]를 찾고 있다는 것이다. 이러한 배지는 정치, 스포츠, 종교 또는 소비자 수준에서 실제 또는 가상 커뮤니티에서 그룹을 하나로 묶는 기타 추구 활동에서 찾을 수 있다.

이러한 사회적 변화는 기업이 사회에서 자신의 역할을 인식하는 방식에도 영향을 주었다. 트리플 보텀 라인 회계(번역자 주: *triplebottomlineaccounting.com*)가 도입되면서 기업은 더 이상 수익과 배당이라는 경제적 성공에만 집중할 수 없게 되었다. 이제 기업은 사회적, 환경적 영향도 고려해야 한다. 이에 따라 기업들은 교육, 건강, 스포츠, 문화에 대한 풀뿌리 수준의 투자를 통해 지역사회에 이바지할 뿐 아니라 전 세계에 영향을 미치기 위해 노력하고 있다.

그림 1-3 소통 채널 개발 1958-2011

▪ 그러나 기술혁명은 스폰서십을 위한 가장 중요한 흐름을 나타낸다. 제한된 수의 단방향 채널에서 과도한 양방향 상호작용으로의 전환은 소비자로서의 우리의 기대치를 크게 변화시켰다〈그림 1-3 참조〉.

---

1 배지는 장신구의 종류로 자격, 직위, 계급, 경력 등을 나타내기도 한다.

20세기의 단발성 광고와 독백적인 광고 상표에서 다중 틈새 전략을 적용해야 하는 다중 채널 접근 방식으로 근본적인 변화가 있었다. 소비자들은 이제 여러 정보 출처를 이용할 수 있고 더 이상 광고를 신뢰하지 않아도 된다. 사람들은 브랜드와 대화를 하기를 매우 원하고, 일부 브랜드들은 이것이 상당히 불편하다고 생각하는 반면, 장기적으로 볼 때 상호작용적인(대화형) 고객에 적응하는 법을 배우는 브랜드가 승자가 될 것이다. 새로운 공동체에는 다양한 유형이 통합되어 있어서 사회 인구통계학적 그룹을 기반으로 표적화는 점점 무의미해지고 있다. 따라서 기업들은 단순히 사회 인구통계학적 그룹보다는 유사한 습관과 행동을 가진 사람들의 공동체를 어떻게 목표로 삼는지 훨씬 더 많이 고려하고 있다.

새로운 통신 현실의 도전은 정보를 식별하고 흡수하는 능력 측면에서 소비자에게 큰 영향을 끼쳤다는 점이다. 세스 구딘(*Seth Goodin*)은 자신의 저서 '퍼미션 마케팅(*Permission Marketing*)'에서 "수요가 많고 공급이 제한된 시대는 지났다. 밝혔듯이…이제 새로운 게임이다. 공급 제한이 주목되는 게임." 광고는 인지도를 높이고 홍보는 알리고 영향력을 발휘하며 판매촉진을 활발하게 시험하여 자극하는데 탁월하지만, 마케팅의 혼란을 줄이기 위해 서로 경쟁한다. 브랜드들은 우리의 관심을 끄는 가장 좋은 방법은 새로운 커뮤니티의 실상을 파악하고 스폰서십을 통해 그들과 제휴하는 것이라는 것을 발견했다.

스폰서십의 기본 구성 요소

성공적인 스폰서십에 필수적 요소는 산업을 구성하는 핵심 구성 요소에 대한 이해이다. 모든 당사자가 다른 구성원과 이러한 구성원들이 부여된 권리를 전달할 수 있는 그들의 집단적 능력 측면에서 수행하는 역할에 대해 인식하는 것이 중요하다〈그림 1-4 참조〉.

스폰서십과 스폰서의 개념은 스폰서십 산업 전체 환경 내에 배치될 때 오히려 단순한 것으로 간주할 수 있다. 첫 번째 과제는 누가 주최자인지, 즉 협회의 권리를 스폰서에게 팔 수 있는 권한을 가진 조직을 정확히 규정하는 것이다. 구겐하임 박물관이 미술 전시회를 위해 스폰서십을 판매하는 것과 같은 주최자가 자산 관리인의 경우가 가장 많다. 그러나, 특히 방송 스폰서십의 경우, 주최자가 스폰서십 자체를 직접 감독하지 않는 경우가 있으며, 이는 어떤 중개인에 의해 이루어지고 있다.

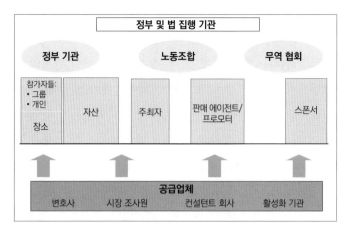

그림 1-4 스폰서십 산업의 중요 요소

  사례 탐구 올림픽 및 장애인 올림픽 경기

🎓 주요 학습 요점

• 어떤 조직이 어떤 권리를 당신에게 팔 수 있는지 확실히 하라.
• 스폰서십을 성공적으로 구현하고 활용하는 데 필요한 모든 권리를 획득하기 위해 여러 단체와 계약을 체결해야 할 수도 있다.

그 좋은 예가 국제올림픽위원회(IOC)와 국가올림픽위원회(NOC)의 관계다. IOC는 궁극적으로 올림픽 마크, 로고, 상징물에 대한 모든 권리를 통제하고 이를 글로벌 스폰서들에게 직접 판매한다. 그러나 IOC는 자국 국경 내의 모든 NOC에 마크, 로고, 상징물은 아니지만, 올림픽에 대한 비준권을 판매할 수 있는 기회도 위임한다. 만약 어떤 브랜드가 올림픽과의 연관성을 위해 NOC와 협약을 체결한다면 가장 유감스러운 일은 이것이 올림픽 링 로고를 사용하거나 올림픽과의 연관성을 전 세계적으로 홍보할 수 있는 권리를 브랜드에 부여한다는 것이다.

문화보다 스포츠와 오락에서 더 빈번한 것은 판매 대리점이나 프로모터의 사용이다. 그들은 스폰서십 기회로서 자산과 관련된 판매권을 샀을 수도 있지만, 예를 들어 데이터베이스 접근을 포함할 권리는 없을 수도 있다. 잠재적 스폰서십 관계의 일부로 데이터베이스 액세스가 브랜드에 중요한 경우, 브랜드가 데이터베이스 액세스 권한을 부여할 수 있는 당사자를 식별하고 이러한 당사자들이 계약에 합의되었는지 확인하는 것이 필수적일 것이다. 사람들이 자산에 대해 생각할 때 종종 잊어버리는 한 그룹은 "공연자"이다. 예를 들어, 라 스칼라(*La Scala*) 공연의 스폰서십을 고려 중이라면, 오페라하우스 경영진과 직접 협상이 이뤄질 가능성이 가장 크다. 그러나 독주자들이 공연 후 파티에 참석해 친목 활동을 할 것으로 예상되면 추가 합의가 필요할 수도 있다. 공연자와 협상하거나 대리인을 통해 협상할 수 있다. 마찬가지로, 만약 한 브랜드가 6개국을 럭비에 스폰서십하는 하나로 관중 활성화를 수행하고자 한다면, 국제 럭비 위원회로부터 6개 국가와의 연합권 구매뿐만 아니라 트위크넘(*Twickenham*), 머레이필드(*Murrayfield*) 또는 스타드 드 프랑스(*Stade de France*)와 같은 경기장과 별도의 계약을 체결할 필요가 있을 수 있다.

핵심 스폰서십 관계를 뒷받침하는 것으로, 맞춤형 계약서를 작성하기 위한 변호사, 시장 조사원, 컨설팅 회사 또는 활성화 기관 등 다양한 공급업체가 있을 수 있다. 또한 스포츠나 노동조합, 예를 들어 공연계를 위한 형평성 또는 무역 협회와 같은 관리 기구가 관계자에게 영향을 미칠 수 있으며, 물론 스폰서십은 정부 법률과 법 집행을 준수해야 한다.

스폰서의 개념, 즉 "자산"과 연관시킬 수 있는 권리에 대한 대가로 현금이나 현물을 투자하는 법인으로 이해된다.

스폰서된 자산은 본질적으로 개인적이거나 인프라적인 행사나 활동일 수 있다. 〈그림 1-5〉는 가능한 스폰서십 기회의 많은 예를 보여준다.

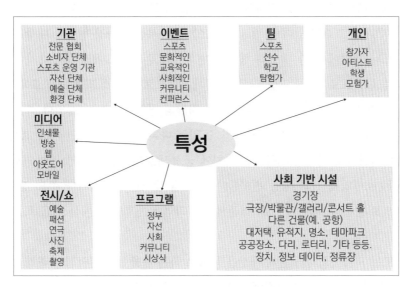

그림 1-5   스폰서십 특성의 유형

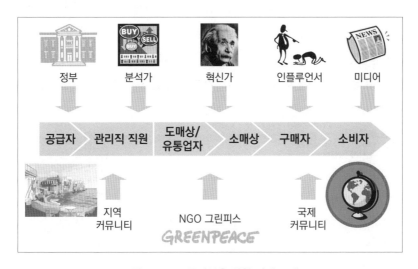

그림 1-6   스폰서십을 위한 잠재 고객

스포츠는 가장 널리 인정받는 스폰서십 수단으로 스폰서십 투자에서 가장 큰 비중을 차지하며, 방송과 문화가 그 뒤를 잇고 있다. 그러나, 잠재적인 스폰서십 기회가 더 많으며, 이러한 모든 기회는 특정 스폰서의 요구에 대한 "최상의 적합성"을 확인할 때 고려되어야 한다.

스폰서십 산업 외부에는 스폰서십이 어떤 식으로든 영향을 미치는 것을 목표로 하는 사람들, 특히 대상 고객이 있다〈그림 1-6 참조〉. 스폰서십의 가장 빈번한 대상 고객은, 스폰서 브랜드나 기업에 대한 태도와 행동을 변화시켜 손익($P\&L$)계정이나 대차대조표에서 가치를 창출을 목표로 한다. 또한 많은 조직 내부적으로 어떻게 직원들을 교육하고 참여시킬 수 있는지에 초점을 맞춰 스폰서십 통해 지원의 변화를 도모하고 있다.

그러나 스폰서십이 성공적으로 전개될 수 있는 다른 많은 잠재적인 대상 고객이 있다. 가치 사슬내에서 스폰서십은 제공되는 가치에 긍정적인 영향을 미치기 위해 공급업체, 도매업체 또는 소매업체 간의 행동 변화를 목표로 할 수 있다. 분석가나 주요 정부 부서를 주요 초점으로 삼는다. 마찬가지로, 스폰서십은 기업에 영향을 미치는 것을 목표로 할 수 있다.

NGO 또는 지역사회와의 관계 개선을 목표로 하는 훌륭한 스폰서십 사례가 많이 있다. 예를 들어, 대형 제조 공장은 공장에서 발생하는 소음이나 빛 공해에 대해 적절한 방식으로 보상하고자 하는 의지를 보여주면서 지역사회와 연계된 스폰서십에 투자할 수 있다.

성공적인 스폰서십의 핵심 열쇠는 궁극적으로 스폰서십 목표를 명확하게 정의하는 데 있다. 스폰서십 평가 및 평가 지침에서 유럽 스폰서십 협회(ESA)는 3가지 다른 그룹의 스폰서십 목표를 설정했다〈그림 1-7 참조〉. 가장 널리 알려진 목표 그룹은 브랜드 인지도를 창출하는 것에서부터 브랜드 옹호 촉진에 이르기까지 브랜드 구축에 중점을 두고 있다.

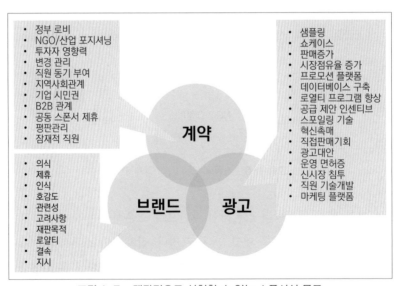

그림 1-7　객관적으로 실현할 수 있는 스폰서십 목표

(Source: European Sponsorship Association, reproduced with permission)

사례 탐구 보다폰*(Vodafone)*

 주요 학습 요점

- 노출 측정은 스폰서십 목표 중 하나가 젊은 브랜드의 가시성을 확보하는 것이라면 유효하다.
- 이 경우, 페라리 스폰서십*(Ferrari sponsorship's)*의 전 세계에 노출될 수 있는 능력이 상업적인 방송 시간을 구매하는 것보다 더 비용-효율적이고 매력적인 것으로 간주하였다.

보다폰 포뮬러*(Vodafone's entry into Formula)*의 스폰서로 포뮬러 원 경주에 뛰어든 것은 모바일 통신사 인수 기간 이후 전 세계 여러 시장으로 네트워크를 확장했다. 스폰서십은 차별화, 참여, 수익 목표도 가지고 있었지만, 브랜드가 새로운 시장으로 확장되고 있는 시점에서 글로벌 규모의 광범위한 인지도를 창출하는 것이 핵심 성과물이었다. 새로운 포뮬러 원은 매년 8개월 동안 2주마다 최소 2시간 이상 TV 방송을 제공하며, 전 세계적으로 3억 5천만 명의 시청자를 확보할 수 있는 비용-효율적인 플랫폼을 제공했다.

(Reproduced with permission of Vodafone)

 사례 탐구 O_2

 주요 학습 요점

- 스폰서십은 많은 브랜드 노출을 제공하지만, 달성해야 할 더 중요한 기본 목표가 있을 수 있다.
- 스폰서십 투자를 평가할 때, 관련된 스폰서의 요구가 변화면 확장이 가능할지를 고려한다.

브랜드 구축 규모의 다른 끝에는, 유럽 이동통신 브랜드 O_2는 그리니치, 런던 및 영국 전역의 다른 엔터테인먼트 장소에 있는 O_2 스포츠 및 엔터테인먼트 시설에 대한 타이틀권을 획득했다. 여기서 초점은 O_2 고객이 브랜드 충성도와 지지를 끌어낼 수 있는 우선권 예약에 맞춰져 있으며, O_2가 아일랜드, 독일, 체코에서 이를 복제할 정도로 생각이 성공적이었다.

(Reproduced with permission of O_2)

일부 브랜드의 경우, 스폰서십은 상업적 이익을 직접적으로 파악하는 것에 더 가깝다. ESA는 또한 스폰서십을 위한 상업적 목표의 길고, 그러나 완전한 목록을 확인했다〈그림 1-7 참조〉.

 사례 탐구 Nivea For Men®

🎓 주요 학습 요점

• 팬의 니즈(fans' needs)에 부합하고 팬의 경험을 향상하는 활동을 활용한다면, 스폰서십의 목적이 상업적이라고 해서 잘못된 것은 아니다.

제품 샘플링 중심 스폰서십의 좋은 예는 Powerleague Five-a-side 축구 센터의 공식 그루밍 파트너(grooming partner)가 된 Nivea For Men®이다. 여기에는 42개의 파워리그 센터에 모두에 대한 브랜드 권리와 샘플 제공이 포함되었다. 샘플링 활동과 함께, 영국 전역의 파워리그 센터에서 무료 플레이 시간과 팀 경기 장소를 제공하는 일련의 표적 대회와 프로모션이 있었고, 여름에는 5인 축구 토너먼트로 절정에 달했다.

(Reproduced with permission of Beiersdorf UK Ltd)

 사례 탐구 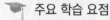 Oil companies and Formula One

🎓 주요 학습 요점

• 스폰서십을 위한 상업적 목표가 수익에 직접적으로 이바지하지는 않을 수 있지만, 투자와 잠재적 수익 사이에는 눈에 보이는 차이가 있어야 한다.
• 스폰서십은 스폰서십 환경에서 소매로 전환될 때 일반소비자에게 여전히 직관적인 의미를 부여해야 한다.

또 다른 예로는, 이번 스폰서십을 혁신의 촉매제로 삼은 것이 석유회사와 포뮬러 원 자동차 경주(Formula One motor racing)와의 관계다. 일상적인 도로 연료 개발 속도를 높이기 위해 석유 메이저들은 경주용 자동차가 경주 트랙에서 더 빨리 달리고 더 먼 거리를 주행할 수 있도록 더 가볍고 더 효율적인 연료를 제공해야 한다고 과학자들에게 임무를 부여했다. 종종 과학자들은 패독(Paddock)의 중심에 참석하여 패배의 아픔과 그들이 응원하는 팀과 승리의 기쁨을 나눈다. 훨씬 더 나은 레이싱 결과를 제공하기 위한 새로운 연료와 윤활유를 찾기 위한 추진은 개발 주기를 가속한다. 그러면 관련 혁신은 주유소에서 일상적 운전자들이 이용할 수 있는 제품으로 변환되어 사용할 수 있다.

개도국 국제법인의 스폰서십의 상당 부분은 운영 면허 확보에 관한 것이다. 한 국가의 스포츠, 문화 또는 교육 발전에 투자하는 것은 기업이 지역으로부터 이익을 얻을 수 있도록 해준 것에 대해 이러한 지역사회에 이것이 원자재를 채굴하는지 아니면 더 비용-효율적인지 노동력의 해결책이든 감사하는 한 방법으로 인식된다.

ESA에서 정의한 세 번째 목적 그룹은 특정 대상과의 참여를 주요 목적으로 하는 것으로, 정부 로비부터 직원 동기부여까지 모든 것을 포함한다. 스폰서십은 시장에서의 평판 관리 또는 젊은 졸업생이나 졸업생 중에서 최고의 인재를 유치하기 위한 좋은 고용주로서의 브랜드 포지셔닝을 중심으로 구성될 수 있다. 또한 스폰서십과 연계된 접대 및 교육 경험을 통해 기업 대 기업 간의 관계를 발전시키는 것도 이 그룹에 포함된다.

 사례 탐구 **지멘스**(Siemens)

🎓 주요 학습 요점

- 직원들은 종종 스폰서십과 관련된 부분에 대해 나중에 생각하는 경우가 많지만, 만약 여러분의 직원들이 여러분의 스폰서십에 대한 근거를 명확히 할 수 없다면, 어떻게 효과적으로 고객들에게 전달할 것인가?
- 미디어 노출은 브랜드 인지도를 높이는 데 도움이 될 수 있지만, 그것은 단지 목표 고객에게 광범위한 메시지를 전달할 뿐이다. 표적화된 홍보 활동은 당신의 주요 메시지가 신뢰할 수 있는 출처를 통해 전달되도록 보장한다.

글로벌 엔지니어링 그룹의 일원인 지멘스(Siemens plc)는 GB 조정팀의 스폰서십을 성공적으로 배치하여 실내 조정 대회를 통해 직원들을 참여시키는 한편, 신중하게 표적화된 PR 활동을 통해 의견 형성자와의 관계를 육성하는 플랫폼을 활용했다.

(Reproduced with permission of Siemens plc)

그렇게 많은 수의 가능한 목표의 유일한 문제는 조직들이 종종 스폰서십으로 많은 다양한 목표를 달성하기를 기대한다는 것이다. 이로 인해 프로젝트에 대한 집중이 분산되고, 광범위한 활성화 프로그램에 걸쳐 예산이 너무 얇게 확장되어 실제 입증할 수 있는 성공 가능성을 약화한다. 2~3개의 명확하게 정의된 목표가 최적의 숫자일 수 있으며, 5개가 절대 최댓값이다.

❓ 스폰서십 자산

스폰서십 자산은 스폰서십 계약을 통해 스폰서가 구매하는 실제 혜택으로 해석된다. 스폰서십 자산은 유형 가치가 있는 자산, 즉 화폐적인 용어로 가치를 정의할 수 있는 무형 자산, 즉 그 가치가 비 금융적인 자산으로 나눌 수 있다. 〈표 1-1〉에서 2가지 유형의 자산에 대한 몇 가지 검사를 확인할 수 있다.

유형 자산 *(Tangible assets)*

미디어 노출, 즉 스폰서십의 결과로 브랜드가 획득한 미디어 노출의 가치는 주최자가 가장 널리 인정하는 자산이며, 그다음으로 티켓과 환대 기회가 뒤따른다. 미디어 값은 브랜드 로고가 화면에 표시되는 시간(또는 포스터 및 *기타 미디어*를 통해)을 계산하고 〈표 1-1〉에 상응하는 비용을 계산하는 것에서 도출된다.

표 1-1 유형 및 무형 스폰서십 자산의 예시

유형 자산 금전적 가치를 계산 가능	무형 자산 금전적 가치가 없음
미디어 노출	양도할 수 있는 브랜드 속성
입장권/환대	귀빈 초대
데이터베이스 접근성	위치의 편의성
전문지식/전문성	브랜드 보증의 신뢰성
회의 시설	고객 충성도 정도
브랜드 홍보대사	범주 독점성
샘플링	공유 목표의 강도
기술	네트워킹 기회
관리 자원	촉진 소개
콘텐츠 제공	독점성
마케팅 활동	쾌적한 환경

광고와 같은 방송 시간을 구매하다 티켓은 액면가격이 있을 것이며, 비록 스폰서의 특정 패키지가 열린 장터(open market)에서 제공되지 않을 수 있지만, 일반적으로 제공되는 전자 제품의 가치를 반영하는 대리점을 찾을 수 있다.

리스트 브로커(list broker)로부터 동등한 리스트를 사는 비용은 데이터베이스 접근의 가치를 계산하는 하나의 방법이다. 전문지식 및 이에 대한 접근은 스폰서가 전문직 직원에게 그 전문지식 자체를 구매조건에 얼마만큼 내야 하는가에 따라 평가될 수 있다. 회의 시설의 제공은 호텔이나 회의장에서 같은 종류의 회의실을 임대하는 비용과 비교할 수 있다. 브랜드 홍보대사는 연사 사무국(speaker bureau)을 통해 동등한 유명 인사를 고용하는 것에 일반적으로 판단할 수 있다. 기차역처럼 교통량이 많은 곳에 부스를 설치하고 배치하는 비용은 스폰서십 관계를 통해 샘플링을 제공할 수 있다는 이점과 비교할 수 있다. 기술에 대한 접근은 대개 개방적인 시장 가치를 가지고 있으며, 이와 유사한 행정자원을 가지고 있다.

콘텐츠에 대한 접근은 각 브랜드를 차별화하려는 휴대전화와 서비스 제공업체 시장에서도 마찬가지로 많은 스폰서십에서 매우 중요해졌다. 이 콘텐츠는 "방송 등가(broadcast equivalent)" 또는 "전용 접속(exclusive access)"이 될 수 있지만, 방송사에서 콘텐츠를 사는 비용이나 해당 콘텐츠를 촬영하기 위해 제작사를 조직하는 데 드는 비용이 어느 정도인지 둘 다 평가할 수 있다. 마지막으로, 스폰서십에 대한 주최자의 마케팅에 대한 접근은 유사한 마케팅 프로그램을 수행하는 비용을 고려하여 회사가 계산할 수 있다.

무형 자산(Intangible assets)

무형 자산은 부가가치 측면에서 평가하기가 더 어려운 경우가 많다. 추정된 가치는 목적 적합성에 따라 크게 달라질 것이다. 특정 스폰서와 그 맞춤형 스폰서십에 대한 무형 자산 및 협회의 권리를 구매하는 것은 스폰서십 관계의 본질이다.

따라서 판매되는 가장 중요한 무형 자산은 다음과 같다. 소유자의 권리가 스폰서의 브랜드에 미치는 스폰서십의 영향이다. 스폰서 자산의 이전 가능한 브랜드 속성 때문이다. 이 혜택의 가치는 스폰서십이 주로 상업적 목표 달성을 목표로 하는 최소 수준에서 스폰서십 패키지에서 가장 중요한 혜택이 될 때까지 변동될 수 있다. 이것의 가장 좋은 예는 기업들이 협회의 권리와 올림픽 마크, 로고, 상징을 사용할 수 있는 능력을 위해 수백만 달러를 지급하는 올림픽 게임의 스폰서십이다.

사실상 티켓과 환대를 포함한 다른 모든 것을 추가로 구매해야 한다. 스폰서십이 기업 간 참여를 목표로 하는 경우, 스폰서십의 위치, 명성 및 제공되는 품질 - 따라서 목표 대상을 환대에 초대하는 능력 - 이 협회의 권리를 마케팅하는 것보다 더 중요할 수 있다.

 사례 탐구 모건 스탠리*(Morgan Stanley)*

주요 학습 요점

- 문화 스폰서십, 특히 시각 예술은 기업 대 기업 지향적인 스폰서십 안건을 전달하는 데 도움이 된다.
- 일반 대중과 경쟁하지 않고 여유롭게 상징적인 미술 작품을 감상할 수 있는 능력은 바쁜 간부들에게는 설득력 있는 제안이다.

이것의 좋은 예는 모건 스탠리의 초대 황제 스폰서십이었다: 영국 박물관에서 2007년 9월부터 2008년 4월까지 운영된 중국의 테라코다 군대. 이번 스폰서십으로 모건 스탠리는 중국에 대한 그들의 사업적 이익에 그들의 브랜드를 맞추는 동시에 고객과의 관계를 위한 문화적으로 혁신적인 플랫폼을 제공할 수 있는 기회를 얻게 되었다. 전시회에 대한 사적인 견해는 모건 스탠리가 기존 고객 관계의 심화와 새로운 고객 관계 구축을 도울 수 있는 독특한 방법을 제공하는 군중 없이도 테라코타 전사들을 볼 수 있는 특권을 고객에게 부여했다.

(Reproduced with permission of Morgan Stanley)

일부 브랜드와 경쟁사에는 스폰서십을 위해 한정된 브랜드가 특히 중요하다. 브랜드에서 그들의 범주에 있는 전공의 배타적 수를 갖는 것은 사실 정반대다: 그들이 원하는 것은 그들의 계정이 정당화할 수 있는 것보다 더 크고, 강하고, 더 인상적으로 보이도록 도와주는 또래 집단의 일원으로 보여지는 것이다.

또한 스폰서와 주최사는 자신의 기준 프레임이 완전히 다를 수 있다는 것을 이해하는 것이 중요하다. 이는 〈표 1-2〉에서 4가지 요소를 비교한 것이다. 그러나 주최사와 기업이 다른 관점을 가지고 있는 다른 문제가 있을 수 있다는 것을 이해하는 것이 중요하며, 두 사람 모두 관계의 측면을 올바르게 해석하기 위해서는 이러한 가능성을 인식할 필요가 있다. 스폰서들은 대부분 PLCs[2]이기 때문에 주주 의무에 의해 주도되는데, 이는 지분

---

2   public limited company(plc)s는 일반 대중에게 주식이 공개된 상장회사이다. 인정된 최소량 이상의 주식자본이 있어야 한다.

과 주가뿐만 아니라 지급되는 배당금 측면에서도 주주가치를 높이는 것이다. 회계 요소는 P&L³ 계정과 대차대조표, 이익과 형평성 측면에서 가치를 측정하며, 리더십은 정교하게 갈고 닦은 사업 기술과 경험을 가진 사람들의 교차 영역에서 도출될 것이다.

〈표 1-2〉에 설명한 것처럼, 스포츠 주최자의 관점은 종종 상당히 다르다. 비즈니스 모델은 스포츠의 성공에 더 중점을 두고 있으며, 승리가 주요 성과 측정기준이다. 대부분의 스포츠 자산은 PLCs가 아니며, 현금 흐름은 이익보다 더 중요한 것으로 여겨지며, 스포츠 애호가들에 의해 주도되는 경우가 많다. 물론, 이것은 문화, 교육 또는 다른 스폰서십 자산 범주로도 번역될 수 있다. 문화적 권리에 대한 큐레이터의 진실성을 바라는 것-주최사들은 그들의 스포츠 선수들 사이에서 승리하려는 의지만큼 강할 수 있다.

표 1-2 스폰서와 주최자 간의 다른 관점

	스폰서	주최자
사업 모델	주주의 의무	"게임의 이익을 위해"
회계 요소	손익계정	현금 흐름
	대차대조표	화이트 나이트(White knight)
성과 측정	주가	상금
	배당금	이익
인적 자원	사업관리자	스포츠 애호가

마찬가지로, 대부분의 교육자들은 그들의 일에 열정적이지만, 비즈니스 세계의 급격한 종말에 대한 경험은 거의 없다. 스폰서와 주최자 사이의 서로 다른 기준의 이해 중요성은 과소 평가될 수 없다.

스폰서십 과정

여러 면에서 스폰서십하는 과정은 다른 과정과 다르지 않다. 올바른 전략 개발, 좋은 계획 그러나 스폰서십에서 이 프로세스의 적용은 스폰서와 주최자의 다른 시각을 통해 볼 때 다소 다르다. 계획 과정의 각 세션은 다른 장에서 자세히 논의될 것이므로, 여기서는 두 관점의 차이를 강조하기 위해 간략한 개요만 제공된다.

---

3   P&L(profit and loss): 손익계산서

먼저, 스폰서의 관점에서 스폰서십 과정을 살펴보겠다〈그림 1-8 참조〉.

▪ 스폰서들을 위한 스폰서십 전략을 개발하거나 검토하는 것은 종종 사업 우선순위나 마케팅 방향의 변화에 따른 결과인데, 스폰서십 전략은 이러한 요소로부터 파생되어 비즈니스와 마케팅 성공에 이바지하는 것이 필수적이기 때문이다. 적절한 스폰서십 정책을 마련하고 향후 스폰서십 투자 결정을 안내하는 의사 결정 프레임워크 (*frameworks*)와 선정 기준을 개발하는 것은 모두 강력한 스폰서십 전략에서 비롯된다. 또한 현재 스폰서십을 검토하여 목적에 맞게 유지할 수 있다. 그렇지 않을 경우, 전략은 정상적으로 종료하는 최고의 방법에 대한 지침을 제공할 것이다. 가장 중요한 것은 어떤 자원을 이용할 수 있는지를 명확히 하는 것이 새로운 전략을 성공적으로 추진하는 데 매우 중요하다는 것이다.

그림 1-8 스폰서를 위한 스폰서십 과정

▪ 계획의 관점에서 올바른 자산을 식별 및 선정하고, 각 자산에 대한 명확한 목표를 설정하고, 계약 단계를 만족스럽게 마무리하는 데 중점을 둔다. 강력한 계약이 체결되면 스폰서십 활성화 프로그램을 구성하고 내부 지원을 확보하고, 권리 홍보를 위한 브랜딩 모델을 개발하고, 청사진 또는 평가를 작성하는 데 중점을 둔다.
▪ 스폰서십 과정의 첫 두 단계는 다소 내부적인 측면이 강하지만, 실행 단계는 조직의 에너지와 자원 대부분을 소비하는 곳이다. 성공 여부는 프로그램 계획이 얼마나 잘 실행되어 스폰서십에 활기를 불어넣고 소비자, 기업 간 또는 직원 등 이해관계자의

참여를 끌어내는지에 따라 판단된다. 적절한 공급업체를 찾아 내부 자원을 보완하거나 적절한 공급업체를 찾아야 할 수도 있으며, 물론 예산도 세심한 주의가 필요하다.

- 마지막으로 평가 단계가 있다. 사실, 성공적인 평가를 위해서는 이정표를 세우고 집행 단계를 거쳐 스폰서십 실적을 추적해야 한다. 공식적인 성과 논의와 사후 투자 검토는 향후 결과를 개선하기 위한 새로운 아이디어를 식별, 포착 및 구현하는 데 필수적이다. 성과 장애물에 실패한 스폰서십은 신중한 출구 계획이 필요할 것이다.

주최자의 관점에서 보면 과정은 다음과 같지만 강조점이 약간 다르다〈그림 1-9 참조〉.

- 주최자를 위한 스폰서십 전략은 스폰서십 접근법을 선행할 수 있는 자산에 가장 적합한 것이 무엇이며, 스폰서십 투자를 어떻게 인수하고 유치하는가에 초점을 맞추고 있다. 스폰서십 자산을 확인하고 그 잠재적 가치를 이해하는 것은 매우 중요하지만, 주최자도 스폰서십을 최적화하려면 잠재적으로 적절한 자원을 할당해야 한다. 마지막으로, 권리를 위한 최선의 마케팅 전략이 합의되어야 한다.

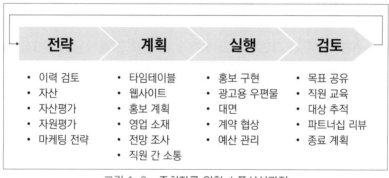

그림 1-9 주최자를 위한 스폰서십과정

- 계획을 진행하기 전에, 주최자는 (a) 권리를 판매하고 파트너십을 구현하는 방법, (b) 스폰서 관심을 끌기 위해 웹사이트와 홍보 계획으로 무엇을 해야 하는지, (c) 판매 자료를 어떻게 개발할 것인지에 대한 명확한 계획표를 가지고 있어야 한다. 철저한 잠재 고객 조사는 가장 주목받는 잠재 고객 조직을 파악하는 데 필수적이다. 직원들이 접근 방식을 이해하고 새로운 파트너를 참여시키는 데 잠재적으로 어떻게 도움을 줄 수 있는지 확인하는 것은 성공을 추구하는 스폰서십에 매우 중요하다.

- 실행 단계는 두 부분으로 나뉜다. 첫째는 스폰서를 유치하기 위한 영업 활동으로, 직접 대면 미팅을 진행하고 계약 협상을 마무리하는 것이다. 하지만 이보다 더 중요한 것은 실제로 파트너십을 실행하는 것이다. 너무 많은 주최자가 판매 확보에만 집중하다 보면 스폰서에게 적절한 서비스를 제공하지 못하여 스스로 해를 끼칠 수 있다. 양측의 목표를 이해하고 예산 범위 내에서 스폰서를 활성화하는 것이 스폰서를 장기적으로 유지하는 데 중요하다.

- 주최자를 위한 검토 단계에서는 스폰서의 목표에 대한 목표 분석에도 초점을 맞춰야 한다. 많은 주최자가 불필요한 비용이라고 생각하여 이를 간과하지만, 재계약 논의를 진행할 때 스폰서 자산이 그들의 목적에 반하여 어떻게 전달되었는지를 스폰서에게 증명할 수 있다는 것은 매우 강력한 것이 된다. 스폰서십 이행 보고서가 정기적으로 제공됐다면 더욱 좋다. 주최자들은 또한 출구 계획을 세워야 할 것이다. 이는 스폰서가 재계약을 하지 않으면 어떻게 되는지, 또는 주최자가 특정 스폰서를 떠나 자유롭게 활동할 수 있어야 하는지에 대한 관점일 수 있다.

❓ 인-소스/아웃-소스 논쟁

브랜드와 주최자 모두가 직면하고 있는 가장 큰 문제 중 하나는 스폰서십 프로그램을 운영하기 위해 귀중한 내부 인력을 배정할 것인지 아니면 스폰서십을 효과적으로 개발하거나 시행하기 위해 외부의 지원을 받을 것인지 하는 것이다. 〈표 1-3〉에서 강조했듯이 두 가지 접근법에는 강점과 약점이 있다.

내부 해결책의 강점은 직원들이 희망차게 한 방향으로 일하고 있는 조직에 둘러싸여 있어서 기업 전략에 더 잘 부합하는 경향이 있다는 점이다. 관리자는 직속 직원을 엄격하게 통제할 수 있으며, 조직에 일정한 기간 근무한 직원은 일을 완료하는데 도움이 되는 비공식 네트워크를 갖게 된다.

표 1-3 자원 선택의 장단점

	내부 자원	외부 자원
강점	"전략"	손쉬운 제거
	엄격한 제어	신뢰성 극복/ 정치
	내부 네트워크	자원 유연성
		시장 출시 속도
		전문가 경험
약점	시간 소요	문화 충돌
	인원수	직원 이직률
	숨겨진 비용: 시간, 자원	높은 비용으로 인식

　물론, 다른 관점에서 인력을 관리하는 것은 시간이 오래 걸리고, 직원 수는 항상 큰 조직의 문제이며, 직원들이 실제로 냉각기에서 작업하는 시간과 채팅하는 시간의 차이, 일반적으로 정규직원에게 제공되는 책상, 조명, 난방, 전력 및 기타 혜택에 대한 비용 등과 같은 측면에서 인력을 확보하는 데는 숨겨진 비용이 있다. 대부분 조직은 정규 급여의 100%를 간접비로 쓰고 있는데, 이것은 직원을 고용하는 데 드는 숨겨진 비용이 실제로 얼마나 들 수 있는지를 보여준다.

　대외적인 측면에서는 외부 자원을 없애는 것이 더 쉽고 그들은 어떠한 종류의 신뢰도나 내부 정치 문제를 극복할 수 있다는 것이 강점이다. 매우 유연할 수 있으므로 특정 이벤트 요구를 충족하기 위해 인력을 충원한 후 신속하게 다시 확장하여 시장에 빠르게 진출할 수 있도록 지원할 수 있다. 만약 스폰서십이 늦게 체결된다면, 외부 자원은 스폰서십의 결과를 최적화하는 데 도움이 될 것이다. 그리고 물론 그들은 내부에서는 얻을 수 없는 전문적인 경험을 갖고 있다.

　외부 자원의 문제는 기관 직원들이 상대적으로 더 빠르게 움직이는 환경에서 일하는 것에 익숙할 수 있기 때문에 그들이 고용 기관과 문화 충돌을 일으킬 수 있다는 것이다. 기관들은 불가피하게 직원 이직률이 높아져서 내부/기관 통합 팀이 불안정해지고 수용할 수 있는 대체 인력이 발견될 때까지 문제가 발생할 수 있다. 마지막으로, 대행 비용은 매우 투명하여서 - 마케팅 예산에서 명확한 선으로 간주한다 - 큰 비용이 숨겨져 있는 내부 자원에 비해 높은 비용이 발생하는 것으로 인식되고 있다.

따라서 이러한 문제에 직면했을 때 권고사항은 다음과 같은 시나리오에서 내부적으로 자원을 조달하는 것이다.

- 스폰서십 활동은 핵심 고객 가치 제안의 일부다. 아디다스 또는 나이키는 스포츠적 맥락에서 의류 또는 신발의 성능이 고객 가치 제안을 광범위한 소비자 대상으로 홍보하는데 핵심적이기 때문에 내부적으로 스폰서십을 관리한다.
- 필요한 기술은 사내에서 이용할 수 있고 접근성이 뛰어나며, 다른 스폰서십 활동에 충분히 배치되지 않는다.
- 그 활동은 회사에 중대한 가치가 있다. 예를 들어, 전문 서비스 기업의 맥락에서 기업 간 고객 접촉은 매우 중요하다. 따라서 이들 조직 중 다수는 이벤트의 모든 측면을 자세히 관리하여 조직의 성과를 최적화하기 위해 대형 이벤트 관리 부서를 두고 있다. 마찬가지로, 주최자의 관점에서, 스폰서십이 조직 자금에서 상대적으로 작은 부분을 구성한다면, 외부 자원은 문제가 없다. 그러나 스폰서십에서 얻는 수익을 실질적으로 행사나 활동이 이루어지도록 하는 핵심적인 역할을 한다면 장기적으로는 내부 자원에 투자하는 것이 유리할 것이다.
- 올바른 자원은 이런저런 이유로 외부적으로 이용할 수 없으며, 이 경우 활동을 전혀 하지 않는 것 외에 내부 자원을 찾는 것에도 선택의 여지가 없다.

물론 아웃소싱은 그 자리를 차지하고 있으며 최종 결정이 내려지기 전에 적절한 고려되어야 한다. 제3자 지원을 요청해야 하는 주요 이유는 다음과 같다:

- 전문 기술이 필요하지만, 사업 핵심 역량에 필수적이지 않으므로 내부 채용에 필요한 시간과 노력을 들일 가치가 없는 모범 사례에 접근하는 것이다.
- 특히 외부 직원이 전문화할 수 있는 반면 내부 직원이 더 일반적일 수 있는 경우 제공될 수 있는 서비스 품질 개선이다.
- 시장 진출 속도가 중요하고 내부 자원을 효과적으로 파악하고 성장시킬 수 있는 시간이 충분하지 않은 경우이다.
- 비용의 투명성을 통해 비용 규율을 유지하고, 총투자 결과에 대한 수익률의 명확성이 향후 예산 배분에 영향을 미칠 수 있는 경우이다.

- 특히 활동이 계절에 따라 진행되는 경우, 자원 유연성의 이점을 누리기 위해 때로는 인원수를 완전히 활동하지 못할 수도 있다.
- 대행사는 대기업이나 기관보다 비용이 적게 드는 관리를 할 수 있는 경향이 있어 내부적으로 인적자원관리를 최소화한다.
- 외부 공급업체가 조직이 정서적으로 너무 가까운 일을 진행하는데 도움이 되는 인지된 권한이나 공정한 조언을 제공하여 내부 장벽을 극복한다.

🎓 주요 학습 요점

- 브랜드와 기업이 의미 있는 방식으로 관객과 소통할 수 있는 능력 때문에 스폰서십 산업이 강하고 성장하고 있다.
- 성공적인 스폰서십 배치의 구성 요소는 복잡하며 스폰서십 전략을 개발하고 실행하는 데 있어 충분한 고려가 필요하다.
- 주최자와 스폰서십은 서로 다른 동인을 가질 수 있으며, 스폰서십 관계를 발전시킬 때 이러한 동인을 이해하고 고려해야 한다.
- 스폰서십 과정은 두 핵심 당사자와 크게 다르지 않지만 서로 다른 강조점을 간과해서는 안 된다.
- 사내 역량 구축하는 것과 타사 전문가에게 아웃소싱하는 것에는 장단점이 있다.

요약

스폰서십은 복잡한 마케팅 수단이며, 조직을 대신하여 효과적인 스폰서십 프로그램을 실행하는데 필요한 작업을 과소평가해서는 안 된다. 그런데도, 스폰서십은 현재 우리가 사는 다채널, 경험 지향적인 환경에서 브랜드가 그들의 고객과 소통할 수 있는 가장 강력한 방법의 하나다.

PART I

:

스폰서
(Sponsors)

스폰서십 전략 개발하기

개요

이 장에서는 스폰서를 위한 강력한 스폰서십 전략을 만드는 과정을 살펴본다. 이론은 세부적으로 논의되고 해당 이론이 실제로 어떻게 적용되었는지를 보여주는 사례 연구에 의해 설명된다. 이 장은 이러한 내용들을 포함하고 있다.

- 스폰서십 전략이 왜 중요한가?
- 스폰서 조직을 위한 스폰서십 전략을 개발하는 방법
- 실제 전략

전략 개발 과정

유럽 스폰서십 협회(*ESA*)에서 실행한 연구를 따르면 긍정적인 스폰서십 결과를 달성하는 가장 중요한 요소는 적절한 스폰서십 전략을 가지는 것이다〈그림 2-1 참조〉.

좋은 전략은 수행되는 스폰서십 유형, 스폰서십 활성화 프로그램을 실행할 때 제한된 자원의 집중 할당, 그리고 결정적으로 성공을 측정하는 방법에 관한 결정을 알려주기 때문에 중요하다.

이론과 실습 모두 스폰서 조직을 위한 강력한 스폰서십 전략을 개발하기 위한 6단계 접근 방식을 제안한다. 그것들은 다음과 같다.

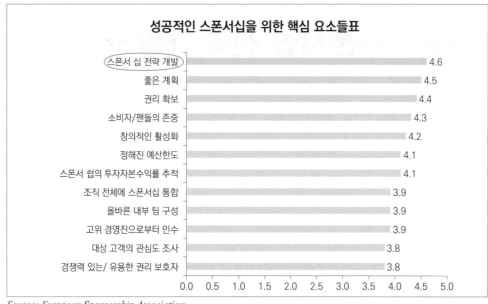

성공적인 스폰서십을 위한 핵심 요소들표

스폰서 십 전략 개발	4.6
좋은 계획	4.5
권리 확보	4.4
소비자/팬들의 존중	4.3
창의적인 활성화	4.2
정해진 예산한도	4.1
스폰서 쉽의 투자자본수익률 추적	4.1
조직 전체에 스폰서십 통합	3.9
올바른 내부 팀 구성	3.9
고위 경영진으로부터 인수	3.9
대상 고객의 관심도 조사	3.8
경쟁력 있는/ 유용한 권리 보호자	3.8

Source: European Sponsorship Association

그림 2-1   성공적인 스폰서십의 주요 요인

(Reproduced with permission of the European Sponsorship Association)

1. 발견
2. 발전
3. 포트폴리오 감사
4. 스트레스 테스트
5. 이행
6. 검토

(1) 발견

? 좋은 스폰서십 전략을 만들기 위해서는, 조직과 조직이 운영되는 환경에 대한 많은 자료를 수집하고 분석해야 한다〈그림 2-2〉.

(a) 브랜드

효과적인 스폰서십 전략의 핵심은 조직의 브랜드에 대한 명확한 이해이다. 질문 유형은 다음과 같다:

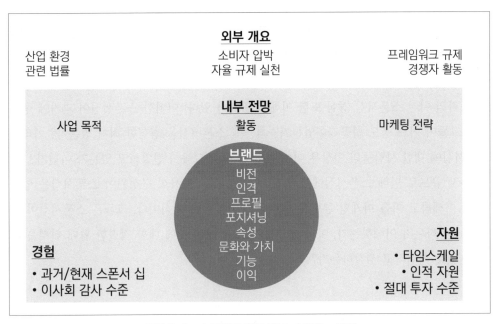

그림 2-2   스폰서십 전략 개발: 1단계 – 발견

- 브랜드 비전이 무엇인가?
- 브랜드의 성격이 무엇인가?
- 어떤 종류의 프로필이 있는가?
- 경쟁 업체와 다른 브랜드, 크고 작은 틈새시장 모두에 대해 시장에서 어떻게 차별화되었는가?
- 브랜드에는 어떤 속성이 있는가?
- 브랜드와 조직의 문화와 가치는 무엇인가?
- 브랜드의 기능은 무엇이며 물론 가장 중요한 것은 그것이 소비자에게 제공하는 혜택이 있는가?

(b) 내부 환경

브랜드와 그 위치에 대한 철저한 이해를 얻은 후에는 더 넓은 내부 관점을 탐구해야한다. 이것은 세 가지 요소로 나누어진다.

사업 초점

비즈니스의 주요 활동, 단기 및 장기 목표 및 우선순위는 무엇이며 이러한 목표 달성을 지원하기 위한 마케팅 전략은 무엇인가?

조직의 이전 스폰서십 경험 또한 이해할 필요가 있다: 어떠한 스폰서십이 과거에 행해졌고 그들이 어느 정도 성공적이었는가? 최근에 스폰서십을 경험한 적이 있는가? 이러한 스폰서십에 대한 사람들의 인상은 어떠한가? 그리고 그들이 전달하고 있는가 아닌가?

투자 규모로 인해 스폰서십에서 특히 중요한 것은 이사회 구성원이 스폰서십을 얼마나 잘 이해하고 이를 마케팅 분야로 인정하는지에 대한 인식이다. 그들은 스폰서십이 어떻게 작동하는지 이해하는가, 아니면 그들이 보고 싶은 것에 대한 적절한 환대 티켓을 가질 수 있는 기회라고 생각하는가?

 사례 탐구 ECCO shoes

 주요 학습 요점

• 고위 경영진은 스폰서십 선택 결정에 자신의 흥미를 연관 지어서는 안 된다.
• 시장 전반에 걸쳐 제공되는 스폰서십 기회가 가장 알맞다.

데이비들 슬레이, 에코 슈즈의 매니징 디텍터는 그의 비즈니스에 스폰서십이 얼마나 절대적으로 명쾌한지를 알고 있었다. 또한 개인 선호도(럭비)가 특정 비즈니스 과제와 관련된 스폰서십 선택을 방해하도록 허용함으로써 일하는 도시 여자를 대상으로 한 에코의 스폰서십 활동을 탈선시킬 가능성을 인식했다. 그는 자신의 개인적인 흥미가 사업을 위한 최선의 합리적 결정을 내리는 데 방해가 되어서는 안 된다고 절대적으로 결정했다. 실제로 에코는 빅토리아&앨버트 박물관에서 브랜드에 전적으로 적합하지만 럭비와는 거리가 먼 스폰서십 기회를 선택했다!

(With permission from David Sleigh)

가장 분명한 자원 관련 질문은 스폰서십에 대한 권리금을 지불하고 이를 효과적으로 활용하고 평가하는 데 전념할 수 있는 절대적 투자 수준에 관한 것이다. 스폰서십 기회가 사업에 매우 적합한 것으로 보일 수 있다. 그러나 만약 기업이 적절한 금액을 스폰서십에 투자할 수 없거나 기꺼이 투자할 의지가 없다면, 이것은 처음부터 명확하게 이해되어야 하며, 이를 염두에 두고 스폰서십 결정을 내릴 수 있도록 해야 한다. 특히, 기업이 필요로 하는 최선의 스폰서십 활성화 프로그램을 실행함으로써 그 투자를 활용할 수 있는 재정적 지원이 충분하지 않다면, 조직이 권리 수수료에 대한 상당한 투자를 승인하거나 최적화시킬 것이라고 믿는 것은 의미가 없다. 마찬가지로, 같은 목적을 달성할 수 있지만 더 낮은 재정적 비용으로 다른 선택권이 있다면 조직이 "트로피 스폰서십"에 크게 투자할 수 있도록 허용하는 것은 의미가 없다.

분명하지 않지만, 아마도 더 중요한 것은, 스폰서십 프로그램을 구현하고 관리하기 위해 어떤 인적 자원을 이용할 수 있는지에 대한 질문이다? 이러한 것들이 내부적인 것이 될 것인가, 아니면 외부적인 지원이 필요할 것인가? 후자라면, 어디서부터 검색을 시작해야 하고 어떤 조달 체제를 존중해야 하는가?

타이밍

조직이 함께 일하는 시간의 종류와 이것이 스폰서십 결정에 어떤 영향을 미칠 수 있는지에 대한 명확성은 매우 중요하다. 패션 브랜드들이 한때는 일 년에 두 번 그들의 컬렉션들을 바꿨다: 지금은 많은 브랜드가 그 기간을 8주로 짧아졌다. 반면 석유화학 산업은 40년 동안 현금에 대한 긍정적이지 않을 수 있는 투자를 한다. 업종별로 관련성이 있는 스폰서십의 종류는 사뭇 다를 것이다.

(c) 외부 관점

조직이 고립되어 존재하는 것이 아니기 때문에 외부 환경을 고려해야 한다. 요점을 설명하기 위해 소매업과 석유화학 산업에 대해 다시 생각해 보면, 그것들은 매우 다른 환경에서 운영되며, 해당 법률은 시장별로 다를 것이며, 기업이나 경쟁업체가 직면하는 소비자 압력의 종류 또한 다를 것이다. 일부 산업은 대부분 자체 규제 관행에 의해 관리되며, 다른 산업은 중요하고 복잡한 법률로 관리된다. 대회 활동(*The competition's activities*)도 중요하다. 일부 산업에서는 차별화 지점으로 널리 다른 스폰서십 플랫폼을 활용하는 것이 적절할 수 있다. 다른 사람들에게는 투자 은행이나 미술 전시회와 같이 비슷한 스폰서십을 하는 것이 완벽하게 받아들여질 수도 있다. 그래서 경쟁자들이 스폰서하는 것만이 아니라, 스폰서십이 차별화의 포인트로 인식되는지, 아니면 그들의 스폰서십 활동으로 인해 경쟁자가 얻은 같은 지위를 획득하는 방법으로 인식되는지다.

발견 단계에서는 많은 힘든 노력을 수반한다. 일부 데이터는 조직 내부의 탁상 연구를 통해 이용할 수 있을 것이다: 과제는 관련 문서를 식별하고, 정보에 접근하고, 정보를 종합하는 것이다. 추가 관련 데이터는 인터넷 또는 참조 도서류를 통해 외부에서 이용할 수도 있다. 정보를 수집하는 또 다른 훌륭한 방법은 고위 경영진의 인터뷰를 통해서이다. 실질적인 통찰력을 모을 수 있을 뿐만 아니라, 전략 개발 과정까지 포함함으로써 최종 전략에 동의하고 실행하는 데 대한 저항의 가능성은 작아진다. 이것은 중대한 문제여서 충분히 강하게 강조하지 않을 수 없다. 신규 또는 개정된 스폰서십 전략이 사업 전반에 걸쳐 제대로 이행될 수 있는 어떤 희망을 품는 것이라면, 고위 경영진이 전략 그 자체와 새로운 전략의 필요성, 그리고 조직 내에서 그것을 실현하고자 하는 열망을 절대적으로 가지고 있지 않다면 그것은 매우 어려울 것이다.

시장 조사 데이터는 또 다른 귀중한 정보의 원천이다. 어쩌면 브랜드가 스폰서십이라는 맥락에서 역사적으로 수집하지 않은 주요 질문에 답하기 위해 전략의 목적에 절대적으로 부합하는지를 확인하기 위해 특정 시장 조사를 수행하는 것도 관련이 있을 수 있다.

② 전략 개발

"발견" 단계에서 모든 자료를 수집한 후, 새로운 스폰서십 전략의 초안을 작성하기 위해 통합되어야 한다. 효과적인 스폰서십 전략은 다음을 포함한다:

- 조직 및 기업 전략의 맥락에서 스폰서십에 대한 근거.
- 마케팅 믹스(*marketing mix*) 내에서 스폰서십의 역할: 스폰서십이 전체 비즈니스에 걸쳐 전략적인 도구가 될 것인지와 이를 보다 전술적이고 목표에 맞는 방식으로 사용하고자 하는 욕구가 비교적 중요하다. 전자의 예로 아디다스와 레드불(*Adidas and Red Bull*)을 들 수 있는데, 이곳에서는 스폰서십의 역할이 사업 성공에 전략적으로 중요한 것으로 간주하고 있다.
- 스폰서십의 주요 목표: 스폰서십은 주로 매출에 대한 명확한 시각으로 스폰서십을

통해 손익계정의 가치를 창출하는 것을 목표로 하는가? 또는 브랜드 형평성을 구축하고 대차대조표에 긍정적인 영향을 미치는 방법으로 스폰서십이 주로 배치되는가? 아마도 전체적인 강조점은 지역사회와 관계를 맺고 좋은 사회공헌 기업으로 조직을 대표하는 것이다.

- **주요 대상 고객**: 일부 조직의 경우 이러한 범위가 상당히 넓을 것이며, 다른 조직의 경우 스폰서십을 통해 대상을 지정할 대상의 범위가 더 좁을 것이다.
- **주요 성과물**: 이것들은 조직이 스폰서십을 무엇으로 제공할 것으로 기대하는지에 초점을 맞춘다. 이것은 많은 것이 될 수 있지만 브랜드 지표의 변화, 긍정적인 판매 영향 또는 주가 변동, 더 높은 취업대상자의 질 또는 직원들 사이의 이직 감소를 포함할 수 있다. 스폰서십 제공에 대한 명확한 비전은 조직이 달성해야 할 결과와 그에 따라 자원이 어디에 집중해야 하는지를 명확히 할 수 있게 해 줄 것이다.
- **조직에 대한 전반적인 스폰서십 주제**: 주제는 스포츠만큼 광범위하거나 특정 주요 대상 청중을 끌어들일 수도 있다. 이것은 스폰서십 제안으로 받아들여질 수 있는 것들과 실제로 스폰서십 전략의 범위 밖에 있는 항목들을 조직이 생각할 수 있도록 돕기 위한 것이다.
- **풋 프린트(Footprint) 및 스폰서십 횟수**: 조직이 하나의 시장에서만 운영되면 상당한 낭비가 초래할 것이기 때문에 글로벌 매력이 있는 스폰서십을 확보하는 것은 의미가 없다. 마찬가지로, "글로벌" 스폰서십 플랫폼은 조직이 운영되는 시장 대부분에서 잘 작동할 수 있지만, 목표를 달성하는 데 있어 대안적 기회가 더 강력할 수 있는 여러 시장이 있을 수 있다. 만약 당신이 세계적인 기업이라면 당신은 세계적인 스폰서십을 받고 싶을 것이다. 만약 당신이 한 시장에서 단일 기업이라면, 큰 수출 야망을 갖지 않는 한 세계적인 스폰서십에 돈을 쓰는 것은 낭비다. 최적의 스폰서십의 수는 인력 관리 측면에서 어떤 종류의 자원을 이용할 수 있는지에 관한 것이 될 것이다. 스폰서십은, 관리가 잘 되더라도 상당히 힘든 일이고 인적 자원이 집약돼 있다. 스폰서십이 너무 많으면 효과적으로 관리할 수 있는 재원이 없을 뿐만 아니라 결과 달성도 줄어들게 된다. "모든 접시를 돌게 하는 것(keeping all the plates spinning)"에 중점을 둘 것이기 때문에 최상의 결과를 얻는 데는 거의 중점을 두지 않을 것이다. 내부적으로 논의는 항상 글로벌 플랫폼(global platform)이 제공하는 규모의 경제와 관련 결과의 최대화에 대한 인식과 함께 최고 수준의 현지 시장 관련성에 초점을 맞출 것이다. 이 질문에 대한 "올바른(right)" 답은 없으며, 각 조직은 자신의 운영 환경의 맥락에서 신중

하게 이를 고려해야 한다.

- 검토 기간 : 전략 검토를 위한 기간을 확보하는 것이 매우 중요하며 이는 사업이 운영되는 기간을 직접 반영해야 한다.
- 스폰서십의 현재 역할: 새로운 스폰서십 전략이 완벽히 합의되기 전에, 새로운 접근 방식에 적합한지와 방법을 신중하게 고려해야 한다. 이는 스폰서십 전략 개발의 3단계인 포트폴리오 감사에서 주로 다루어진다.

 사례 탐구 글로벌 금융서비스 은행(*Global Financial Services Brand*)

 주요 학습 요점

- 대상(*관객과 목표 모두*)의 명확한 정의는 스폰서십 성공에 매우 중요하다.
- 스폰서십 전략은 스폰서십해야 할 것이 정확히 무엇인지 지시하는 것이 아니다. – 현지 시장 상황에 맞게 조정할 수 있는 지침을 제공한다.

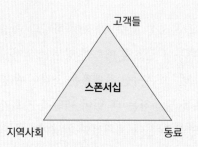

그림 2-3　조직의 스폰서십 목표 대상

이 국제 금융 서비스 회사는 자사의 사업적 이익을 지원하기 위해 전 세계의 많은 스폰서십에 투자하고 있다는 것을 인정했지만, 특정 스폰서십 프로젝트를 선정하는 데 있어 현지 시장을 안내하는 보다 강력한 전략이 필요하다고 느꼈다. 그것은 검토 과정을 통해 주요 스폰서십 목표 대상을 파악했다(그림 2-3 참조).

　첫째, 주요 목표 대상을 고객으로 정의하고 기업의 활동에 고객을 참여시켰지만, 지역사회에 초점을 맞춘 매우 강력한 요소도 있었다. 둘째, 스폰서십은 지역사회에 기여하기 위해, 특히 지역의 다른 사고의 지도자와 이해관계자들과의 참여라는 측면에서 사용되었다. 셋째, 당연하게도, 이 규모의 조직에서는, 스폰서십이 매력적인 고용주로서 기업에 대한 직원들의 인식을 개선하기 위한 목적으로 동료들에게 영향을 미치는 것을 목표로 했다. 그런 다음 조직은 스폰서십 투자가 브랜드 또는 사업 자체에 긍정적인 영향을 미칠 것으로 예상하는 가치의 원천을 다음과 같이 정의했다:

다음 페이지에 계속...

- 비즈니스 생성
- 브랜드 평판
- 브랜드 노출
- 내부 참여
- 직거래
- 관람 체험
- 개인 금융 서비스 판매

이 기업은 스폰서십을 특정 시장 문제를 해결하기 위해 다양한 방법으로 활성화할 수 있는 매우 유연한 마케팅 도구로 보고 있다. 각 스폰서십이 올바른 방식으로 활성화되고 올바른 예산이 제공될 수 있도록 스폰서십 목표를 명확히 하는 것이 중요하다. 그분만 아니라, 명확한 목표는 각 스폰서십의 활성화 예산이 배분되는 방식이 스폰서십을 활성화하여 구체적인 목표를 달성하는데 초점이 맞춰지도록 보장한다. 이 회사는 스폰서십 전략의 다양한 가닥을 통합하여 스폰서십에 대한 정의된 비전을 수립했다:

"우리는 세계 각국의 스포츠와 예술에 대한 경험을 통해
다음 세대를 끌어들이는 데 전념하고 있다.
[우리의] 비전과 가치를 반영하는 삶의 가치를 발전시키고 있다."

스폰서십 비전은 청년들과 연계하고 스폰서십 포트폴리오 전반에 걸쳐 일관성을 제공하는 것이 기본이다. 비전은 기업의 스폰서십의 활성화를 통해 짜인 일관된 실타래로, 청년의 발전, 교육의 심화, 지역사회의 일부 또는 전부에 걸친 스폰서십의 활성화에 초점을 맞추고 있다. 본질적으로 비전은 스포츠와 예술 활동을 자극해 차세대 고객층인 젊은이들과의 연계를 매우 중시하고 있다. 그러나 이 비전은 무엇을 스폰서십 할 것인지, 어떻게 스폰서십 할 것인지에 대해 지시하는 것이 아니라 이해관계자와 브랜드에 가치를 더하는 일련의 활성화에 대한 일관된 접근 방식이다. 현재 이 기업의 지역 스폰서십의 80% 이상이 청년, 교육, 지역사회라는 요소로 활성화되어 있다.

스폰서 정책

성공적인 전략 개발을 위한 또 다른 중요한 자원은 명확하게 정의된 스폰서십 정책을 갖는 것이다. 스폰서십 정책은 오히려 스폰서십 전략의 경영 측면에 더 초점이 맞춰져 있다. 여기에는 다음과 같은 다양한 역할의 세부 사항이 포함된다. (a) 실제로 스폰서십을 운영할 책임이 있는 사람은 누구인가? (b) 의사결정자는 누구인가? (c) 서포터즈는 누구인가? (d) 누가 실제로 스폰서십를 수행할 것인가?

이 정책은 또한 스폰서십 선정 방법에 관한 지침도 포함할 것이다. 예를 들어, 어떤 스폰서십 혜택들이 어떤 스폰서십 계약에 포함되어야 하는지에 관한 목록이다. 스폰서가 주

로 기업 대 기업 참여를 고려하고 있다면, 즐겁게 하는 것이 중요할 것이다. 만약 브랜드 구축에 더 중점을 둔다면, 브랜드화 기회와 브랜드 인지도를 창출하는 것이 기업에 더 중요할 것이고, 이러한 것들이 여기에 설명되어 있다.

현금의 모든 문제는 스폰서십 정책에서도 다루어져야 한다: 이것은 종종 핵심 쟁점인 기업 내부에서 스폰서십을 받는 방법을 포함한다. 현금 지급 대신에 현물 또는 현물 마케팅으로 가치를 제공하는 것을 선호하는 범위도 또한 전달되어야 한다. 현물의 가치는 조직이 주최자에게 제공할 수 있는 제안의 중요한 부분인 기술이나 기술의 제공일 수 있다. 스폰서가 관련 채널에서 스폰서십 속성 자체의 마케팅 노력을 확장시킬 수 있다면 현물 마케팅도 주최자에게 가치가 있을 수 있다.

스폰서십 또는 범주 독점성이 관련이 있는지도 다루어야 한다. 일부 기업의 경우, 스폰서십의 전체 "소유권"은 브랜드만 속성과 연관되고 그들만 특성의 혜택에 이용할 수 있도록 하는 것이 중요하다. 다른 기업들도 품질 좋은 기업으로 그들 자신의 브랜드 위상을 쌓는 방법으로 다양한 스폰서 기회를 적극적으로 모색할 수 있다.

법인은 스폰서십 선정이나 활성화에 영향을 미치는 특정 제외나 제한을 규정할 수도 있다. 일부 브랜드들은 개인들이 너무 높은 위험이 있다고 인식하고 지원하기를 원하지 않을 수도 있다. 다른 사람들은 참가자들과 관중들에게 부상의 위험이 상대적으로 높았던 활동들을 지원하지 않을 수도 있다. 많은 기업은 그들의 광범위한 포용과 다양성 정책을 지지하기 위해 차별적인 어떤 것도 지원하지 않을 것이라고 규정한다.

이 정책은 기업의 스폰서십 선정 과정의 단계를 상세히 설명하고 누가 선정 결정에 참여할 것인지를 결정할 것이다. 스폰서십 제안서 평가에 사용될 기준을 마련하는 것이 매우 중요하다. 명확하게 정의된 기준은 스폰서십 평가와 선정 과정에서 감정을 제거하는 데 도움이 되기 때문에 유용하다. 스폰서십 선택에 관한 자세한 내용은 3장에서 확인할 수 있다.

마지막으로, 스폰서십 정책은 수집 및 검토가 필요한 데이터의 종류, 수행이 필요한 절차, 시기와 일관성 또는 검토, 그리고 누가 결과를 검토하고 보고할 것인지를 설명하면서 스폰서십 결과를 평가하는 방법을 설정해야 한다.

3 포트폴리오 감사

스폰서십 전략과 스폰서십 정책의 초기 초안을 만든 다음 단계는 제안된 전략이 현재 어떤 스폰서십에도 미치는 영향을 이해하는 것이다. 이에 대한 간단한 도구 보조는 〈그림 2-4〉와 같이 4개의 상자 모형으로 예를 들어 설명할 수 있다.

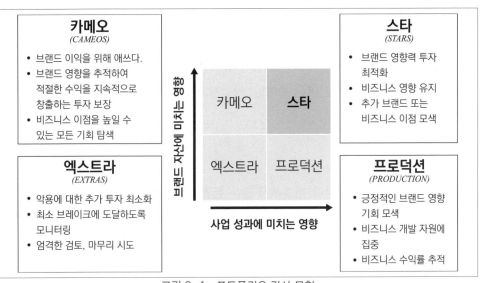

그림 2-4   포토폴리오 감사 모형

수평축이나 x축은 사업성과에 미치는 영향, 즉 긍정적인 바닥 효과 전달 측면에서 스폰서십이 어떻게 이루어지고 있는지를 추적한다. 수직축 또는 y축은 기업의 대차대조표에서 창출되는 가치를 의미하는 브랜드 지분 구축에 미치는 영향을 측정한다.

스타

스타들은 사업성과와 브랜드 형평성 둘 다에 대해 강력하게 전달하고 있는 스폰서십들로 제안된 새로운 전략의 틀 안에서 계속 그렇게 할 것이다. 앞으로 중점 사항은 브랜드 혜택을 활용하여 투자하고 긍정적인 사업 효과가 유지되거나 증가하도록 하는 데 초점을 맞출 것이다.

엑스트라

척도의 다른 쪽 끝에서 "추가"를 찾을 수 있다. 새로운 전략에 따라 실적이 저조한 스폰서십이 있다. 투자와 판촉을 최소화하기 위한 결정이 필요할 것이다. 정상적으로 퇴장하는 방법을 계획하면서 이러한 스폰서십이 손익분기점을 달성하는 데 필요한 최소한의 노력에 초점을 맞출 필요가 있다.

카메오

카메오 스폰서십은 제안된 스폰서십 전략에 따라 브랜드 자산 구축에 강력하게 반대하면서도 수익에 미치는 영향이 적은 스폰서십이다. 브랜드 혜택을 지속해서 제공하는 한 이러한 스폰서십을 유지하는 것은 좋지만, 사업성과를 높일 수 있는 모든 기회를 모색해야 한다.

프로덕션

이들은 제안된 전략에 따라 계속해서 많은 돈을 벌겠지만 스폰서십 포트폴리오의 종사자들은 별로 흥미진진하다고 인식되지 않을 수 있다. 자원은 그들의 브랜드 기여도를 높이기 위한 방법을 찾기 위해 어느 정도 노력을 쏟으면서 그들의 사업성과를 유지하는 데 집중되어야 한다.

4 스트레스 테스트

제안 전략이 현재의 스폰서십을 고려했고 조직을 위한 전략을 채택할 가능성이 있는 결과를 이해했다는 것에 만족한다면, 다음 단계는 더 넓은 청중을 대상으로 새로운 전략을 강조하는 것이다.

내부적으로 전략 초안을 핵심 인력과 함께 검토해야 한다. 여기서는 감정이 중립적인지 또는 실제로 목적에 적합하다고 인식되는지와 같은 저항 영역을 파악하고자 한다. 초기 저항은 부정적으로 볼 것이 아니라, 상당히 쉽게 고칠 수 있는 주요 문제 또는 실제로 사소한 문제를 표면화하고 해결할 수 있는 기회로 보아야 한다. 마찬가지로, 여러분은 절대적으로 훌륭하지만, 고위 경영진이 사업을 전혀 다른 방향으로 사업을 진행할 계획이라는 것을 아직 모르고 있는 것을 발견할지도 모른다.

내부 스트레스-테스트는 또한 오해를 확인할 수 있는 기회를 제공한다. 스폰서십, 그 역할과 적용에 대한 이해가 부족하거나 전략 검토 전반에 대한 오해가 있을 수 있다. 스트레스-테스트는 사람들을 그 과정에 끌어들이고, 그들의 목소리가 들려주고, 유용하고 긍정적인 방법으로 그들의 문제를 처리하고, 적어도 여러분이 앞으로 나아갈 때 누가 여러분의 적이 될 수 있는지를 확인하는 방법으로 보아야 한다. 또한 이 새로운 전략을 실행할 때 채택되어야 할 성공 기준을 정의하는 데 도움이 된다.

내부적인 관점을 수집하고 그에 따라 전략을 세분화한 후, 이 전략이 구현되기 전에 외부적으로 어떤 영향을 미칠지 살펴보는 것도 좋을 것이다. 이를 위한 한 가지 방법은 주요 목표 대상들 사이에서 연구를 수행하여 그들이 앞으로 나아갈 새로운 방향을 높이 평가할 것인지, 아니면 그것이 브랜드에 대한 반감을 갖게 할 것인지에 대해 이해하는 것이다. 이 연구는 대규모 정량적 연구가 아닌 포커스 그룹(focus group) 작업이 될 가능성이 크므로 자신의 사고 과정에 노출된 사람들의 수를 상당히 좁게 유지하면서 사람들이 어떻게 느끼는지 정말로 깊이 파고들 수 있다. 이 과정이 상당히 비공식적인 것일지라도, 이 연구는 주요 목표 대상들 사이의 주요 우려 사항을 강조할 것이며, 고객과 다른 이해관계자들로부터 새로운 전략의 긍정적인 영향을 실제로 어떻게 증가시킬 수 있는지에 대한 정말 가치 있는 통찰력을 얻을 수 있을 것이다. 특히 고객들은 브랜드에 대해 매우 신뢰할 수 있는 관점을 가지고 있으며, 더 잘 될 수 있는지에 대한 좋은 아이디어를 가지고 있다.

⑤ 실행

전략이 효과가 있을 것이고 스트레스-테스트를 통해 구현 위험이 최소화되었다는 사실에 매우 만족하면 성공적인 구현의 첫 번째 단계는 프로그램에서 강력한 내부 판매를 시작하는 것입니다. 그런 다음 전략에서 더 이상 지원되지 않는 스폰서십에서 탈퇴하는 방법을 생각하고, 관련되었으면 외부에 새로운 전략을 전달해야 한다.

대외적으로는 "큰 꺼리(big splash)"를 만들어 새로운 전략적 스폰서십 방향이 있음을 알리는 것이 적절할 수 있다. 다른 때, 특히 스폰서십에 대한 투자를 줄인다는 비난을 받을지도 모르는 경우, 새로운 전략이 잘 보이도록 하지 않고 단순히 자리를 잡도록 하는 것이 더 나을 수도 있다.

주요 사업 목표 달성 측면에서 스폰서십 포트폴리오(sponsorship portfolio)의 격차가 확인된 지금이 바로 검색 및 선택 과정을 시작할 때이다. 이는 인적 자원 모집과 같이 광범위한 기회 부분을 검토하기 위해 광범위한 과정을 수행하기 때문에 최적의 해법을 찾기 위해 불가피하게 제때 투자가 필요하므로 이 작업은 예상보다 더 오래 걸릴 수 있다.

⑥ 재검토

새로운 전략을 구현하는 것은 흥미롭기도 하고 도전적이기도 하지만 주기적으로 그 전략을 검토하는 것을 기억하는 것도 매우 중요하다. 전략이 얼마나 잘 전달되고 있는지, 그사이에 사업이 넘어갔는지, 따라서 전략이 여전히 목적에 적합한지를 확인하는 것이 목적이다. 결과적으로 새로운 사업 요구 사항에 비추어 볼 때 이를 세분화하거나 아주 재구성해야 할 수도 있다.

공식적인 검토에 앞서, 주요 영향력자들(key influencers)이 전략이 어떻게 작동하고 있다고 생각하는지에 대해 내부적으로 비공식적인 답변을 수집하는 것은 성공적인 결과를 달성하는 데 매우 중요할 것이다. 설정된 성공 기준과 성능 측정 방법 측면에서 자료를 수집하고 해당 결과가 보고되는지 확인한다. 그 과정에서, 더 큰 이익을 제공하기 위해 전략을 개선, 맞춤화 또는 미묘하게 전환할 기회가 분명해질 수 있다.

전반적인 전략 수립 과정에서 검토 빈도가 확인될 것이다. 전략에 정의된 특정 단계에서 전체 검토를 수행하여 브랜드 및 사업 결과를 지속해서 제공해야 한다. 대략 보면 사업의 주기에 따라 평균적으로 3~5년에 한 번씩 전면 재검토해야 한다. 또는 갱신을 앞둔 주요 스폰서십에 의해 추진될 수 있으며, 조직이 단일 스폰서십 전략을 채택하면 이 기간이 적절한 기간이 될 것이다.

 사례 탐구 전략 검토

🎓 주요 학습 요점

- 전략 검토는 조직 내부 또는 기업이 운영되는 환경에서 외부적으로 주요한 변화로 인해 정기적인 주기 동안 계획보다 더 빨리 수행될 필요가 있을 수 있다.
- 전략 검토는 반드시 스폰서십을 삭감하는 것을 의미하지는 않지만, 스폰서십 투자에 대해 규율 있는 접근 방식을 취하는 것을 지원한다.

2005년 지멘스가 모바일 부문을 벤큐에 매각하면서, 레알 마드리드의 유니폼 스폰서십을 잃었다. 이에 따라 브랜드 인지도가 낮아져 지멘스(Siemens plc)는 스폰서십에 대한 접근 방식을 재평가하게 되었다. 검색 단계는 다음과 같다:

- 경쟁업체가 어떤 스폰서십을 사용했으며, 이를 활용하여 가치를 창출한 방법을 파악하기 위한 연구.
- 지멘스의 활동, 의사결정과정 및 포부에 대해 영국 22개 부서의 모든 고위 관리자가 참여하는 철저한 인터뷰 과정.

이 활동을 통해 지멘스는 포트폴리오 접근 방식을 기반으로 스폰서십 전략을 개발했다. 이것은 런던의 초점을 지역적 범위와 균형을 이루며 지멘스의 모든 영국 기업들과 공감할 수 있도록 했다. 이 전략은 또한 6가지 주요 스폰서십 목표를 증가시켰고 미래 투자를 이끌 수 있는 관련 의사결정 프레임워크(*framework*)를 고안했다.

이 과정의 결과는 과학박물관과의 지속적인 관계, 런던(*관광 전시회 포함*) GB Rowing과의 기록적인 6년 관계, 맨체스터에서 열린 The Big Bang Young Scientists and Engineers Fair, 그리고 최근에는 새로운 런던 필즈에 있는 세인트 마틴 아카데미(*Academy of St Martin in the Fields, London*) 국제 스폰서십 발표를 포함한 일련의 수상경력에 빛나는 스폰서십이었다.

(Reproduced with permission of Siemens plc)

결론

강력한 스폰서십 전략을 만들고 실행하는 것과 관련된 한 가지 문제는 그것이 정말로 필요한 노력의 가치가 있는지다. 전략 개발에 찬성하는 주요 주장은 제휴와 장기적인 목표에 기여하는 데 초점을 맞추는 것은 스폰서십이 조직에 훨씬 더 많이 포함되고, 더 관련성이 있으며, 마케팅 분야로서 더 잘 인식된다는 것을 의미한다는 것이다. 또한, 문서로 만들어진 전략을 통해 스폰서십 책임이 있는 신규 관리자는 이 전략을 통해 주요 목표가 달성되었는지와 전략의 지속적인 적합성을 평가할 수 있게 되었을 때 조직이 달성하고자 했던 목표가 무엇인지 이해할 수 있는 기회를 얻을 수 있다.

스폰서십 정책으로 외부 시장에 대한 기업의 견해를 명확히 하는 것은 사업 목표에 맞지 않는 투기적 접근의 수를 줄이는 이점이 있어야 한다. 그것은 기회가 정책의 선택 기준을 충족하지 못하는 경우 제안의 평가를 더 쉽게 하고 거부를 명확하게 한다.

🎓 주요 학습 요점

- 새로운 스폰서십 전략을 개발하고 실행하기 위해서는 고위 경영진의 지원이 필수적이다. 그들이 없으면 조직 전체의 전략에 대한 추진력을 얻기가 매우 어려울 것이다. 사람들은 일반적으로 현상 유지를 좋아하고 변화를 싫어하며, 특히 스폰서십 측면에

서, 새로운 전략이 실적이 저조하다고 판단한 특정적으로 좋아하는 프로젝트에 기득권을 가진 고위 관리자들이 있을 수 있다. 이런 상황에서 스폰서십 매니저만으로는 효과가 없을 것이다.

- 스폰서십 전략은 일단 완료되면 정리할 수 있는 프로젝트가 아니다. 그것은 역동적인 활동이고 반복적인 과정이며, 그 요소들은 정기적으로 검토될 필요가 있다. 이는 월별을 의미하는 것은 아니지만, 검토는 사업이 변화하는 빈도에 맞춰져야 한다.
- 강력한 스폰서십 전략은 스폰서십 부서, 마케팅 팀, 다른 부서, 또는 시장에 걸친 조정을 쉽게 한다.

요약

강력한 스폰서십 전략은 선정 결정을 알리고, 목표 달성에 초점을 맞춘 활동을 위해 집행 지출을 지시하며, 스폰서십 성공에 대한 보고서를 제공하기 위해 추적해야 할 핵심 성과 지표를 강조하기 때문에 스폰서십 성공 열쇠로 널리 받아들여지고 있다.

03 성공을 위한 계획 수립

🌐 개요

이 장은 스폰서십 선정 과정에 초점을 맞춘다. 스폰서십 전략을 개발하고 스폰서십이 조직을 위한 올바른 접근방식임을 확인한 다음 단계는 조직의 브랜드 사업과 요구에 맞는 적절한 스폰서십을 연구, 선택 및 협상하는 실행 가능한 계획으로 전환하는 것이다.

- 스폰서십 선정기준 및 선정 메커니즘
- 적정한 권리 획득
- 권리금 지급 방법 다양
- 계약 관련 일부 문제
- 스폰서십 선정에서 흔히 저지르는 실수 및 회피 방법

🎓 계획 과정

150년 전에 에이브러햄 링컨은 다음과 같이 말하면서 좋은 계획의 중요성을 강조했다.

"만약 나무를 자르는 데 8시간이 걸린다면, 톱을 날카롭게 하는데 6시간을 쓸 것이다."

스폰서십에 있어서도 계획이 못지않게 중요하며, 2007년 유럽 스폰서십 협회 설문조사에서는 강력한 스폰서십 계획을 수립하는 것이 성공적인 스폰서십을 제공하는 두 번째로 중요한 요소로 인식되고 있다〈그림 2-1 참조〉.

새로운 스폰서십의 필요성 확립

　스폰서십 과정의 맥락에서 계획을 세우는 것은 원하는 결과를 얻기 위해 새로운 스폰서십이 필수적인지를 결정하는 것으로 시작된다〈그림 3-1 참조〉.

　제2장에서 논의한 바와 같이, 스폰서십 전략은 주요 목표 대상을 사회-인구학적, 개인적 관심사 및 그들의 삶과 관련된 우선순위 측면에서 삭제하는 마케팅 및 사업 전략을 파악하여 도출한다. 전반적인 사업 전략은 브랜드 구축과 관련된 것이든, 정부나 NGO와 같은 주요 이해당사자들과의 협력과 관련하여 더 상업적으로 지향적이거나 유연한 목표든 다양한 목표를 가지고 있다.

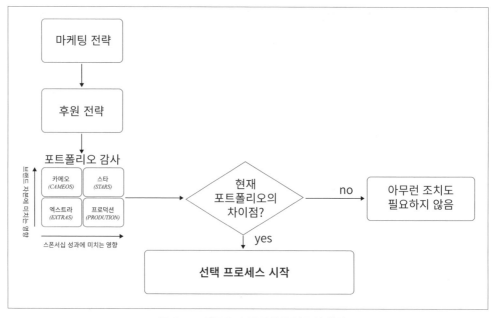

그림 3-1　새로운 스폰서십의 필요성 확립

　전반적인 전략이 확실해지면, 현재의 스폰서십 포트폴리오를 검토하여 퇴출해야 할 성과가 낮은 자산이 있는지와 원하는 목표를 달성하기 위해 특정 스폰서십에 더 많은 땀을 흘릴 기회가 있는지를 확인할 필요가 있다. 단순히 나가서 특정한 문제를 해결하기 위해 새로운 것을 사는 것보다 '카메오(cameo)'나 '프로덕션(production)' 스폰서십을 더 열심히 해서 '스타(stars)'로 만들 수 있다는 것인지도 모른다. 포트폴리오의 차이가 있는 경우에만 스폰서 선정 절차를 시작해야 한다.

선택 기준에 동의

검색 절차를 시작하기 전에, 우선할 수 있는 스폰서십을 심사하고 비교할 수 있는 선정기준에 동의하는 것이 필요하다. 고려될 수 있는 몇 가지 사항은 다음과 같다.

? 스폰서십 선정 기준

정의된 스폰서십 목표를 달성하기 위해 필요한 스폰서십의 "소유" 수준이다.

- 스폰서십이 귀사의 제품 및 서비스 소개 목표와 부합하기 때문에 스폰서십에 대한 공급자가 되고 싶은가?
- 좋은 품질의 회사에 있는 것으로 보여서 자신의 지위를 더하는 다중-스폰서 환경에 있는 것이 좋을 수 있다. 좋은 예가 대영박물관의 기업 파트너 프로그램이다.

파트너십을 얼마나 활용할 수 있어야 하는가?

- 이것은 목표에 크게 좌우된다.
- 주로 기업 간 환대 기회인 경우, 주요 요건은 목표 대상이 주최하는 행사에 참석하도록 유인하는 것이지만, 스폰서십 광고는 기회의 배타성에 대한 인식을 강화하는 정도에만 관련이 있다.
- 글로벌 소비자 중심의 제품은 시장별로 조금씩 다른 요구를 충족시키기 위해 다양한 방법으로 캠페인을 수행할 수 있는 스폰서십이 필요하다.

스폰서십의 지리적 범위

- 스폰서의 사업이 하나의 시장에서만 운영된다면, 다국적 행사를 스폰서십하는 목적이 스폰서의 조직이 아마도 실제보다 더 강할 것이라는 인식을 만드는 것이 아니라면, 다국적 스폰서십을 갖는 것은 의미가 없다.
- 좋은 예로 영국에 본사를 둔 은행인 로이즈*(Loyds TSB)*가 영국 이외의 지역에 고객

이 없어 국제올림픽위원회와 제휴하기보다는 런던올림픽조직위원회(*The London Organization Committee for the IOC*)의 스폰서가 되기로 했다.

이용할 수 있는 권리 및 혜택
- 스폰서십이 효과적으로 되기를 위해서는 어떤 스폰서십이 필수적이며 이용할 수 있는 것이 이점은 무엇인가?
- 주최자가 아직 제공하지 않은 다른 유용한 권리들이 있을 수 있으며, 이는 당신의 특정 스폰서십 목표와 매우 관련이 있을 수 있다.

스폰서십 속성 SWOT 분석(강도, 약점, 기회 및 위협)
- 여기에는 테러, 적대적 NGO, 입법 등과 같은 위협을 살펴볼 때 거시적 분석이 포함된다.

평가 데이터 가용성
- 이는 주요 성과 지표에 따라 달라진다.
- 주최자가 이미 사용할 수 있는 데이터 종류를 확인한다. 예를 들어, 공동 스폰서와 공유하는 데이터가 있다면 비용을 절감할 수 있다.

주최자의 품질
- 이에 대한 최고의 지침 중 하나는 주최자가 스폰서를 돌보고 결정적으로, 시간이 지남에 따라 스폰서를 유지하는 실적이 있다는 것이다.
- 그러나, 브랜드가 시도되지 않고 검증되지 않은 주최자에게 위험을 감수할 준비가 되어 있어야 하는 경우가 있을 수 있다. 예를 들어, 극한 스포츠(*extreme sports*)의 발전은 일부 브랜드에 이상적인 플랫폼을 제공했지만, 처음에는 비전통적인 주최자들에 의해 조직되었다.

예상 ROI 및 ROO
- 어느 시점에서 스폰서 조직의 고위 관계자는 예상 수익률이 투자 수익률(*ROI*)인지 목표 수익률(*ROO*)인지에 대해 질문할 가능성이 있다.
- 보수적이고 공격적인 시나리오에서 수익률의 지표를 제공하기 위해 "허들(*hurdle*)" 수

익률을 설정하고 결과를 모형화하는 것은 서로 다른 스폰서십 기회를 비교하는 데 상당한 도움이 될 것이다.

활성화 계획 개요

- 선정 과정의 하나로 잠재적인 활용 가능성과 따라서 어떤 스폰서십이 원하는 결과를 달성하기 위해 가장 많은 범위를 제공할 것인지를 비교하기 위해 활성화 계획의 개요를 작성해야 한다.

1차/2차 검증 연구

- 특정 유형의 특성이 브랜드와 더 관련이 있을 것이라는 일차적인 연구가 있을 수 있다. 또는 대상 스폰서십의 인구통계와 스폰서의 대상의 인구통계와 얼마나 잘 일치하는지에 대한 지표를 제공하는 연구를 보기 위한 간단한 요구 사항이 있을 수 있다.

실제 매개변수

이러한 선택 기준은 반드시 상당히 실용적인 매개변수와 균형을 이루어야 한다.

- 예산: 스폰서십 권리 구매 및 활용에 사용할 수 있는 돈은 얼마인가?
- 인력: 스폰서십을 효과적으로 실시하기 위해 어떤 종류의 인력이 필요하며, 운영, 광고, 홍보, 판매촉진 등을 포함하여 어떤 인력을 활용할 수 있는가?
- 기간: 선택 및 실행을 결정하는 데 사용할 수 있다.
- 특정 제외: 개인 또는 특정 유형의 활동*(예: 자동차 경주와 같은 위험한 스포츠를 피하는 것)*을 스폰서십하지 않는 것을 선호하는 것과 관련될 수 있다.

연구 속성

선정기준이 합의된 후에야 스폰서십 찾기가 시작된다. 과제는 열린 마음을 유지하고 1장에 나열된 스폰서십 가능성의 범위를 넘어 다양한 기회를 탐색하는 것이다.

이러한 모든 가능성에 더해 "DIY" 스폰서십 속성의 증가 추세가 더해지고 있다. 여기에는 브랜드의 요구를 실제로 충족시키는 기존 속성이 없으며, 브랜드가 자체적으로 스폰서십 속성을 만들 욕구와 자원이 있는 곳이다. 예를 들어, 자체 소유의 레드불 에어 레이스(Red Bull Air Race)가 있다. 이것은 레드불에 매우 성공적인 전략이었지만 브랜드들은 그들의 사업의 핵심이 무엇인지에 집중해야 한다는 것을 기억해야 한다. 새로운 스폰서십 속성을 만들고 설립하는 것은 조직의 자원을 고갈시킬 것이다. 따라서, 이 제안이 조직에 과도한 부담을 주고 결과적으로 1차 수익원을 손상하지 않도록 철저한 위험/보상 분석을 수행해야 한다.

스폰서십 평가 방법론

가능한 특성을 연구한 후, 다음 단계는 배제 기준에 따라 선별한 후 미리 결정된 선정기준에 따라 평가하여 가장 높은 잠재적 기회에 대한 최종목록을 개발하는 것이다. 최종결정이 내려지기 전에 수행해야 할 분석량 때문에, 최종목록은 3개만 선호하는 것이 좋으며, 5개 이하의 특성이어야 한다. 최종목록이 합의되었을 때, 다양한 스폰서십 속성 간의 비교를 위해 각 스폰서십을 평가하는 다양한 방법이 있는데, 아래에서 4가지에 대해 논의한다.

① 의사결정 나무(Decision Trees)

선정기준이 비교적 간단하고 조직에서 잘 이해하고 있는 스폰서십 속성의 유형이 있는 경우, 지침에 대한 예/아니요, 답변으로 일련의 질문을 만들어 의사결정 나무를 개발할 수 있다.

사례 탐구 방송 스폰서십 의사결정 트리

주요 학습 요점

• 사용하기 쉬운 방법, 시간 절약 및 투명한 의사결정 방법을 개발하여 일부 스폰서십 선정 결정을 내릴 수 있다.
• 이들도 국경을 넘어 운영되는 브랜드들의 문화적 차이를 초월할 수 있는 장점이 있다.

특히 스포츠에서는, 그러나 때때로 문화적 스폰서십에서는, 하나 이상의 시장에서의 스폰서십 활동과 관련된 방송 피드(*broadcast feed*)를 스폰서 해야 할 기회와 압박이 있다. 이는 방송 스폰서십이 일부 시장에서는 임의로 수행되지만 다른 시장에서는 수행되지 않는 일관성 없는 전략으로 이어질 수 있다. 한 브랜드는 지역 기업 경영자들이 스폰서십 관련 방송 스폰서십에 투자하는 것이 각 시장에 적합한지 아닌지를 결정할 수 있도록 의사결정 트리를 만들어 이 문제를 해결했다.

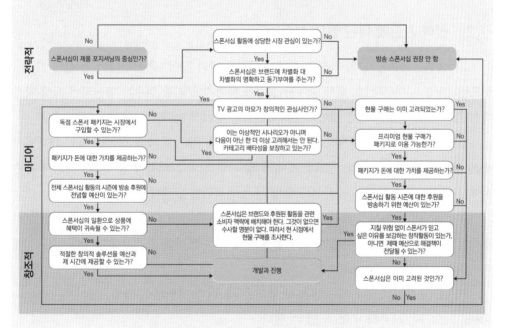

그림 3-2   방송스폰서십 의사결정 나무

표 3-1 절대 점수 방법론의 예

기준	자산 A IO 중 점수 획득	자산 B IO 중 점수 획득
세계적 상표 노출량	8	6
속성 브랜드 간 일치 　속성 및 스폰서 브랜드	6	9
직원 참여 기회	4	8
스폰서십에 있어 활용할 수 있는 잠재력 　브랜드에 대한 기회	8	7
우리의 환대에 대한 매력 　목표 청중	8	6
비즈니스 생성 잠재력	6	9
총합계	40	45

② 선택 기준에 대한 절대 점수

이 방법론은 〈표 3-1〉의 가상의 예에서 설명한 바와 같이, 각 사전 결정된 선택 기준이 5 또는 10 또는 다른 선호 숫자 중에서 점수가 매겨지고 최종 점수가 합산되어 서로 다른 속성 간의 직접 비교를 위한 데이터가 제공된다는 점에서 아마도 가장 단순할 것이다.

이 예에서 자산 A는 세계적 상표 노출, 착취할 수 있는 잠재력 및 매력적인 환대에서 좋은 점수를 받지만, 자산 B는 브랜드 속성 및 사업 창출 잠재력에 일치하는 것보다 우수하여 전반적으로 자산 B를 스폰서에게 더 나은 선택권을 만든다.

이 방법론은 스폰서십 투자가 상대적으로 적거나 추가 조사를 통해 최종 후보지에 선호하는 옵션(option)으로 다른 것들보다 훨씬 눈에 띄는 하나의 스폰서십 속성이 있다는 것이 명확해지는 경우에 적합하다.

그러나 더 중요하거나 복잡한 투자 결정은 세 번째 방법론인 가중 선택 기준(weighted selection criteria)을 사용하여 더 잘 알 수 있다.

③ 가중 선정기준

가중 선택 기준 방법론의 출발점은 〈표 3-1〉과 유사하다. 컴퓨터 스프레드시트(computer spreadsheet)를 사용하여 배포하는 것이 보통 가장 쉽다.

그런 다음, 각 기준에 같은 최대 점수를 할당하는 대신 서로 다른 최대 점수를 부여하거나 승수를 적용하여 의사 결정 과정에서 가장 중요한 기준을 차별화한다. 이것은 역사적으로 다국적 이동 통신 브랜드가 스폰서 선정 결정을 안내하기 위해 사용해온 시스템이다.

 사례 탐구 Multi – National Mobile Telecoms 브랜드

 주요 학습 요점

• 점수에 가중치를 부여하면 선택 과정에서 가장 중요한 기준이 강조한다.
• 선택 기준의 가중치는 새로운 시장 상황에 맞게 쉽게 변경할 수 있다.

뒷면에 설명된 이 예는, 이 브랜드의 기준이 브랜드 자산 구축 및 인지도 창출, 기업의 사회적 책임에 대한 기회, 직원 동기 부여, 관계 관리, 일부 고유 콘텐츠 제공, 판매 지원 및 일종의 통합 플랫폼이라는 것을 보여준다.

〈그림 3-3〉의 맨 오른쪽에 있는 상자는 이 특정 가중치가 사용되었을 때 회사에 가장 중요한 기준이 브랜드 자산 구축이고 그다음으로 브랜드 인지도를 창출했음을 보여준다. 유럽의 모바일 통신 브랜드가 성숙해졌고 현재 시장 점유율을 높이는 데 초점을 맞추고 있어서 브랜드 자산 구축의 비중이 상대적으로 낮을 것이다.

이 모든 결과의 도표다〈그림 3-4〉. 그림의 열은 브랜드 스폰서 선정기준의 상대적 가중치를 나타낸다. 이 선은 특정 스폰서십이 가중 기준에 비해 얼마나 좋은 점수를 받았는지 보여준다. 이 프로젝트는 전체 81%의 점수를 얻었는데, 이것은 잘 어울린다고 여겨질 것이지만, 구체적인 내용을 살펴봐야 실제 그림이 나타난다.

역할 우선순위 지정		% 순위
중요도 순으로 9가지 역할의 순위를 써넣으세요: (척도: 1=최우선 순위: 9=하단)	No.	100%
브랜드 자산 구축	1	26%
브랜드 인지도	2	15%
CSR	5	10%
직원의 동기 부여	9	2%
관계 관리	3	14%
제품 시연 / 시험	4	13%
고유한 콘텐츠	6	9%
판매지원	7	8%
통합 플랫폼	8	3%

그림 3-3　가중된 스폰서십 선택 기준

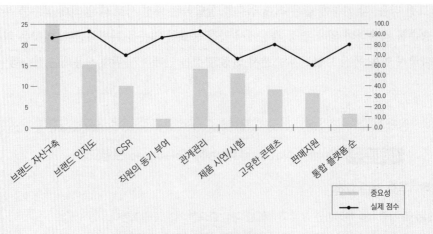

그림 3-4 가중된 기준의 결과

　이 프로젝트는 브랜드 자산 구축에서 좋은 점수를 받았지만, 당시 기업에 상대적으로 중요하지 않았던 '직원 동기 부여'와 '통합 플랫폼'을 중심으로 일부 높은 점수를 받았다.

사실, 스폰서십 속성은 전반적으로 브랜드 자산 형성의 가장 중요한 기준에서 약간 낮은 점수를 받았고, 다른 것의 모든 기준에서 다소 높은 점수를 받았으며, 제품 시연/시범 기준만이 기업의 가중된 요구 사항에 가장 근접했다.

　이 방법론은 스폰서십 투자 결정을 결정하는 데 적용될 수도 있고 제안된 스폰서십과 조직의 특정 요구 사항 사이에서 더 나은 적합성을 창출하는 방법을 검토하는 내부 토론의 원천으로 사용될 수도 있다.

④ 질적 판단

　이 방법론은 스폰서의 요구에 맞는 스폰서십 속성의 적합성에 대한 질적 평가가 포함된다.

사례 탐구 국제 금융 서비스 회사*(Global Financial Services Firm)*

🎓 주요 학습 요점

- 단순 사전 심사는 스폰서 조직의 평가 부담을 줄이기 위해 관련 없는 제안을 걸러낸다.
- 정성적 평가는 스폰서십 결정을 내리기 전에 성공 지표를 작성할 필요성을 배제하지 않는다.

이 기업은 스폰서십 평가에 3단계 접근방식을 사용한다.

- 1단계에서는 기업의 주요 기준을 충족할 수 없는 모든 스폰서십 제안을 제거하기 위해 접수된 모든 스폰서십 제안을 사전 심사한다. 이를 통해 조직의 잠재력이 가장 높은 기회를 고려하는 데만 재원이 지출된다.
- 2단계는 다음의 여부를 먼저 살펴보는 정성적 평가가 필요하다. 특정 스폰서십은 비전과 가치, 대상자 및 사업 목표와 같은 조직의 전략적 기준에 부합한다. 전략적 수준에서 설득력 있는 제안이 없다면 기회를 더 조사하기 위해 재원을 투자하는 것은 의미가 없다.
- 3단계에서는 6개의 이슈로 구성된 평가 구조를 통해 자산을 평가해야 하며, 그중 하나는 투자 후 평가에 초점을 맞춘다. 여기에는 (a) 스폰서십이 충족할 목표, (b) 도달할 주요 대상자, (c) 스폰서십이 브랜드에 대한 행동이나 생각을 어떻게 변화시켰는지 보여주기 위해 제시될 지표가 포함된다. 예를 들어, 회사가 ABC₁ 남성들 사이에서 인지도를 만드는 것에 대한 목표를 가지고 있다면, 그 지표는 그들의 브랜드 분석*(brand tracker)*에서 얻은 브랜드 인지도 점수가 될 것이다. 그러면 이 목표 대상 고객들 사이에서 전 세계적으로 브랜드 인지도가 확실히 상승하는 측면에서 성공을 정의할 수 있다.

⑤ 직감!

웃길 수도 있지만, 정말로 훌륭한 브랜드 관리자들이 그들의 브랜드와 기업의 요구에 미세하게 맞추어진다면, 직관은 스폰서십 선정 과정에서 그들을 먼 길로 데려갈 것이다.

스폰서십 업계가 '회장님 변덕'과 허영심 스폰서십에 대해 농담하기도 하지만, 이 중 일부는 창업자를 브랜드화하고 사업적 성공으로 이끈 것과 같은 직관력으로 선정된다면 조직의 표적이 될 수 있다.

따라서 스폰서십에 대한 투자 결정에 대한 책임은 조직의 브랜드와 비즈니스 관리자들에게 반향을 일으키는 것에 귀를 기울여야 한다. 세부적인 심사와 평가 과정을 개발하고 구현할 필요가 없어 시간과 노력을 많이 절약할 수 있기 때문에 올바른 느낌을 주는 프로젝트를 열심히 고민해야 한다.

올바른 거래 협상

　1장에서 논의한 바와 같이 스폰서와 주최자의 관점은 완전히 다를 수 있으며 이에 대한 인식은 효과적인 스폰서 협상을 수행하는 데 매우 중요하다. 그것은 또한 스폰서와 주최자가 서로 다른 것에서 가치를 인식할 수 있다는 것을 의미하며, 이를 통해 양측이 협상 과정을 지원하는 절충안을 마련할 수 있다.

　스폰서들은 그들의 특정한 요구에 대한 최선의 준비를 확보하기 위해 그들이 이용할 수 있는 모든 자원을 사용해야 하며, 특히 상업, 조달, 법률 및 인사부의 대표를 포함하여 적절한 인적 자원을 확보해야 한다. 그들은 스폰서를 대신하여 최종 결과를 향상시킬 협상 테이블에 다양한 관점과 경험을 제공하는 데 매우 중요할 것이다. 그런 다음 협상팀은 권리 소유자가 판매하는 권리가 무엇인지 정확히 결정할 수 있는 위치에 있으며, 여기에는 다음이 포함될 수 있다:

- 주최자의 일부 또는 전체 권리에 대한 브랜드화 및 제공
- 주최자의 마크와 로고를 사용하여 협회 홍보
- 스폰서가 되는 건물, 차량, 이벤트 등에 대한 명명권
- 참석자에게 제품을 배포하거나 서비스를 제공할 권리
- 중간휴식 시간(*half time*)의 탄산음료, 콘서트를 위한 사운드 시스템 또는 영화의 제품 배치와 같이 "경기장"에서 제품 또는 서비스에 대한 관련 직원의 승인
- 주최자 조직의 관련 직원에 의한 스폰서의 제품 또는 서비스 보증
- 스폰서의 판매촉진 계획에서 스폰서 활동을 사용할 수 있는 권리
- 주최자가 협회를 홍보하고 온라인을 포함한 언론에 스폰서가 언급되도록 열심히 노력할 것이라는 기대
- 주최자의 조직, 대개 쇼의 '스타'이지만 스폰서의 제품/서비스 세트에 따라 고위 경영진 또는 운영진이 포함될 수 있는 여러 주요 관계자의 개인적인 모습
- 주최자는 선수가 스폰서가 되어 원래 스폰서 계약에 정의된 것과 같은 제품이나 서비스를 홍보하는 것을 허용하지 않는다는 약속(*범주 배타성이라고 함*)
- 관련된 경우 스폰서십 활동을 위한 미리 정해진 수의 입장권에 대한 이용할 권리
- 스폰서십 활동 중에 그리고 가능한 경우 스폰서가 자신의 목적을 위해 다른 회의와 이벤트를 개최할 수 있도록 정의된 환대 및 장소 사용

- 스폰서가 스폰서십 활동과의 연관성과 주최자의 활동에 관심이 있는 사람들에게 제품 또는 서비스를 홍보할 수 있는 데이터베이스 액세스(Database access)

스폰서십 속성을 포장하는 것은 주최자의 이익에 맞으므로 스폰서십 속성을 포장하는 것이 더 매력적이지 않다고 생각되는 권리와 패키지 가치를 증가시키는 방법으로 더 매력적이지 않다고 생각되는 권리와 연결된 권리를 판매하는 것이며, 따라서 스폰서십 수수료가 요구된다.

그러나, 제공되는 패키지(package) 대부분은 스폰서의 목표를 달성하는 것과 그다지 관련이 없을 수 있으므로, 〈그림 3-5〉에서 설명한 바와 같이, 그들은 주최자로부터 제공되는 다른 패키지에서 '선택을 확인(cherry pick)'하기를 원하는 권리에 대해 협상할 필요가 있다.

예를 들어, 조직을 끌어들이는 것이 비즈니스 접대 기회라면, 주최자가 매우 가치 있다고 생각하는 피치 사이드 브랜딩(pitch-side branding)[4]이 필요하지 않을 수 있으며, 따라서 패키지를 높은 가격에 판매하고 있다. 마찬가지로, 조직은 패키지에 이러한 것들이 많이 포함되어 있을 때 많은 최고급 환대가 필요하지 않을 수도 있지만, 주로 스폰서를 위한 판매 - 촉진 관련 구매에 대한 몇 가지 표준 입장권만 필요하다.

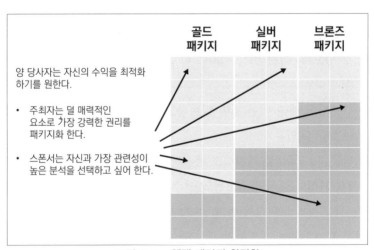

그림 3-5 혜택 패키지 최적화

스폰서의 구체적인 요구 사항에 대한 올바른 권리를 파악하는 비결은 상향식 접근법을 취하는 것이다. 주최자가 제공할 수 있는 것이 명확해지면, 스폰서는 모든 관련 부서와

---

4   피치 사이드 브랜딩: 피치 사이드 광고판 활용

잠재적 스폰서십 속성에 대해 논의하여 조직에 가장 많이 사용되고 가치가 있는 것과 사용되지 않을 스폰서십 속성을 결정해야 한다. 원래 목적 적합성이 높고 원가가 높다고 판단된 것 중 일부는 제공되는 다른 스폰서십 속성보다 덜 중요한 것으로 판명될 수 있다. 또한 각 부서는 완전히 새로운 스폰서십 특성을 파악하여 가치를 창출할 수 있으며, 이를 주최자에게 제시하여 논의할 수 있다.

유감스럽게도, 주최자가 어떤 권리인지 절대적으로 확신하는 것은 스폰서가 실제로 계약을 체결하기 전에 알아야 할 핵심 질문 중 하나만 답변을 판매하는 것이다. 스폰서가 해결해야 할 다른 중요한 질문들이 있다.

? 핵심 질문

1. 스폰서에 대한 의무는 무엇이며 주최자는 이를 효과적으로 이행할 수 있는 자원이 있는가?

2. 스폰서가 구체적인 스폰서십 목표를 달성하는 데 도움이 되는 주최자의 의무는 무엇인가?

3. 다음을 포함하여 스폰서십이 예상대로 전달되지 않을 때 스폰서가 투자를 어떻게 보호할 수 있으며, 어떤 비상 계획이 수립되어 있는지 또는 해결 방법이 있는지를 확인할 수 있다:

   ▪ 매복 마케팅에 대해 어떤 일이 일어나고 스폰서와 주최자가 어떻게 협력하여 그것을 보호할 수 있는가?

   ▪ 신의 행동(*acts of God*)를 계획하고 개선하기 위해 무엇을 할 수 있는가?

   ▪ 주최자의 과실이든 심지어 그들의 선수, 공연자 또는 경영진의 파업 행위이든, 스폰서는 주최자의 고의적 위법 행위에 대해 어떻게 법률을 제정하는가?

4. 최초 거부를 포함하여 스폰서의 갱신 권리는 무엇이며, 주최자가 갱신을 거부할 수 있는 근거는 무엇인가?

5. 스폰서의 사업 상황이 변경되면 스폰서십 기간 동안 주최자는 어느 정도 유연해야 하는가?

6. 주최자의 활동에 적용되는 법률은 무엇이며, 주최자가 규정을 준수한다는 최소한의 만족스러운 증거가 있는가?

스폰서가 이러한 모든 문제에 대해 만족할 때만 주최자에게 전달될 수수료 및 기타 가치에 대한 논의를 시작해야 한다. 이를 '대가(consideration)'라고 한다.

계약상 대가 : 균형 행위

보수는 법적 용어이며 계약 체결을 위한 협회의 권리를 취득하기 위해 지불하는 대가이다. 〈그림 3-6〉에서 볼 수 있듯이 현금과 비현금 두 가지 종류의 유형이 있다.

대가의 일종으로 현금이 가장 흔하며 지원금의 형태로 나온다. 이는 활동 기간이 짧은 스폰서십 활동에 앞서 지급되거나 장기 스폰서십 기간 동안 예정된 자금으로 구성된다. 때로는 성과급이 포함되기도 하는데, 보통 우승이나 골의 수와 같은 스포츠 성과를 기준으로 한다.

많은 주최자들은 현금을 그들이 원하는 곳에 배분할 수 있는 유연성을 허용하기 때문에 대가로 현금을 선호하지만, 협회의 권리와 다른 이익의 대가로 스폰서가 잠재적으로 줄 수 있는 다른 가치가 많이 있다. 〈그림 3-6〉에서 설명한 바와 같이, 현물 가치는 인력, 재료, 기술 또는 전문 기술을 제공하는 것을 포함할 수 있다.

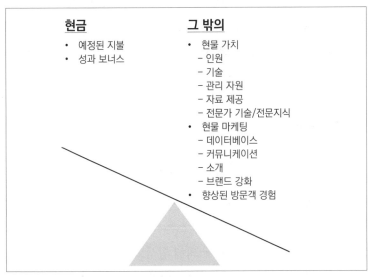

그림 3-6 스폰서십 계약에서 고려할 수 있는 유형

현물 마케팅은 스폰서의 마케팅 활동을 통해 주최자 자신의 마케팅 예산을 확대하거나 방문자/팬 경험을 개선함으로써 달성될 수 있다.

현물 가치 또는 현물 마케팅은 스폰서들에게 매력적인 선택이다. 왜냐하면 그것은 주최자에게 인식되는 가치는 높지만 스폰서에게 제공하는 비용은 훨씬 낮은 편익에 대한 어려운 현금(*hard cash*) 요구 조건의 일부를 상쇄함으로써 파트너십의 총비용을 줄일 수 있기 때문이다. 비현금 대가는 스폰서십 활동의 팬들이 보는 바와 같이 주최자와 보다 진정성 있고 신뢰할 수 있는 관계에 대한 인식을 형성하는 데 도움이 되기 때문에 스폰서에게도 유익하다.

계약

저자들은 법적으로 교육받은 척하지 않으며, 따라서 아래의 정보는 지침으로만 제공된다. 이들은 자신들의 경험을 토대로 특정 분야에서 실적이 있는 법정 대리인을 활용해 모든 스폰서십 협상과 계약서를 작성할 것을 강력히 권고하고 있다. 스폰서 계약 협상은 기업 변호사들이 맡아야 하는 다른 업무들보다 더 흥미로운 것으로 인식될 수 있지만, 그들이 이미 이 분야에서 높은 경험이 있지 않은 한, 그들이 정확한 기준이 없는 분야에서 일할 때 중요한 것을 놓칠 수 있는 기회가 너무 많다.

스폰서십 계약의 필수 사항에는 〈표 3-2〉에 제시된 사항을 다루는 조항이 포함된다.

법률 및 규제 체계

제2장에서 강조한 바와 같이 스폰서십 관계는 단독으로 존재하지 않으며 특정 관계에 적용되는 법적 및 규제적 체제에 특히 주의를 기울여야 한다. 이는 스폰서와 주최자가 등록된 국내 시장뿐만 아니라, 다른 시장에서 스폰서십을 관리하는 시장에도 해당할 수 있다. 스폰서십 활동이 발생하거나 스폰서에 의해 활성화된다.

이것들은 전 세계적으로 다양하지만, 고려되어야 할 입법의 유형은 다음과 같다:

표 3-2 필수 스폰서십 계약 조건

필수 스폰서십 계약 조건	
제안 및 수락	양측의 결과물 + 서비스 수준
기간	계약
계약 당사자의 신원	당사자의 책임과 의무
보수	보수권리보호(저작권, 불공정 경쟁, 데이터 베이스 권한)
영역	
독점	불가항력
비용 및 부가가치세/판매세 적용	종료
	"표준문안": 부채, 중재, 준거법 등

- 사적자유(*privacy*)
- 정보통신, 특히 전자 통신
- 저작권
- 상표
- 이미지 권한
- 매복 마케팅
- 매표 이용약관
- 어린이 마케팅
- 판매촉진

다시 말해, 사내 변호사가 아닌 특정 스폰서십 법률 고문은 제안된 스폰서십 관계의 맥락에서 고려해야 할 입법 및 기타 규칙을 파악할 수 있어야 한다.

기타 고려사항

계약 과정에서 스폰서가 고려해야 할 기타 고려할 사항은 다음과 같다:

(1) 타이밍
계약서 작성은 항상 예상보다 훨씬 오래 걸린다. 스폰서십 활동의 시간표에 의해 이용

가능한 시간이 제한된다면, 스폰서는 충분한 생각과 조사를 할 시간 없이 협상한 계약으로 인한 불행한 결과의 위험이 있으므로 계약을 체결하기 전에 매우 신중하게 생각할 필요가 있다. 따라서 강력한 협상이 진행되기 위해서는 스폰서가 충분한 시간 안에 계획을 세우고 가능한 한 일찍 시작하는 것이 중요하다.

(2) 견적 계약

그들이 완전히 새로운 주최자가 아닌 한, 그들은 이미 하나 이상의 스폰서십 계약을 맺고 있을 가능성이 있다. 따라서 스폰서는 주최자에게 다음과 같은 제안을 요청해야 한다:

- 스폰서의 특별 요구 사항을 작성할 수 있는 계약을 파악한다.
- 스폰서십 활동과 관련하여 논의될 수 있는 미해결 문제를 제기한다.
- 변호사들이 계약서 초안을 처음부터 작성할 필요가 없어 스폰서의 법적 비용이 절감된다.

(3) 모든 말에 대해 협상할 준비가 되어 있다.

종종 계약의 법적 세부 사항에 동의하면 이미 협상 된 상업적 조건에 대한 의문을 초래한다. 최종 계약 조건이 모두 일치하고 당사자 간의 완전한 합의를 반영하도록 하기 위해서는 이러한 사항을 다시 검토하는 것이 중요하다.

(4) 서명 전 일정 및 부록 작성

일정이 제대로 완료되지 않은 채 많은 계약이 체결된다. 그런 다음 나중에 분쟁이 발생하면 일정상 정보가 부족해 계약이 확정되지 않는다. 따라서 서명하기 전에 특히 브랜딩(branding)이 어떻게 나타날 것인지와 관련하여 잘 계획된 일정을 주장하는 것은 중대한 규율이다.

(5) 서비스 수준 계약 및 성과 측정

스폰서십 계약은 일반적으로 권리와 대가 측면에서 성과물을 명확하게 정의하지만, 같은 원동력으로 처리할 문제와 성과 요구 사항을 해결하지는 못한다. 문제와 분쟁을 제기하고 해결하기 위한 처리할 문제와 성과 검토의 정기성과의 내용을 합의하는 것은 좋은 비즈니스 관행이다.

철저한 계약 과정의 장점 중 하나는 그것이 만들어 내는 논쟁이 스폰서와 주최자 모두에게 상대방의 조직, 관점, 우선순위, 성공 요인을 더 잘 이해하는 데 도움이 된다는 것이다. 이를 통해 양측은 계약 기간 내내 직접적인 계약 의무를 이행할 뿐만 아니라 관계에 있어 상호신뢰의 원칙을 준수하고 지원할 수 있는 훨씬 더 많은 유연성을 확보할 수 있다.

스폰서십 선택 오류 및 해결책

이 장은 조직을 위해 성공적인 결과를 얻을 수 있는 스폰서십을 선정하기 위한 '방탄식(*bullet –proof*)' 과정을 제공하려고 노력했지만, 대부분 스폰서십 주최자 권한 밖의 문제가 발생할 수 있는 경우가 있다.

잘못된 스폰서십 선택

이는 일반적으로 스폰서십 선정 결정을 합리적이 아닌 감정적인 고려에 기초하거나 판단의 실수로 인한 결과이다.

감정이 스폰서십 선정 결정을 흐리게 하는 3가지 방법이 있다:

1. **결정은 합리적인 데이터가 아닌 개인적인 이익에 기반한다.** 이러한 감정적 결정은 고위 경영진의 선호나 회장의 부인 증후군이 될 수 있다. 그녀는 오페라를 좋아하기 때문에 이 단체는 오페라를 스폰서십하는 데 투자하지만, 사업상 필요에는 적합하지 않다. 또 다른 대안은 어떤 주최자의 선배가 대기업 선배와 함께 학교에 다녔고, 그들은 이제 스폰서십을 통해 그들의 관계를 되살리는 것이 재미있을 것으로 생각하는 것이다.
2. **매력의 유혹.** 흥미진진한 무언가와 연관되어 유명 인사들과 어울리거나 권위 있는 행사에 참석할 수 있는 것은 몇몇 개인들에게 중요하며 그들이 선호하는 스폰서십에 영향을 미칠 수 있다.
3. **기업의 정서적 부담.** 특정 활동과 오랜 연관이 있는 스폰서는 스폰서십이 더 이상 목적에 맞지 않을 때를 인식하기 어려울 수 있다. 따라서 그들은 특정 유형의 스폰

서십 또는 특정 조직을 스폰서십하는 것이 여전히 적절한지를 실제로 검토하지 않고 연장한다.

감정적 문제를 기반으로 선정된 스폰서십을 파악하는 방법은 강력한 사업 사례를 요구하는 것이다. 이러한 스폰서십의 대부분은 타당한 사업 사례를 구축하려는 시도가 있는 경우 실패할 것이다. 이는 브랜드 및 사업 목표 달성 측면에서 문제의 기회가 어떻게 수행되지 못하는지를 파악해야 하기 때문이다.

판단 오류

강력한 선택 과정이 수행되었더라도, 다음을 항목에 따라 판단의 진정한 오류를 범하는 것은 여전히 가능하다.

1. *시간적 압박 상황에서 내린 결정.* 본 장에서는 앞서 논의한 바와 같이, 시간은 스폰서십 선정 과정에 실질적인 적이 될 수 있으므로, 의심스러운 경우, 주최자의 일정에 따라 스폰서십을 서두르지 않는 것이 좋다. 기간이 너무 짧아 스폰서십 기회를 놓쳐 폐업한 업체들은 거의 없다. 한발 물러서서 덜 공격적인 일정으로 대체하여 쓸 돈을 아끼거나 철저한 조사와 협상을 위한 충분한 시간을 확보한 내년에 같은 투자할 수도 있다.
2. *자산의 팬층과 조직의 대상자 사이의 연결 불량.* 대부분 스폰서들이 익숙한 고객 통찰력 수준을 고려할 때, 주최자들은 여전히 잠재적 스폰서들에게 최소한 기본적인 인구통계 데이터를 제공해야 할 필요성을 해결하지 못하고 있다. 이에 대한 유일한 해결책은 스폰서들이 포커스 그룹을 통해 스폰서십을 사전 테스트하는 것이다. 좀 더 깊이 살펴보면, 잠재적으로 강력한 자산으로 보이는 것이 스폰서의 목표 대상자와의 관계가 원래 인식된 것보다 약하다. 자산의 맥락에서 조직에 대해 논의하는 포커스 그룹을 통해 연구를 수행하면 실제로 이것이 올바른 것인지 아닌지에 대한 필요한 피드백을 제공할 수 있다. 추가적인 보너스는 스폰서가 표적 활용 활동을 통해 팬들에게 더 적합하고, 따라서 더 신뢰할 수 있고, 매력적으로 만드는 방법에 대한 통찰력일 수 있다.
3. *스폰서십은 브랜드/회사 라이프사이클에서 조직의 현재 단계에 적합하지 않음.* 신

중하게 만들어진 스폰서십 전략은 마케팅과 사업 전략을 직접적으로 지원해야 한다. 스폰서십이 항상 적절한 도구는 아니지만, 위에서 논의한 것처럼 감정에 기반한 결정의 결과로 잘못 입력될 수 있다. 이는 조직이 비용을 절감하고 주요 사업 추진 요인에 집중할 수 있는 매우 빠른 방법은 방법이다.

4. **스폰서십은 명확한 목표가 부족.** 제대로 구성되지 않은 스폰서십은 종종 단편적인 활용과 진전을 거의 이루지 못하는 결과를 초래하는 다양하고 잘못된 형태의 목표를 달성해야 하는 과제를 안고 있다. 스폰서십 선정 결정에 앞서 결정된 2~3가지 정말 명확한 목표에 초점을 맞추는 것은 잘못된 스폰서십을 선택할 위험을 줄이는 데 도움이 될 것이다.

5. **잘못된 혜택 패키지를 선택.** 이에 대한 극단적인 예는 주요 목표가 공급 업체 기업이 스폰서십을 통해 적절하게 달성할 수 있는 제품을 선보이고 주최자의 표준 제공 외에 협상된 일부 추가 접대를 통해 타이틀 스폰서십을 확보하는 것이다. 여기서 해결책은 제공된 가치에 대비하여 총서비스 비용을 검토하고 필수 자산을 파악하기 위해 상향식 접근법을 채택하는 것이다.

WTA 여자 테니스 투어의 소니 에릭슨과 아스널 풋볼 클럽의 O_2를 포함한 많은 기업이 처음에는 최고 수준의 스폰서가 되는 것이 옳았지만, 나중에는 부적절하게 되었고 그에 따라 권리 패키지를 재협상했다. 비즈니스 요구에 맞춰 투자 수준을 줄이는 것은 부끄러운 일이 아니다.

🎓 주요 학습 요점

- 스폰서십이 더 필요한가?
- 사전에 스폰서십 기준을 개발하고 이를 기반으로 선택한다.
- 적절한 스폰서십 절차를 합의하고 실행한다.
- 사업부에 각 스폰서십 속성이 어떤 스폰서십 특성에 중요한지 문의하고 직원 혜택을 잊으면 안 된다.
- 당신이 필요한 것에 대해 협상하고, 주최자가 팔고자 하는 것만 사지 말아야 한다.
- 계약 협상 및 완료에 대한 전문가의 도움을 받는다.

요약

가장 중요한 고려사항은 미리 정해진 기준에 근거해야 하는 스폰서십 선정 절차에 착수하기 전에 더 많은 스폰서십이 필요한지 아닌지이다. 어떤 상황에도 회장 부인의 감정에 의존하여 스폰서십 결정에 영향을 미쳐서는 안 된다. 부서와 부서에 어떤 종류의 스폰서십 속성이 가장 유용할지 물어본 다음, 속성이 선정되면 조직의 스폰서십 목표를 달성하는 데 필요한 이익을 위해 열심히 협상해야 한다. 일이 잘못될 경우, 원인을 파악하여 적절한 해결책을 찾을 수 있도록 한다.

04 스폰서십 실행

🌐 개요

이 장에서는 성공적인 스폰서십 실행의 핵심 요소를 살펴보고 스폰서의 목표 달성에 있어 정말 중요한 올바른 지출 방법을 고려하는 것에 대해 살펴본다. 사례 연구는 통찰력과 창의적인 파트너십 활성화를 설명할 것이다.

이 장에서는 다음 내용을 다룬다.

- 성공적인 스폰서십 활성화의 핵심 요소
- 스폰서십 특성 활용을 중심으로 창의적 사고를 자극하는 것
- 대내외적으로 문제와 이를 극복하는 방법

스폰서십 실행

스폰서십 실행 또는 스폰서십 수단, 활성화, 판매 촉진으로 알려진 스폰서십의 실행은 스폰서의 목표 대상자들 사이에서 스폰서의 목표를 달성하기 위한 모든 계획과 준비가 활동으로 초점을 맞춘 것이다. 유럽 스폰서십 협회 〈그림 2-1〉를 다시 참조하면 성공적인 스폰서십 활성화를 반영하는 요소는 다음과 같다:

- 스폰서들은 소비자나 팬들로부터 존경을 받아야 한다. 즉, 스폰서들의 존재와 활동에 대한 기여는 어떤 식으로든 유익한 것으로 인지되어야 한다. 이것은 창의적인 스폰서십 활성화에 의해 부분적으로 이익을 얻을 수도 있다.

- 내부적으로 스폰서들은 그 스폰서십이 고위 경영진의 승인과 적절한 내부의 팀과 함께 조직 전체에 걸쳐 통합되도록 해야 한다.

성공적인 스폰서십 활성화의 핵심 요소

〈그림 4-1〉은 성공적인 스폰서십 활성화 프로그램을 만들기 위해 함께 결합된 5가지 핵심 요소를 강조한다.

① 자산

유형 및 무형자산은 1장에서 논의하였다〈표 1-1 참조〉. 상기한 바와 같이, 유형자산은 브랜드명 노출, 환대, 전문적인 지식 획득 및 회의 시설의 사용과 같은 것으로 재무적 가치가 귀속될 수 있다. 반면에 무형자산은 매우 비현실적이며 그 가치는 재무적인 관점에서 계산할 수 없다. 무형자산은 독점적인 범주의 가치, 자산이 지지하는 특정 브랜드 속성 집합과 연관되는 중요성 또는 스폰서십 속성으로 유치하는 다른 스폰서 및 이해관계자의 관점에서 제시하는 네트워킹 기회를 포함할 것이다.

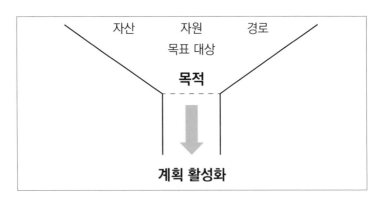

그림 4-1 성공적인 스폰서십 활성화의 핵심 요소

② 자원

스폰서십 활성화 프로그램을 지원하기 위해 배치할 수 있는 자원의 수와 유형에 따라 스폰서십 속성의 활용범위가 결정된다. 고려해야 할 3가지 주요 자원은 재정적 자원, 물리적 자원, 인적 자원이다.

재정적 자원

스폰서십 비용으로 1달러 지출할 때마다 적어도 1달러만큼 지출해야 활성화에 도움이 되어야 한다는 업계규범이 있다. 이것은 시사적이고 스폰서십에 투자하는 것을 처음 하는 사람들에게 유용한 출발점이지만, 그것은 결코 돌로 쓰인 것이 아니다. 예를 들어, 스폰서십이 주로 효율적인 미디어 구매인 경우, 스폰서십 속성에서 만들어낼 수 있는 브랜드 노출을 최대한 많이 발생시키는 것 외에 활성화에 지출할 필요가 거의 없을 수 있다.

마찬가지로, 가장 성공적인 스폰서들 중 많은 수가 1:1의 비율보다 훨씬 더 많은 투자를 할 것이며, 한 올림픽 스폰서는 그들의 권리 투자에 대한 전반적인 수익을 최적화하기 위해 올림픽 해의 권리 활성화에 7:1을 투자한다고 인정한다.

이 모은 돈은 어디에서 왔는가? 성공적인 스폰서십을 위해서는 스폰서십의 기본을 지원하기 위한 약간의 예산을 따로 마련해야 한다. 여기에는 다음이 포함될 수 있다:

- 스폰서십 이벤트에서 조직의 환대 재고와 전달을 관리하기 위해 환대 기관을 고용한다.
- 상징적인 순간을 포착하고 이를 손쉬운 검색 시스템에 저장하는 사진 서비스 확보한다.
- 조직의 인트라넷과 웹사이트에 콘텐츠의 제작을 교차 통합하여 스폰서십을 중심으로 내 외부 관객과 소통한다.

그러나 성공적인 스폰서십은 조직 전체에 통합되어 있으며, 따라서 다른 예산을 지원한다는 것을 기억하는 것이 필수적이다. 이것은 누군가의 예산에서 스폰서 팀으로 돈을 빼돌리는 것이 아니다. 오히려 각 부서가 스폰서의 목적을 추구하면서 지원금을 자신의 활동에 어떻게 가장 잘 통합할 수 있는지를 파악하는 것이다. 예를 들면 다음과 같다.

- 마케팅 커뮤니케이션 팀은 어쨌든 커뮤니케이션을 계획하고 있었다. 그들의 과제는 광고, 홍보, 판매 촉진 등 의미 있는 방식으로 스폰서십을 통합하는 것이다.

- 영업팀은 잠재 고객과 고객을 접대하기 위한 예산을 확보할 것이다. 이 중 일부는 스폰서 관련 환대를 하는 데 사용될 수도 있다. 마찬가지로, 판매 보상 프로그램에는 스폰서십과 관련된 보상이 포함될 수 있다.
- 기업 평판 팀은 이해관계자들에게 영향을 미치는 행사를 계획할 것이다. 이러한 행사 중 하나 이상이 주최자의 행사장에서 개최될 수도 있다.
- 인력 자원에는 채용과 직원 유지를 관리하기 위한 예산을 갖게 될 것이다. 이러한 예산에는 이미지와 스폰서십의 다른 요소가 통합되어 조직이 다른 고용주들과 차별화될 수 있도록 지원할 수 있다.

일반적으로 CEO의 '프라이빗 팟(*private pot*)'으로 알려진 조직에는 또 다른 예산도 있다. 대기업들의 연간 계획 과정에 투자된 큰 노력에도 불구하고, 최고 경영자는 항상 재량적 지출을 위해 약간의 돈을 낭비하는 것처럼 보인다. 이는 추가적인 전술적 투자가 필요한 활성화 기회가 다른 곳에서 고려되지 않을 때 기억할 가치가 있다.

물리적 자원

스폰서십 활성화에 있어 물리적 자원의 활용도가 떨어지는 경우가 많다. 이 중 하나는 기술을 이용할 수 있거나 간단한 재료(*가공하지 않은 것, 부품 제작 또는 판매 준비*)를 제공하여 스폰서십 활동과 주최자와의 관계를 개선할 수 있다. 조직은 물류 운영을 활용하여 판촉보험료(*promotional premiums*)나 소매 사이트를 입장권 유통 네트워크로 전달할 수 있을 것이다. 조직의 핵심 운영에 대한 브레인스토밍은 비용을 절감하는 동시에 스폰서십 활성화 프로그램에 창의적으로 통합될 수 있는 흥미롭고 혁신적인 기회를 제공할 수 있다.

인적 자원

인적 자원은 스폰서십을 성사하는 데 있어서 정말 중요하며, 스폰서십을 위한 팀의 과제는 대내외적으로 이용할 수 있는 인적 자원의 범위를 끌어내는 것이다. 효과적으로 되기 위해서는, 최고의 사람들이 스폰서십 프로젝트를 향상하기 위해 그들의 기술과 지식을 가져올 필요가 있다.

예를 들어, 조직 내에서 훌륭한 창의적인 생각을 하는 사람이 누구이며, 스폰서십 계획 초기에 브레인스토밍 세션에 참여하도록 설득하여 정말 좋은 아이디어를 활용하는 데 도움을 줄 수 있는가? 실행, 관리, 물류, 회계, 예산 책정 또는 환대 관리에 능숙한 사람이 또 누가 있는가? 누가 다른 사람들에게 영향을 미치고 일을 성사하는 데 도움이 될 수 있는 강력한 공식적이고 비공식적인 네트워크를 가지고 있는가? 예약받고 고객의 개별적인 요구를 이해함으로써 전화상담실 직원을 환대 프로그램 지원에 참여시키는 것이 가능할 수 있다.

조직을 위한 스폰서십이 무엇인지 이해하는 데 도움이 되는 방식으로 이러한 그룹과 개인을 스폰서십에 참여시키는 것은 스폰서십 결과를 개선할 뿐만 아니라 때때로 발생할 수 있는 내부 저항을 극복하는 데 도움이 될 것이다. 이에 대해서는 이 장의 뒷부분에서 자세히 설명될 것이다.

③ 채널(Channels)

현재 뉴미디어와 소셜 네트워크와 같은 채널이 최우선일 수 있지만, 조직은 스폰서십을 전달할 수 있는 가능한 많은 관련 채널을 식별하기 위해 자신을 스스로 철저히 조사해야 한다.

〈그림 4-2〉는 이용할 수 있을 수 있는 가능한 시장 채널 중 일부를 보여준다. 이러한 채널 중 일부를 사용하는 방법의 예는 다음과 같다:

그림 4-2   시장 진출할 수 있는 채널

광고

스폰서십 관련 광고는 스폰서십의 핵심 메시지를 증폭시키는 강력한 방법이다. 단, 고객의 혼란을 피하려고 스폰서십과 동시에 스폰서십 대상자에게 브랜드의 다른 측면을 홍보하지 않도록 주의해야 한다.

보상

이는 공급망 일부에 대한 판매 성과급 또는 파트너 성과급이 될 수 있으며, 이들이 더 좋고, 더 저렴하고, 더 높은 품질의 제품과 서비스를 공급하도록 장려할 수 있다.

그 외 다른 채널

일부 채널은 매우 비용 효율적인 시장 경로를 제공할 수 있다는 점을 기억하는 것이 중요하다. 일부 저비용 또는 무료 채널은 다음을 포함한다.
- 내부: 이메일, 인트라넷, 잡지, 매점, 게시판, 팀 회의, 접수 구역
- 주최자: 광고, 입장권 지갑, 이벤트, 잡지, 시청각
- 간접: 미디어, 팬 잡지

④ 목표 대상자

제1장에서 논의한 바와 같이, 스폰서십은 광범위한 목표 대상으로 할 수 있지만, 적은 것이 더 많다는 것은 꽤 분명하다. 목표 대상이 너무 많지 않도록 하거나 피할 수 없는 경우 주요 목표 대상 2~3명 우선순위를 정하고, 우선순위가 낮은 대상 고객을 이러한 관계를 정상적으로 관리하는 부서에 위임한다. 이러한 위임된 목표 대상들로부터 스폰서십을 통해 얻은 이익은 보너스로 간주할 수 있다.

⑤ 목표

제1장에서 논의한 바와 같이 스폰서십 목표에는 세 가지 유형이 있다. 브랜드를 홍보하는 목표, 부끄러운 줄 모르는 상업적 결과, 그리고 직원, B2B 고객 또는 광범위한 조직 이해관계자를 참여시키는 목표 등 참여에 더 중점을 둔 목표이다. 특정 스폰서십의 고유한 목표는 스폰서십 활성화 프로그램이 사업에 정말 중요한 것에 초점을 맞추기 위해 다른 "성분"이 필터링되는 메커니즘을 형성한다. 스폰서십이 목표로 하는 2~3가지 주요 목표를 매우 명확하게 하는 것은 자원이 어떻게 할당될 것인지를 구체화하는 데 매우 유익하다.

통합

〈그림 4-2〉는 강조한 바와 같이, 효과적인 스폰서십 통합의 중심은 조직의 브랜드이다. 브랜드가 어떻게 표현될 것인지, 따라서 스폰서십의 맥락 안에서 어떻게 인식될 것인지에 대해 중요하게 고민해야 한다.

다음으로 고려해야 할 가장 중요한 문제는 직원들을 스폰서십 중심으로 교육하고 참여하는 방법이다.

결국, 만약 그들이 조직이 왜 이 스폰서십에 투자하고 그것이 왜 관련이 있는지 이해하지 못한다면, 그들은 어떻게 조직의 이해관계자들과 효과적으로 그것에 대해 이야기할 것인가?

이것은 특히 기업 대 기업 또는 소비자와 관계없이 고객을 마주하는 사람들에게 적용된다.

이것은 자연스럽게 이 스폰서십이 고객이나 그들을 넘어서는 다른 대상 그룹과 어떻게 관련될 것인지에 대해 생각하게 한다.

공통된 이해도 개발

특히 새로운 스폰서십 환경에서 스폰서의 직원이 주최자의 세계에 몰입하여 공통된 이해를 심화시키고 의사소통을 돕는 것이 중요하다. 마찬가지로, 스폰서는 주최자의 팀에 조직과 스폰서십을 통해 달성하고자 하는 목표에 대해 교육할 의무가 있다. 중점을 두어야 할 주요 영역은 〈표 4-1〉에 강조 표시되어 있다.

표 4-1 공유된 이해 구축

스폰서십 활동	사업 배치
범위	파트너십 목표
규칙	계약상 의무
용어	기업 용어
주요 참가자	조직 기구
산업 표준	주요 연락처

분명히, 서로의 사업과 그들이 제시하는 과제에 대한 깊은 이해를 발전시키는 것은 하루아침에 이루어지지 않을 것이다. 다음에서 추가 정보를 얻을 수 있는 경우, 이 그림을 정리하기 위해 연구가 필요할 수 있다.

- 공동 스폰서
- 다른 광고주
- 자치단체
- 업계 협회
- 관련 서비스 공급업체
- 사례 연구
- 관련 사업 보고서
- 언론 보도

경쟁사 대응 준비

피할 수 없는 또 다른 문제는 경쟁자들이 새로운 스폰서십을 발표하는 조직에 어떻게 반응할 것인지에 대한 준비이다. 발표가 있을 때 조직이 매우 긍정적으로 느낄 수 있지만, 경쟁자들이 이에 대해 조치를 취할 가능성도 무시할 수 없다〈그림 4-3〉.

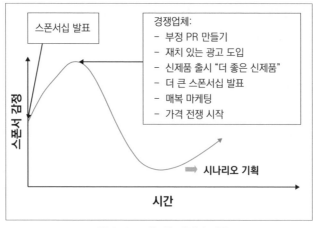

그림 4-3 가능한 경쟁사 대응

경쟁자들은 스폰서의 새로운 프로젝트의 긍정적인 영향을 줄이고 조직의 수익을 저해하기 위한 여러 활동을 수행할 수 있다. 이러한 것들은 필연적으로 스폰서십 조직의 기업 감정에 영향을 미칠 수 있으며, 이를 피하기 위해서는 이러한 특정 시나리오와 사업과 관련될 수 있는 다른 것들을 고려하는 것이 필수적이다. 경쟁업체가 할 수 있는 일과 조직이 자체를 보호하는 방법을 고려해야 한다.

예를 들어, 경쟁자가 스폰서십 활동을 매복할 가능성이 있는 경우, 조직은 가능한 모든 방법을 브레인스토밍하고 최악의 효과를 개선하기 위해 보호 장치를 마련해야 한다. 여기에는 영향력 범위 내에서 발생할 수 있는 특정 가능성을 차단하기 위해 주최자와 긴밀하게 협력해야 한다.

🎓 실행 계획 정보

스폰서십 성공을 확보하기 위한 주요 기회는 이미 논의되었지만, 조직이 새로운 스폰서 프로그램을 실행할 때 고려해야 할 몇 가지 최종적인 문제가 있다.

조직을 이끄는 시간

정상적인 조직을 이끄는 시간이 긴 경우, 연간 계획 기간과 관련이 있을 수도 있으므로 스폰서십을 실행할 때 이를 고려해야 한다. 스폰서십은 아기를 갖는 것과 유사하다: 그들은 당신이 준비되었든 아니든 온다. 스폰서가 충분히 준비되지 않았다는 이유만으로 주최자가 활동을 연기할 수 있는 이상 출산을 미룰 수는 없다. 따라서 스폰서가 시기적절하게 스폰서십을 활용할 준비가 되어 있어야 하고 이 문제를 조직 전체 계획에 고려해야 할 큰 책임이 있다.

제공된 예상 가치에 대한 우선순위 지정

가능한 예상 가치를 비교할 때, 전체 수익을 제공하는 가치는 더 명확할 수 있지만 실제 투자비 회수는 더 적은 가치보다 우선되어야 한다. 특정 아이디어가 성공적으로 달성되기 어렵더라도 우선권이 주어져야 한다.

부서별 부서

3장에서 언급했듯이, 부서별로 부서를 계획하고 계약 전에 동료들에게 가장 유용한 자산과 혜택 측면에서 무엇을 원하는지 물어본다. 일단 이 자산들이 계약에서 확보되면, 이 부서들은 이제 그것들을 사용하고 스폰서십에 참여하여 "여기서 발명되지 않은" 증후군의 발생을 교육할 가능성이 훨씬 더 크다.

링 펜스(Ring fence) 활성화 예상

이것은 말하기도 쉽고 조직이 하기도 매우 어렵다. 스폰서십을 활성화하는 것은 필수적이며, 사람들은 스폰서십 수수료가 투자 일부일 뿐이라는 것을 깨달아야 한다. 스폰서십 활성화를 위한 안정적인 예산이 없다는 것은 가게 임대료를 내는 것이나 가게에 물건을 들여놓거나 창문에 옷을 입혀 손님을 안으로 끌어들이지 않는 것과 같다. 특정 사업 및 마케팅 목표를 달성하기 위해 활성화 예산은 전체 투자의 일부이며, 임의적인 추가 기능의 일종이 아니다.

위기의 시기에 활성화 예산은 대기업이 비용 절감을 위해 가장 먼저 삭감한 곳 중 하나였는데, 이는 스폰서십이 어떻게 작동하는지에 대한 이해가 전혀 부족함을 보여준다. 모든 스폰서십 관리자들은 그들의 조직 내에서 스폰서십에 대한 이해를 높이는 방법에 대해 생각하는 것이 필수적이다. 예산 활용을 보호하는 것은 개인적인 제국 건설 활동이 아니라 주주들에게 이해할 만한 이익을 얻기 위해 조직의 스폰서십 투자를 보호하는 필요성에 대한 폭넓은 인식이 있다는 것이 중요하다.

대행사 제휴

광고 대행사, 홍보 대행사, 환대 제공업체 또는 실제로 스폰서십 컨설팅과 같은 스폰서십을 지원하는 모든 기관 간에 신뢰와 상호 지원을 구축하는 것이 매우 중요하다. 이것은 도전이 될 수 있지만, 최상의 결과는 모든 사람이 원활한 팀원으로서 기여하고 행동할 때만 달성될 것이다.

모든 수준의 구매를 위한 내부 통신

정기적인 의사소통은 조직 전체의 모든 수준에서 지원을 얻고 스폰서십에 참여하는데 매우 중요하다. 강력하고 반복적인 내부 메시지는 동료들이 스폰서십의 근거를 효과적으로 설명할 수 있도록 보장할 뿐만 아니라, 거래 조건이 악화할 때 예산을 활용할 가능성도 작다.

인적 자원

스폰서십 기간에는 다양한 인적 자원이 필요할 수 있지만, 전체 기간 반드시 같은 강도로 필요한 것은 아니다. 따라서 언제, 어떻게 직원을 늘릴 것인지, 조용한 시기나 스폰서십이 수명을 다함에 따라 효과적으로 인원을 감축할 것인지에 대한 신중한 생각이 필요하다.

🔮 창의적으로 실행

목표 대상자들은 브랜드 메시지를 기다리지 않는다. 따라서 활성화는 대상자에게 다가가 브랜드의 존재를 인지하고 스폰서가 전달하고자 하는 주요 메시지를 받아들일 수 있도록 충분히 매력적이어야 한다.

적절한 메시지

스폰서십의 맥락에서 소비자들이 언제 어떻게 브랜드를 접하게 될지 곰곰이 생각해보고, 소비자들과 접했을 때 어떤 기분이 될지 이해한다. 예를 들어, 작업이 다시 시작되기를 기다리는 절반의 시간 동안 수용성이 높은 순간을 선택하거나 수용성이 부족한 상황에는 메시지를 조정하고 각 상황에 적합한 미디어를 사용한다.

스폰서십은 너무 자주 "그냥 광고"와 연관되어 결과적으로 계약의 내용 부족으로 취급될 위험이 있다. 예를 들어 스폰서의 디지털 경계 표시판은 경기장 활동에 매우 방해가 될 수 있다. 스폰서의 주변 게시판이 브랜드에 대한 메시지를 통해 스포츠가 조직에 어떤 의미를 갖는지, 그들이 존재하는 이유, 그들이 가치에 이바지한 바가 무엇인지, 목표 대상이 스폰서의 제품이나 서비스를 구매하는 것에 대해 생각해야 하는 이유를 보여주면 훨씬 더 큰 영향을 미칠 것이다.

사례 탐구 전자 게임 브랜드

 주요 학습 요점

• 브랜드들은 점점 더 새로운 비전통적 기회를 모색하고 있으며, 목표 대상 고객들과 협력할 수 있다.
• 표본 추출 및 체험 활동을 통한 직접 참여가 스폰서십 믹스에서 더욱 중요한 요소가 되고 있다.

한 전자 게임 브랜드가 인베스트텍 챌린지 시리즈(*Investec Challenge Series*), 노무라 바시티(*The Nomura Varsity*), RBS 식스 네이션스(*The RBS Six Nations*), 에미레이트 항공 런던 세븐스(*The Emirates Airline London Sevens*) 및 잉글랜드 대 바바리안스(*England vs Barbarians*)경기에서 기업이 트위크넘 스타디움(*Twickenham Stadium*) 안팎에서 활성화할 수 있는 권한을 인수했다. 브랜드 대변인은 "RFU와 함께 일하는 것은 우리가 전통적인 광고 방법뿐만 아니라 제품 체험을 통한보다 경험적인 접근 방식을 통해 가족을 대상으로 하고 대화할 수 있는 좋은 기회이다."라고 근거를 설명했다.

활성화는 감각적 경험

목표 대상을 끌어들이는 가장 효과적인 방법을 수립하기 위해서는 브랜드의 모든 측면을 고려해야 한다〈그림 4-4 참조〉. 스폰서십 환경에서 활용할 수 있는 브랜드의 시각적 측면이 강하거나 소리가 울려 퍼질 수 있다. 일부 브랜드의 경우 가장 강력한 반응을 불러일으키는 것은 냄새, 맛, 촉감일 수 있다.

한 친구가 첼시(*Chelsea*)의 지지자이고 첼시에서 나오는 맥주 냄새만으로도 그는 즉시 테라스로 돌아간다. 이것은 특정한 맥주, 그것의 맛과 냄새, 그리고 가장 좋아하는 스포츠 행사 사이의 매우 강한 관계를 보여준다.

어떻게 목표 대상들이 유사한 방식으로 조직의 브랜드를 만질 수 있을까? 스폰서십의 경험적 요소는 소비자가 브랜드에 진정으로 참여하고 브랜드가 진정한 고객 혜택을 제공하는 방법에 더 깊이 관여할 수 있도록 하는 데 훨씬 더 중요해지고 있다.

그림 4-4   오감에 호소하는 활성화

스폰서십 활성화에 대한 브레인스토밍을 위해 자극을 제공하기 위해 〈그림 4-5〉에서
〈그림 4-7〉까지는 직원〈그림 4-5〉, 기업 간〈그림 4-6〉 및 소비자〈그림 4-7〉의 주요 목
표 대상에게 스폰서십을 활성화하는 방법 일부를 제시한다.

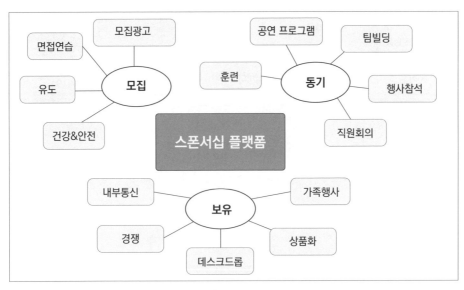

그림 4-5   직원들에게 다가가는 모습

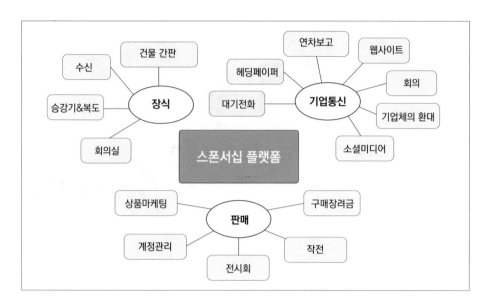

그림 4-6 기업 간 거래의 고객 참여

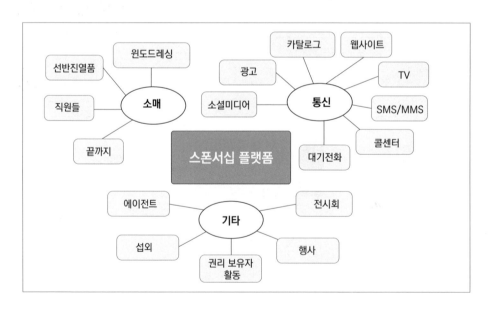

그림 4-7 소비자 접점

다음은 창의성과 통합성이 뛰어난 다양한 청중을 대상으로 한 스폰서십에 대한 3가지 사례 연구이다.

사례 탐구 The O_2

 주요 학습 요점

- 차별화는 좋은 스폰서십의 핵심 속성 중 하나이다. 때로는 기업이 다른 일을 하기 위해서는 많은 용기가 필요하다.
- 브랜드의 상상력 있는 사용은 더 공개적인 스폰서십 활용을 지원하는 잠재적 단서를 제공할 수 있다.

O_2에 대한 논의 없이 스폰서십 실행의 모범 사례와 엔터테인먼트의 브랜드 진보를 위해 어떻게 활동해 왔는지를 이야기하기는 매우 어려울 것이다. 차별화를 시도하기 위해 경쟁업체는 다양한 관세를 도입했지만 이에 따라 고객의 요구에 가장 적합한 네트워크를 둘러싼 혼란을 증가시킬 뿐이었다.

또한, O_2는 모바일 음성의 급속한 융합이 이루어지는 산업에서 운영되고 있다. 모바일 시장에 "전통적이지 않은" 플레이어를 도입하여 경쟁을 심화시킨 비디오 및 데이터 서비스는 진정한 차별화를 위해 O_2는 런던에 있는 이전 밀레니엄 돔(*Millennium Dome*)의 장소 운영자인 AEG와 협력하는 용감한 조치를 취했다. 건물에 대한 타이틀권 획득 외에도 스폰서십을 활성화하기 위해 O_2는 거품과 같은 모양, 파란색 조명, 그리고 인디고 음악 클럽, O_2 블루룸 바(*Blueroom Bar*), O_2라운지(*Lounge*), 그리고 심지어 Create Z에 있는 O_2 Angels(*O₂Angels in the Create zone*)를 만들 때 파란색와 O_2의 이름으로 연주하는 것에서부터 그 자산의 모든 측면에 통합시켰다.

그러나 이 스폰서십은 단순히 음악, 오락과 관련된 브랜드 제휴 이상의 것이다. O_2는 또한 고객 전용 이용권을 도입하기 위해 협상했다. 협상에는 공개 판매 48시간 전 우선권 예매, 모바일 바코드를 통한 바(*bar*) 및 라운지 이용, 생방송 음악 다운로드, 대회, 입장권 문자 보내기, O_2 라운지의 벽지 바꾸기, 주크박스 요청 및 창조 구역(*Create zone*) 공연의 MMS가 포함된다.

결과는 다음과 같이 핵심 사업과 비교하여 측정되었다. 100만 명 이상의 O_2 고객이 우선 예매에 서명했고 생방송 음악 다운로드 및 대회 출품에 200,000명 이상이 서명했다. 아마도 더 중요한 것은 O_2 스폰서십을 모르는 사람들과 인지하는 사람들 사이에 눈에 띄게 긍정적인 고려 차이(*시장 점유율의 가장 가까운 예측 변수*)가 있다는 것이다.

O_2는 이후 영국 아카데미 뮤직, 프라하 사츠카 아레나, 베를린 O_2 월드, 더블린 O_2를 포함하는 협상을 통해 영역을 확장했다.

(Reproduced with permission of O_2)

사례 탐구 교통 및 사고!*(THINK!)* 영국 슈퍼바이크

🎓 주요 학습 요점

- 스폰서십은 상업적 수익 창출*(ROI)*에 유용할 뿐만 아니라 다른 목표*(ROO)*를 성공적으로 해결할 수 있다.
- 목표 대상에게 민감하고 가치 있는 것을 제공하는 것은 청중이 가치 있고 신뢰할 수 있는 파트너로 인식되는 데 중요하다.

영국에서 오토바이를 타는 사람들은 주로 남성이며 교통사고 통계에서 과장되어 있다. 영국 교통부*(DoT)*는 오토바이와 관련된 사고의 수를 줄이고 싶었지만, 어떻게 하면 이 그룹에 효과적으로 도달하는 방법에 대한 도전에 직면했다. 비용이 많이 들고 설교로 인식되어 무시될 가능성이 큰 광고를 사용하기보다는 2004년부터 해온 영국 슈퍼바이크 챔피언십*(BSB)*을 스폰서십하는 데에 투자했다.

브리티시 슈퍼바이크들*(British Superbikes)*은 DoT's 대상 고객을 위해 집중적인 지지를 받는 폭주족 군중을 끌어모으고 있으며, 경주는 여름철 동안 전국적으로 확산하여 광범위한 범위를 제공한다. DoT's는 이벤트의 매력을 활용하기 위해 그들이 할 수 있는 모든 자산을 사용했고, 스타 라이더*(star riders)*들은 그들의 애매한 목표 대상자에게 설교하는 대신 연결하기 위해 이용했다. 여기에는 이미 잘 알려진 노란색과 검은색 THINK! 교통안전 캠페인 브랜딩이 포함되었다. BSB 스타의 인터뷰와 사인이 담긴 THINK! Motorcyde 아카데미 트레일러, 바이크세프 팀*(Bikesafe Team)*의 라이딩 팁*(riding tips)* 및 조언, 모터바이크 전시, 플라즈마 스크린*(plasma screens)*의 라이브 BSB 영상, 대화형 웹 스테이션 및 VIP 환대 정기권은 주말마다 당첨될 예정이다. 측정할 수 있는 결과가 나왔고, 2009년 평가 결과는 다음과 같았다:

- 응답자의 99%가 "THINK! 캠페인은 BSB의 환영받는 스폰서이다"에 동의
- 95%는 "THINK! 캠페인이 자전거 커뮤니티의 일부이다"에 동의
- 90%는 "THINK! 캠페인이 저와 관련이 있다."에 동의

출처: TNS / DoT's

오토바이 사망자는 2007년 588명에서 2008년 493명으로 2008년 16%, 중상자는 6,149명에서 5.556명으로 10% 감소했다. 이는 전체 사상자 비율이 2% 감소한 것이다*(이 기간 오토바이 통행량이 8% 감소했기 때문)*.

이 스폰서십은 무엇을 파는 것이 아니라 생명을 구하는 것이었다. 흥미로운 것은 BSB 참석자들이 실제로 정부의 개입을 환영한다는 것을 보여주었다. 왜냐하면 그들은 그들 스스로 관련된 무언가를 얻었다고 인식했기 때문이다.

(Reproduced by permission of Department of Transport)

사례 탐구 스파톤*(Spatone)* 및 운동선수 리사 도브리스키*(Lisa Dobriskey)*

 주요 학습 요점

• 소규모 예산이 스폰서십의 장애물로 인식되어서는 안 되며, 다만 활성화에 있어 창의성이 더 큰 촉매제
 가 될 뿐이다.
• 다른 스폰서들은 경쟁자로 인식되어서는 안 되며, 오히려 그들이 제시할 수 있는 추가 활용 기회를 모
 색해야 한다.

철분 강화 샘물 제품인 스파톤은 여성의 낮은 철분 수치 증상에 대한 해결책으로 브랜드의 핵심 메시지
를 부각할 필요가 있었다. 이들은 2006년 1,500m에서 챔피언 리사 도브리스키와 제휴하여 2012년
런던 올림픽을 앞두고 그녀의 다른 스폰서인 Nike의 언론 인터뷰를 스파톤을 언급할 기회로 활용했다.
스파톤은 2008-9년에 영국의 철분 보충제 부문에서 가장 빠르게 성장하는 브랜드가 되었다. 스파톤은
적은 예산을 가지고 있었지만, 리사 도브리스키를 중심으로 홍보 캠페인을 전개하는 데 성공했다. 그들
은 주류 언론에서 뛰어난 언론 보도를 달성했고, 이는 스파톤의 매출과 시장 점유율에 직접적인 영향을
주었다.

(Reproduced with permission of Spatone)

조정*(Co-ordination)*

잘 통합된 스폰서십은, 필연적으로, 중복, 일관성, 결실의 위험을 줄이기 위해 조직 전
체에 걸쳐 조정이 필요하다. 이는 부서 차원에서 적용되지만, 부서 간에 작업하고 기관,
공급업체 및 기타 사업 협력자와 같은 외부 당사자를 참여시키면 조정 복잡성이 추가로
발생한다. 효과적으로 조정하기 위한 유일한 방법은 규칙적인 빈번한 의사소통, 계획 및
참여이다.

소유권

스폰서십은 종종 전체 조직이 소유하는 것으로 인식되지만 이는 성공에 대한 책임감
이 부족을 초래할 수 있다. 따라서 새로운 스폰서십을 받을 때 누가 성공을 책임질 것인지
명확하게 하고 다른 담당자가 자신의 역할을 이해하고 누가 궁극적으로 책임자인지 확인
하는 것이 매우 중요하다.

예산 편성

스폰서십은 신중하게 관리하지 않으면 예산이 쉽게 초과 운영될 수 있다. 또한 내부 충전, 재충전, 분쟁 중인 충전을 처리하는 데 엄청난 시간이 낭비될 수 있으며 실제로 부서, 부서 및 외부 당사자는 비용을 내지 않는다. 처음부터 스폰서십을 지원하는 회계팀이 일등임을 확인하고, 최소한의 행정적 부담으로 조직 내에서 돈이 움직이도록 한다.

문화적 과제

효과를 거두기 위해서는 스폰서십에 광범위한 노력이 필요하지만, 다음과 같은 몇 가지 내부 장애물이 있다.

- 변화를 싫어함
- 개인적인 무관함
- 스폰서십으로 부터의 '거리감'
- 내부 정치
- 냉소주의
- 조직의 에너지 부족

스폰서십을 성공적으로 이행하는 데 필요한 내부 판매 노력을 과소평가하지 않는 것이 필수적이다. 따라서, 이 문제에 일찍 집중해야 하며, 특히 선거권이 박탈된 사람들이 스폰서십 노력을 너무 많이 훼손하기 전에 빨리 찾아내는 것이 중요하다. 그들을 복음 전도자로 만드는 것은 불가능할지 모르지만 적어도 그들의 부정성은 무력화될 수 있다.

경영진 참여

경영진 참여는 큰 과제이며 스폰서십에 대한 개인적인 관심의 수준에 따라 크게 좌우되며, 다음과 같이 관리된다.

조직에 대한 스폰서십의 중요성 인식
외부 스폰서십 프로필

"여기서 발명되지 않음" 증후군(NIH 증후군 NIH syndrome)

고객/이해관계자의 관심 수준

많은 고객은 그들의 역사적인 스폰서십 결정이 고위 경영진의 개인적 이익에 기초해 왔다고 노골적으로 고백한다. 경영진이 일반적으로 스폰서십에 대해 갖는 인식은 스폰서십이 조직에 얼마나 중요하다고 생각하는지, 스폰서십이 외부에 보이는 것으로 어떻게 인식하는지와도 관련이 있다.

조직 외부의 주요 담당자 중 한 명이 이를 봤다고 언급할 때까지 이사회로부터 어떠한 동의를 얻지 못한 스폰서십이 있었다. 이것은 스폰서 프로그램의 모든 면에 관한 관심을 급증시키는 결과를 초래한다. 스폰서 관리자들은 이 일에 대해 경각심을 가질 필요가 있다. 그들은 처음에 리더십이 없는 사이에 끼일 위험을 감수할 수 있다. 예를 들어, 사소한 세부 사항들에 대한 의사결정에 너무 많이 관여하게 되어 잘못된 우선순위 지정 및 약화한 결과를 초래하는 것이다.

고객 반응

시장 조사나 다른 자료들이 고객이 스폰서십을 알아차리지 못했다는 것을 나타내는 증거를 제공한다면, 이는 스폰서십이 충분한 브랜드 노출을 제공하지 못하고 있음을 시사한다. 스폰서와 관련된 브랜드를 확장할 수 있는 더 이상의 기회가 없으면, 상호 관계를 보완하기 위해 광고 또는 판매 시점 자료 활용을 고려해야 한다. PR은 스폰서십 커뮤니케이션을 강화하고 왜 그 파트너십이 고객들과 관련이 있는지를 보여주는 데 도움을 줄 수도 있다.

또는 고객이 좋은 수준의 스폰서십 인지도를 가지고 있는 것처럼 보이지만 태도 수준에서는 고객의 브랜드에 대해 고려나 선호도가 바뀌지 않았다. 이때는 스폰서십의 관련성을 높이기 위해 가치를 추가할 방법을 제안하기 위해 전문가에게 외부 의견을 제안할 수 있는 것이 좋다.

고객의 실제 행동이 예상대로 변경되지 않은 경우, 예를 들어 판촉, 충성도 계획(loyalty schemes) 또는 기타 고객 응답 메커니즘을 사용하여 더 가까이 다가갈 수 있다. 궁극적으로 스폰서십이 잘못 선택되었다는 사실에 직면할 필요가 있을 수 있다. 이 시점에서 최선의 조치는 가능한 한 신속하고 위엄 있는 출구를 계획하고 실행하는 것이다.

다양한 시장

다양한 시장의 많은 스폰서십은 실제로 전국적인 규모이지만 규모가 큰 스폰서십은 여러 나라에 걸쳐 있을 수 있다. 다양한 시장 활성화는 다음 사항을 고려해야 한다.

- 시장 발전 수준
- 법적 환경
- 문화적 다양성
- 인구통계학적 발전
- 정치
- 사회 안정성

다양한 시장 활성화에는 두 가지 주요 접근 방식이 있다. 자원 효율적이지만 차선의 결과를 생성할 수 있는 "모든 것에 적합한" 방법을 채택하거나 "특정 지역" 활성화 계획을 선호할 수 있다. 이는 각 시장의 개별 요구에 맞춘 것이기 때문에 더 효과적이어야 하지만, 실행하기에는 매우 자원이 많이 사용된다.

공동 스폰서

여러 스폰서 환경에서 모든 스폰서는 소유자의 희소한 자원인 권리를 위해 어느 정도 경쟁한다. 과제 중 하나는 비슷한 목표를 공유하고 부족한 자원을 기하급수적으로 활용하는 공동 활성화 전략을 지원할 수 있는 스폰서를 파악하는 것이다. 알아야 할 또 다른 문제는 표면적으로는 매력적으로 보이지만 조직의 목표를 추구하는 데는 관련이 없을 수 있는 다른 스폰서의 활성화 프로그램 때문에 전환되는 유혹을 저지하는 것이다.

🎓 주요 학습 요점

- 어떤 자산과 자원을 가지고 흥행을 시킬 것인지 이해한다.
- 명확하게 정의된 목표를 달성하기 위해 가장 관련성이 높은 마케팅 활동 파악한다.
- 조직을 이끄는 시간을 고려한다.

- 제공되는 예상 가치보다 우선순위를 지정한다.
- 링 펜스(*Ring fences*) 활성화 예상을 한다.
- 모든 수준에서 참여할 수 있도록 내부 커뮤니케이션을 기억한다.

요약

성공적인 스폰서십의 초석은 목표와 대상 고객에 집중하는 것이다. 단일한 목표 추구를 반영하는 관점을 통해 모든 활용 아이디어를 걸러 내면 달성 가능성이 높아지고, 흥미롭지만 무의미한 견제로 불필요한 지출이 발생할 가능성이 줄어든다.

스폰서십 평가

개요

이 장에서는 스폰서십을 위한 적절한 평가 프로그램의 장점에 대한 이해를 높이고 이론과 실습 모두를 잘 이해하는 것을 목표로 한다. SMART 목표 설정, 투자 수익률(*ROI*)과 목표 수익률(*ROO*) 측정 및 사용될 수 있는 측정 방법의 범위에 대해 실제 평가를 보여주는 도입 사례와 함께 논의할 것이다.

이 장에서는 다음 내용을 다룬다.

- 평가 프로그램 계획
- SMART 목표
- 투자 수익률(*ROI*) 대 목표 수익률(*ROO*)
- 측정 방법론
- 시장조사의 역할
- 입력, 출력 및 결과
- 미디어 노출 평가
- 잘못된 갱신 이유

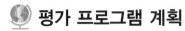 평가 프로그램 계획

검토 단계에서는 당연히 스폰서십의 모든 단계가 마무리되지만, 강력한 평가는 실제로 스폰서십 계획 단계에서 시작된다는 점을 기억하는 것이 중요하다(3장 참조).

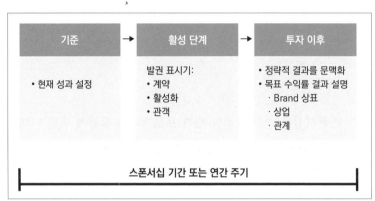

기준	활성 단계	투자 이후
• 현재 성과 설정	발권 표시기: • 계약 • 활성화 • 관객	• 정략적 결과를 문맥화 • 목표 수익률 결과 설명 · Brand 상표 · 상업 · 관계

스폰서십 기간 또는 연간 주기

그림 5-1 평가 프로그램 계획

스폰서십 결과를 성공적으로 측정하기 위해서는 스폰서십 실행하기 전에 스폰서십에 대한 평가 청사진을 작성하는 것이 필수적이다. 그런 다음 결과를 추적하고 필요한 경우 스폰서십 기간 동안 조정하여 수익을 최적화할 수 있다.

스폰서십 평가 프로그램은 〈그림 5-1〉에 강조 표시된 바와 같이 3단계로 구성된다.

첫 번째 단계는 특정 지표에 대한 스폰서십의 영향을 명확하게 볼 수 있도록 활성화 프로그램이 실행되기 전에 그리고 이상적으로는 스폰서십이 발표되기 전에 기준 설정하는 것의 중요성을 반영한다. 현상에 대한 원래의 정의는 향후 결과를 평가하는 기준이 된다. 기준을 설정할 때 어려움은 평가가 실행되기 전에 스폰서십이 이미 마련되어 있다는 것이다. 이렇게 되면 스폰서십 관리자들은 스폰서십에 관련한 것을 전달받고 성과에 대해 보고할 것으로 예상되지만 성공을 판단할 기준이 없다는 것을 깨닫게 된다. 이 문제의 간단한 해결 방법은 기준을 만들고 향후 진행 상황을 예측하는 것이다. 이것이 완벽한 해결책은 아닐 수도 있지만 성공 측정을 완전히 피하는 것보다는 전적으로 나은 방법이다.

스폰서십 평가 프로그램의 활성 단계는 계약 준수, 스폰서십 활성화 또는 청중이 적절하게 대응하는 방법과 관련이 있는지 여부에 관계없이 지표 추적을 포함할 수 있다. 스폰서십이 5년간 계약된 경우, 추적 데이터를 매년 검토하고 제공된 정보를 사용하여 다음 연도의 계획된 마케팅 활동을 변경해 더 높은 수준의 계약을 체결할 수 있다. 일부 브랜드에 따라 더 자주 측정하면 좋은 것들이 있는데 그 예로는 가끔 진행되는 행사인 올림픽과 같은 것이 있다. 이 모든 것은 구체적인 목표와 원하는 결과를 달성하기 위해 성과를 얼마나 면밀히 관찰하는지에 달려 있다.

단기, 축제 또는 단 몇 개월 동안만 스폰서십 하는 경우, 간단한 기준을 설정한 다음 곧바로 투자 후 검토로 바로 넘어갈 수 있다.

스폰서십 평가 프로그램의 세 번째 단계는 선택한 측정 기준의 성과에 대한 완전한 이해를 보고해야 하는 투자 후 검토에 초점을 맞추는 것이다. 여기에는 브랜드 개발 방법, 사업 활동의 결과 또는 어떤 관계가 구축되었는지 등이 포함될 수 있다.

SMART 목표 사용

평가 계획을 만드는 중요한 요소에는 스폰서십을 위한 SMART 목표를 설정하는 것이다. SMART 약자의 뜻은 다음과 같다:

- 구체적(*Specific*)
- 측정 가능(*Measurable*)
- 성취 가능(*Achievable*)
- 목표와 관련(*Relevant*)
- 제한 시간(*Timebound*)

SMART 목표를 설정하는 것은 간단하지 않다. 결과적으로 많은 스폰서십은 2~3개의 SMART 목표를 정의하는 것이 조직의 능력을 초과한다는 사실을 알고있지만 입증되었다는 사실을 보완하기 위해 많은 모호한 목표를 수행해야 한다. 그렇지만 SMART 목표는 스폰서십에 대한 투자의 영향을 이해하는 데 중요하다.

사례 탐구 다국적 이동 통신 브랜드*(Multi-National Mobile Telecoms Brand)*

주요 학습 요점

• SMART 목표는 스폰서십 성과에 대한 체계적인 분석을 가능하게 한다.
• 이 수준에서 측정하면 스폰서십 수익률 설명과 스폰서십 투자 정당화가 쉬워진다.

표 5-1 팀 스폰서십을 위한 SMART 목표

목표	2008년 12월 31일까지 독일의 19-35세 남성들 사이에서 스폰서십하는 팀*(사이클 링)*에 대한 원조 없이 인지도를 5%에서 15%로 높여라.
측정방법론	이번 달 데이터를 기준으로 삼아 독일 시장에서 스폰서 브랜드 분석 응답 반응 변화 를 통해 추적한다.
빈도	분기별
이론적 해석	브랜드 인지도는 향후 판매에 중요한 역할을 할 것이다.

위의 사례 연구에서 다국적 이동 통신 네트워크는 특정 스포츠 팀의 스폰서십을 위해 〈표 5-1〉에 표시된 SMART 목표를 설정했다.

다음과 같은 이유로 SMART 목표를 달성할 수 있다:

구체적*(Specific)*: 성별, 연령 그룹 및 특정 지리적 시장과 마찬가지로 지원된 인식과는 반대로 지원되지 않는 인식이 명시된다.

측정 가능*(Measurable)*: 분기별 브랜드 분석의 변화를 통해 추적되었기 때문에 매우 측 정 가능하다. 시작 달은 스폰서십이 시장에 등장하기 전부터의 인식 변화를 이해할 수 있도록 스폰서십 활동이 시행되기 전의 기준으로 정의되었다. SMART 목표 설 정과 엄격하게 관련되지는 않지만 이미 설치된 측정 도구를 사용한다는 점도 유리 하다. 이는 기업이 완전히 새로운 시장 조사 연구를 작성하는 대신 브랜드 분석에 서 질문을 추가하기만 하면 되기 때문에 비용이 거의 들지 않기 때문에 비용이 효 율적이다.

달성 가능*(Achievable)*: 분명히 이 목표가 설정된 당시 기업은 12개월 동안 인지도를 5% 에서 15%로 높이는 것이 야심적이지만 관리 가능한 목표라고 생각했다.

목표와 관련(*Relevant*): 이 목표는 스폰서십에 대한 인지도를 높임으로써 사람들에게 브랜드 이름을 더 친숙하게 만들었고, 모바일 네트워크의 핵심 속성인 역동적인 스포츠를 브랜드와 연관시켜 향후 판매 매출을 높일 수 있는 기반을 구축하는 데에 도움을 주어 목표와 관련성이 높다.

기한(*Timebound*): 2008년 12월 31일, 그들이 도움 없이 인지도 향상을 달성하기를 원했던 매우 명확한 종료 날짜가 설정되었다.

스폰서십 영향

스폰서십 효과에는 세 가지 유형이 있다: 입력, 출력 및 결과이다〈표 5-2 참조〉. 모범사례 스폰서십 평가는 결과를 측정하는 데 중점을 두기 때문에 차이점을 이해하는 것이 매우 중요하다.

스폰서십에 의해 생성된 미디어 범위의 양 또는 해당 미디어 범위의 예상 가치 투입물이다. 이것은 스폰서십에 실제로 노출된 사람이 있는지, 혹은 그것이 그들의 행태에 변화를 시켰는지 아닌지를 알 수 없기에 연간 가시성을 비교하는 데에 거의 의미가 없는 데이터이다. 따라서 스폰서십의 주된 목적이 1장의 보다폰(*Vodafone*) 사례 연구에서 설명한 바와 같이 효율적인 미디어 구매가 아니라면, 평가 예산의 상당 부분을 미디어 평가에 지출하기 전에 신중하게 생각해야 한다.

표 5-2　스폰서십의 투입물, 산출물, 결과

스폰서십의 영향	
투입물(*Inputs*)	미디어의 범위 현장 노출 스폰서십 속성 광고에 노출된 잠재 고객 브랜드 마케팅 노출 자료 생산 및 유통 참석자 수
산출물(*Outputs*)	브랜드에 대한 태도 변화 로열티 프로그램에 가입하는 등록 번호 개선된 기업 대 기업 관계
결과(*Outcome*)	고객 구매 / 로열티 판매 개선 달성 기업 대 기업 관계 개선에 따른 상업적 영향

현장 브랜딩도 마찬가지이다. 10만 명의 사람들이 현장 브랜딩을 지나칠 수 있지만 실제로 눈치챈 사람이 있는가? 그것이 그들의 의견을 바꾼 것인가, 아니면 결과적으로 스폰서의 브랜드에 대한 그들의 행동을 바꾼 것인가?

투입물 측정값은 상대적으로 정량화하기 쉽다는 장점이 있다. 그리고 특히 미디어 평가에서 이사회가 지급한 권리 수수료에 반납된 동등한 미디어 가치의 이익을 보여줄 수 있다. 다만 브랜드 노출이 사람들에게 실제로 어떤 변화를 만들었는지 알 수 없다는 단점을 가지고 있다. 따라서 투입물 측정을 하지 않을 이유는 없지만, 전체적인 스폰서십 평가에 대한 기여도 측면에서 상대적으로 낮은 가치라는 것을 이해할 필요가 있다.

스폰서십 산출물(Outputs)

산출물은 스폰서십에 노출된 결과로 브랜드에 대한 목표 대상의 태도 변화를 측정하기 때문에 투입물의 개선 방안이다. 태도 변화는 일반적으로 시장조사를 통해 측정되거나, 스폰서십 활성화 요소에 로열티 프로그램 회원 수를 늘리기 위한 프로모션이 포함된 경우 그 브랜드의 로열티 프로그램에 가입한 사람들의 수로 측정된다. 개선된 기업 대 기업 관계 또한 분명 산출물도 간주 될 것이다.

스폰서십 결과(Outcome)

스폰서십 평가의 성배(가장 중요한 것)는 스폰서십의 실제 결과를 계산하는 것이다. 이 결과는 스폰서십의 성과를 현실적으로 보여준다. 대부분의 고위 관리자들이 보고 싶어 하는 수치는 판매와 스폰서십 활동 사이의 연관성이다. 이는 스폰서십을 마케팅 믹스의 다른 요소로부터 분리하는 것은 어렵다. 외부 이벤트, 경쟁업체 활동, 판매에 영향을 미치는 계절적 변화까지 있다. 그럼에도 불구하고 일부 분석된 것은 프로모션 쿠폰, 재구매 혜택, B2B 혜택을 통해 수행할 수 있다. 이 조치가 도전이라고 볼 수 있지만, 직접 판매 영향이 스폰서십의 주요 목표일 때 스폰서십 매니저는 이 결과와 관련된 데이터를 적극적으로 추구해야 한다.

투자자본 수익률 대 목표 수익률*(ROI v. ROO)*

역사적으로 재무 지표인 투자 수익률*(ROI)* 측정에 많은 초점을 맞춰 왔다. ROI는 투자 수익에서 해당 투자 비용을 뺀 값을 해당 투자 비용으로 나눈 값이며 수학적으로 다음 방정식으로 사용된다:

$$투자 수익률 = (투자 수익 - 투자 비용) / 투자 비용$$
$$ROI = (Gain\ from\ investment - Cost\ of\ investment) / Cost\ of\ investment$$

예를 들어, 수수료 및 모든 비용을 포함한 투자 비용이 $80,000이고 생성된 투자 비용이 $ 125.000인 소규모 스폰서십을 상상해보자.

$$투자 수익률 = (\$125,000-\$80,000) / \$80,000 = 0.562$$
$$ROI = (\$125,000-\$80,000) / \$80,000 = 0.562$$

투자 수익은 $0.562이다. 더 의미 있게 말하면 대부분 사람이 백분율로 투자 수익률을 생각하는 경향이 있고 대부분 기업은 잠재적 성과를 측정하는 투자 수익률을 가지고 있다는 것이다. ROI를 백분율로 변환하기 위해 다음 방정식을 사용한다:

$$투자 수익률 = (\$125,000 / \$80,000) \times 100 = 156.25\%$$
$$ROI = (\$125,000 / \$80,000) \times 100 = 156.25\%$$

이는 통상적으로 56.25%의 투자 수익률로 나타낸다. 즉 원래 투자비용은 전액 회수되었으며, 기존 투자비용인 $80,000의 56.25%의 추가 수익이 발생되었다.

ROI를 측정 방법론은 비즈니스 수익을 측정하는 데에 일반적으로 사용되는 방법이므로 *(이론상)* 스폰서십 투자와 다른 옵션을 비교할 수 있다. 실제로, 모든 스폰서십에 대한 ROI를 계산하고 직접 비교할 수 있는 방법론을 만들려고 노력을 기울였다.

표 5-3 ROI vs ROO

ROI	ROO
현금 기반	다양한 "화폐"
재무 효율성 측면에서 결과의 가치	목표를 얼마나 잘 달성했는지에 따라 결과에 가치를 둔다.

　이 접근 방식의 문제는 4장에 요약된 THINK! British Superbikes 캠페인과 같이 직접적인 재정적 수익이 없는 단일 스폰서십이 달성해야 할 다양한 목표를 고려하지 않는다는 것이다. 따라서 스폰서십 측정 방법을 고려할 때, 이제 목표 수익률(ROO) 접근방식이 선호되었다.

　ROI와 ROO의 차이는 〈표 5-3〉에 강조되어 있다. 논의한 바와 같이, ROI는 매우 현금 기반의 재무적 가치이다. 그것은 그들의 재정적 효율성 측면에서 결과를 중요시한다: 얼마나 많은 돈이 사용되었고 그 지출에서 얼마가 반환되었는가? 이론적으로 서로 다른 스폰서십 또는 마케팅 믹스의 서로 다른 측면을 살펴보고, 지출과 해당 지출에서 얻은 가치의 측면에서 어떤 것이 가장 효율적이었는지 파악할 수 있어야 한다.

　첫 번째 차이점은 ROO는 다양한 '통화(currencies)'가 있다는 것이다. 물론 스폰서십의 하나의 목적으로 "특정 투자 수익을 달성"하는 것이 가능하고 이 경우 '통화'는 현금 기반이 된다. 그러나 다른 통화에는 브랜드 인지도 증가된 비율 또는 스폰서십 관련된 환대를 받는 사람들의 수가 포함될 수도 있다. 실제로, THINK! British Superbikes 사례(4장 참조)에서 '통화'는 생명을 구하는 것이다.

　ROI와 ROO의 두 번째 차이점은 ROO는 목표를 얼마나 잘 달성했는지에 따라 결과를 중시한다는 것이다. 스폰서십 프로그램에는 구체적인 투자 수익률이 없는 전문 서비스 회사가 적어도 하나 이상은 있다. 회사의 목표는 관계 구축에 관한 것이므로 이러한 목표를 달성하는 측면에서 측정한 결과, 따라서 수익은 스폰서십 프로그램을 플랫폼으로 사용하여 얼마나 많은 관계를 구축했는지, 어떠한 방식으로 구축했는지, 그리고 상대적 강도에 중점을 둔다. 그들은 심지어 조직 내부 사람들이 1에서 5까지의 척도로 어떻게 평가하는 방법에 대한 점수를 가지고 있다. 따라서 스폰서십의 효과는 이러한 관계 측정 지표를 증가시키는데 얼마나 크게 이바지했는지에 따라 계산된다. 그 기업은 그들의 수익을 현금으로 전혀 평가하지 않는다. 사실, 현금 측면에서 그들은 스폰서십에 대한 투자를 소매업자의 '미끼상품(loss-leader)'과 동등한 것으로 보고 있다. 즉, 수익에 직접적인 이바지를 하기보다는 사람들을 끌어들이기 위해 지출한 돈으로 간주한다.

측정 방법론

〈표 5-4〉에 설명된 것처럼 기본적으로 스폰서십 평가 지표를 만들 수 있는 3가지 유형의 측정 방법이 있다.

표 5-4   스폰서십 측정 방법론

정량적	질적	기타
SMART목표는 정량적 데이터에 의존하여 강력한 결과 제공: • 목표 대상층 인구 통계 • 태도 • 이익 • 브랜드 인식, 사용 및 태도	양적 연구보다 맥락 또는 심층적인 통찰력 제공: • 포커스 그룹 • 인터뷰/면접	기타 모든 데이터 소스: • 판매 실적 • 시장 점유율 • 직원 이직률 • 주가

스폰서십 측정 및 평가에 대해 논의할 때 대부분 사람은 즉시 시장 조사를 생각한다. 이것은 스폰서십 평가에서 중요한 역할을 하며, 스폰서십 주기의 모든 단계에서 통찰력과 이해에 이바지할 수 있다〈그림 5-2 참조〉. 첫째, 시장 조사는 브랜드가 그들의 실제 브랜드 속성이 무엇인지, 브랜드가 연관시키고자 하는 속성의 종류 그리고 그들의 시장 우선순위가 무엇인지를 고려하는 데 도움을 줄 수 있다. 선택 측면에서 시장 조사는 현재 인식되는 브랜드와 그것이 미래에 어떻게 개발될 수 있는지 모두에 대해 목표 대상의 인식에 가장 적합한 특성을 확인하는 데 도움이 될 것이다. 스폰서십 실행 단계에서 시장 조사는 스폰서십 대 마케팅 믹스의 다른 활동의 효과를 조사하는 데 사용될 수 있다. 확실히 검토 단계에서, 시장 조사는 일부 유형의 목표에 대한 성과를 평가하는 데 매우 유용할 수 있다.

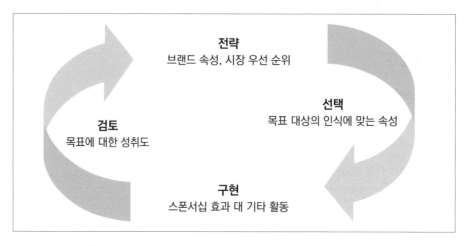

그림 5-2   시장 조사의 역할

정량적 연구

정량적 연구는 전체 목표 대상에게 미치는 전체적인 영향에 대해 결론을 도출할 수 있는 유의한 수의 응답자들로부터 통계적으로 자료를 수집하는 것을 포함한다. 이것은 직접 대면하거나 우편 또는 이메일 설문지를 통해 수행할 수 있다. 그러나, 인터넷은 모든 연구를 더 싸게 만들었고, 특히 스포츠 팬들은 무료로 의견을 제시하기를 열망하는 몇 안 되는 그룹 중 하나이다. 온라인 설문조사는 설문조사 데이터를 수집하는 데 필요한 시간을 단축하고 연구 비용을 크게 절감하여 소규모 스폰서들도 부담 없이 이용할 수 있게 되었다. 샘플이 항상 완벽하게 대표적인 것은 아니지만, 온라인 설문조사는 스폰서를 위해 실행 가능한 풍부한 정보를 생성할 수 있다.

정성적 연구

정성적 연구는 상대적으로 적은 수의 응답자를 사용하여 행동의 동인을 이해하려고 하지만 스폰서십 효과에 대한 훨씬 더 깊은 조사를 한다. 질량적 연구가 상당히 간단한 객관식 설문지에 대답하는 많은 사람을 조사하는 반면, 질적 초점 그룹과 인터뷰는 더 큰 맥락의 세부 사항을 제공한다. 정성적 연구의 단점은 비용이 매우 많이 들기 때문에 보통 고액 스폰서십에만 사용된다는 것이다.

기타 측정 방법론

시장 조사는 스폰서십이 어떻게 진행되고 있는지를 이해하는 명백한 방법이지만, 스폰서십 결과를 측정하는 데 사용할 수 있는 유일한 방법론은 결코 아니다. 다른 데이터는 풍부한 피드백 소스가 될 수 있다. 유럽 스폰서십 협회를 대신하여 프로젝트를 수행하는 동안, 약 40개의 가능한 스폰서십 목표에 대한 다른 자료 출처가 확인되었다.

한 가지 예는 브랜드 충성도 구축의 목표에 대해 성공을 평가하기 위해 배치될 수 있는 다양한 측정 방법론을 보여주는 〈표 5-5〉에 설명되어 있다. 이 스폰서십의 *(매우 측정 가능한)* 목표는 고객이 이 제품 또는 서비스에 대한 전체 요구의 최소 60%를 충족하기 위해 스폰서십 브랜드를 구입하는 것이었다.

표 5-5 브랜드 충성도 구축을 위한 측정 방법론의 예

목표	질적	질량적	기타	
브랜드에 대한 고객 충성도 향상 또는 유지 - 고객이 브랜드를 구매하여 이 제품 또는 서비스에 대한 전체 요구의 60% 이상을 충족할 수 있도록 지원		∨		• 스폰서십에 노출된 것과 노출되지 않은 것을 비교하여 주장된 구매 수준을 확인하기 위한 정량적 연구
	∨			• 노출된/노출되지 않은 간에 서로 다른 수준의 충성도를 연관하기 위한 정성적 연구
			∨	• 충성도 프로그램 구매 행동 추적
			∨	• 구매 패널 멤버십을 통한 지갑 점유율 공유
			∨	• 노출/비노출 간 계약 갱신 시 유지율

예를 들어, 이것이 샴푸 브랜드 X이고, 가족 구성원마다 샴푸를 다르게 사용하더라도, 전체 가정용 샴푸 지출의 60%가 해당 브랜드로 구성된다고 가정해보자. 성공을 확인하는 방법에 대한 옵션은 차트의 오른쪽에 나열되어 있으며 중간 열에는 양적, 질적 또는 기타 기술로 분류되어 있다.

간단한 방법은 시장 조사를 통해 다음과 같은 X 브랜드에 대해 질문하는 것이다:

- 귀하는 이 샴푸를 구입하고 있나요?
- 다른 샴푸가 있다면 어떤 것을 구입하나요?

- 귀하의 가족은 몇 명입니까?
- 그들 중 몇 명이 이 샴푸를 사용하나요?
- 그들 중에 그들이 직접 구매하는 다른 비슷한 제품을 사용하는 사람이 있나요?
- 귀하의 가정에서 소비되는 모든 샴푸 중에서, 이 샴푸는 몇 퍼센트라고 생각하나요?
- 최근에 이 샴푸로 진행된 스폰서십을 알고 있나요?
- 그렇다면 어떤 스폰서십에 대해 들어보았나요?

그런 다음, 응답자가 주장하는 구매 수준에 대해 답변이 표로 작성되고 점검된다. 스폰서십 연구의 고전적 기법은 X 샴푸 브랜드를 홍보하는 특정 스폰서십을 알고 있는 사람과 스폰서십을 알지 못하는 사람을 비교하는 것이다. 제품 구매 습관의 결과적인 차이, 다른 모든 것이 동일하다는 것은 스폰서십이 더 많은 사람이 X 브랜드 샴푸를 구매하도록 유도하는 정도와 이러한 고객이 목표에 정의된 X 브랜드 샴푸에 충분히 '충성'하는지 아닌지를 나타낸다.

그 다음 질적으로 더 깊이 조사하고, 무엇이 그들의 구매 결정을 진정으로 이끄는 것인지에 대해 노출되고 노출되지 않은 두 개의 다른 그룹을 살펴볼 수 있다. 이는 스폰서십의 어떤 요소가 X 브랜드 충성도의 핵심 요소가 되었는지, 그리고 브랜드에 더 많이 노출된 그룹에 영향을 미칠 수 있는 다른 활용 기회가 있는지 이해하는 데 도움이 될 것이다.

이 예에서 또 다른 합법적인 추적 방법은 어떤 고객이 실제로 제품을 구매하고 있는지 그리고 실제로 경쟁사의 제품을 구매하고 있는지를 정확히 이해하기 위해 주요 슈퍼마켓 가맹점의 충성도 프로그램 데이터를 사용하는 것일 수 있다. 시간이 지남에 따라 이는 특히 여러 스폰서십 관련 프로모션이 하나의 체인점 또는 지역에서 실행되고 다른 체인점 또는 지역이 통제 그룹으로 작용하는 경우 더욱 그러하다.

일부 산업 분야와 시장에는 구매 패널이라고 불리는 것이 있는데, 이 패널은 판매 영수증을 일주일 단위로 조직에 제공한 다음 암호화하는 것이다. 이것은 가구가 소비한 모든 것에 대한 이해를 제공하며, 이 방법은 이 특정 제품에 대한 실제 구매 행동에 대한 가장 강력한 데이터를 제공해야 한다.

마지막으로, 이것이 샴푸가 아니라 잡지와 같은 일종의 구독 상품이었다면, 또 다른 예는 노출된 사람들과 노출되지 않은 사람들 사이의 계약 갱신에 대한 유지율일 수 있다. 이 조치는 소비자 환경과 기업 간 환경 모두에 적용될 수 있다.

A 스폰서십의 여러 효과 측정

 주요 학습 요점

• 스폰서십 성과를 검증하는 데 사용할 수 있는 다양한 도구가 있다.
• 특정 상황에서 어떤 도구가 가장 잘 작동하는지 확인하기 위해 도구를 테스트하는 것을 두려워하지 말라.

글로벌 유통 브랜드의 유럽 지역 경영진이 자사의 주요 글로벌 스폰서십 플랫폼 갱신 여부에 대한 의견을 제시해야 한다는 것을 알게 되었을 때, 스폰서십 기간 초반에 SMART 목표가 기록되지 않았고, 의견을 토대로 할 자료가 거의 없었다는 것을 깨닫게 된다. 또한, 조직 내에 많은 양극화된 감정들이 있었다. 사람들은 스폰서십을 좋아했고 스폰서십 투자를 통해 사업에 의해 많은 이익이 발생하는 것을 볼 수 있었다, 또는 그들은 그것이 완전히 돈 낭비라고 생각했고 그것과 전혀 관련이 없는 것을 원하지 않았다.

결국, 이 지역은 5년간 스폰서십 비용을 연장하는 것이 최선의 조치라는 권고를 했다. 이는 스폰서십이 브랜드 또는 사업에 해를 끼치고 있다는 증거를 찾을 수 없다는 사실에 근거한 것이다. 일부 자료도 스폰서십 비용이 긍정적인 영향을 미쳤을 가능성을 지적하는 듯했다.

그러나 지역 경영진은 데이터를 사용하여 동일한 위치에 있지 않을 것으로 판단하고 향후 갱신은 데이터를 사용하여 결정되며 이를 실현하기 위해 3단계 실행 계획을 수립했다. 첫째, 거시적 수준에서 더 많은 데이터를 보유하는 것이 중요했다. 둘째, 일부 특정 프로젝트를 측정하고 그것들이 추진되고 있는 다른 프로젝트의 대리인으로 역할을 하는 방법을 알기 위해서는 추가적인 아주 작은 수준의 데이터가 필요했다. 마지막으로, 이러한 데이터를 이용할 수 있게 하고 고위 경영진이 결과를 인지하여 이러한 스폰서십이 실제로 사업에 어떤 영향을 미치는지 파악하도록 하는 데 새로운 초점을 두었다.

1단계: 매크로 레벨 데이터(Macro level data) 확장
첫 번째 조치는 글로벌 브랜드 분석과 스폰서십 관련된 질문을 검토하는 것이다〈그림 5-3 참조〉.

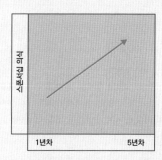

그림 5-3 글로벌 브랜드 분석시스템 결과

다음 페이지에서 계속...

주요 시장에서 데이터의 견고성을 높이기 위해 브랜드는 :

• 표본 크기를 두 배로 늘렸다.
• 모든 시장이 매년 스폰서십 관련 질문을 분석하여 더욱 명확한 성과 그림을 제시해야 한다고 주장했다.

　일단 데이터가 보고되고 나면, 그 지역은 목표 대상자들의 스폰서십 인식이 상당히 높아졌다는 것을 증명할 수 있었다.

　그러나 이것은 최고 수준의 데이터였고, 브랜드는 유럽 전역의 사업 전반을 대표하는 것으로 여겨지는 주요 시장에서 일어나는 일을 더 잘 이해하기를 원했다.

2단계: 마이크로 레벨(Micro level) 세부 기능 향상

이 브랜드는 스폰서십 관계의 강점과 활용 방법이 유럽 전역에서 크게 다르다는 것을 인식하고 이러한 차이와 그 차이가 전체 결과에 미치는 영향을 더 잘 이해하고자 했다. 따라서 이러한 문제에 대한 더 많은 통찰력을 제공하는 여러 프로젝트를 시작했다.

스폰서십 성과 조사

이 브랜드는 스폰서십 관계의 다양한 측면을 대표하는 여러 주요 시장에서 스폰서십 성과에 대한 시장 조사를 시작했다. 연구의 목적은 다음과 같다:

• 스폰서십 성과 대 목표 측정
• 장점과 단점을 식별
• 결론 도출 및 실행 가능한 권장 사항 제시
• 연도별 성과 결정

　한 조사 회사가 결과와 시장 간의 차이를 분석하는 데 도움을 주었고, 서로 다른 시장 환경에서 스폰서십이 어떻게 작동하는지에 대한 필수 데이터를 제공했다〈그림 5-4 참조〉.

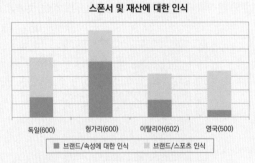

기준: 모든 운전자

그림 5-4　스폰서십 분석시스템 결과

다음 페이지에서 계속...

스폰서십을 갱신하지 않기 위해 제기된 주장 중 하나는 스폰서십을 통한 브랜드 노출이 광고와 잘 비교되지 않는다는 것이다〈그림 5-5 참조〉.

추가 기간 스폰서십을 갱신한 후, 전문 노출 모니터링 기관을 고용하여 토론 내용을 알리기 위한 데이터를 제공했다.

브랜드는 미디어 노출 평가가 약한 측정 기준, 가치를 부석하고 광고와 스폰서십 노출 사이의 차이를 인식하기 위해 할인율을 적용하는 것은 특히 텔레비전 광고가 거의 또는 전혀 자금을 지원하지 않는 시장에서 스폰서십이 역할을 한다는 것을 증명했다.

		스폰서십 환경					
나라	합계	속성 존재			브랜드 가독성		
	범위	시간	%	값	시간	%	값
벨기에	130:44:56	47:48:38	36.60%	2,359,214	2:49:21	5.90%	149,471
프랑스	126:24:56	34:53:11	27.60%	47,294,486	2:24:15	6.90%	18,889,978
독일	285:46:53	66:14:17	23.20%	48,578,898	4:20:17	6.50%	4,373,934
이탈리아	127:40:43	43:32:29	34.10%	58,640,608	3:15:12	7.50%	4,028,614
네덜란드	124:48:27	32:38:18	26.20%	9,428,649	2:28:57	7.60%	837,412
위성	8:49:53	3:16:12	37.00%	605,343	0:28:47	14.70%	128,696
스페인	32:07:08	11:57:53	37.30%	8,509,801	0:28:29	4.00%	266,009
영국	107:27:57	30:01:23	27.90%	44,533,314	2:07:28	7.10%	2,545,654
합계	943:50:53	270:22:21	28.60%	219,950,313	18:22:46	6.80%	14,219,768

그림 5-5   미디어 노출 평가

스폰서십 관련 영업 네트워크가 다른 어떤 유명 인사들보다 작다는 것을 인정하면서도, 이 채널을 통한 판매는 여전히 스폰서십 투자에 대한 직접적인 수익이 나타난다. 따라서 이 브랜드는 이 채널을 통해 주최자에 대한 직접 판매와 주최자의 AS 네트워크(after sales network)를 통한 판매를 모두 포함하여 판매 분석을 시작했다〈그림 5-6 참조〉.

이익의 가장 큰 기여는 유통업체를 통한 매출이었으며, 이 역시 총 이익이 상당히 높았기 때문에 순이익에 기여했다.

다음 페이지에서 계속...

그림 5-6   네트워크 매출 총이익률

상품

스폰서십의 목적으로, 브랜드는 브랜드의 네트워크에서 주최자의 상품을 주식으로 사고팔 수 있었지만, 역사적으로 이것은 오히려 시장에 의해 다소 임의로 활용되었다. 따라서 이러한 유형의 상품을 판매하는 것이 소매 조합에서 어떤 역할을 할 수 있는지를 더 잘 이해하기 위해 시험을 진행하였다. 결론은 다른 시장들이 다른 유형의 제안을 지지한다는 것이었다. 아마도 반감적으로, 이 브랜드는 더 많은, 더 높은 가치, 상품을 판매할 수 있으며, 따라서 더 성숙한 시장에서 상당한 금액을 벌 수 있다는 것을 발견했다. 더 성숙한 시장에서 가장 효과적인 상품 운영은 열쇠 고리(*key rings*)와 같은 품목을 제공하는 꽤 작은 규모였다. 이 연구는 전체 범위에서 수익을 극대화하기 위해 상점 공간을 계획하는 데 도움이 되었다〈그림 5-7 참조〉.

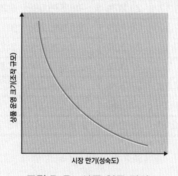

그림 5-7   상품 연구 결과

환대

환대가 손님들에게 미치는 영향을 연구하는 것은 하나의 과제로 인식되었다. 어떤 행사에서, 어떤 방문객이 자신의 경험을 평가하기 위해 클립보드(*clip-board*)를 가지고 있는 사람에게 다가가기 원치 않는다. 그러나, 이 스폰서십의 한 가지 이점은 코치에 의한 이벤트를 통해 고객에게 피드백 설문지를 작성할 이상적인 기회를 제공했다는 것이다. 이 기회는 환대 경험과 고객에게 미치는 영향에 대한 유용한 자료를 수집하는 데 사용되었다.

다음 페이지에서 계속...

설문조사는 환대를 받은 사람들 사이에서 브랜드와 거래하는 것이 더 유리하다고 느끼는 것에 매우 긍정적인 변화가 있음을 시사하였다〈그림 5-8 참조〉.

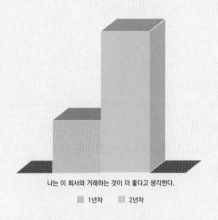

나는 이 회사와 거래하는 것이 더 좋다고 생각한다.

■ 1년차 ■ 2년차

그림 5-8   환대 효과

그러나, 그 브랜드는 다소 인상적인 환대를 받은 사람들이 보통 예의를 갖추기를 원한다는 것을 인식했다. 따라서 그들은 또한 그 사람들의 기업과 관련된 매출 결과를 분석하였다. 이는 이것은 기업의 대표자들이 스폰서십 관련 환경에서 환대를 받은 경우, 해당 기업들에 대한 연간 매출 총이익은 해당 기업들이 위치한 시장 전체의 8%에 비해 전년 대비 30% 증가한 것으로 확인되었다〈그림 5-9 참조〉. 이는 스폰서십과 관련된 엔터테인먼트가 돈 낭비가 아니라 심각한 사업 투자였음을 시사했다.

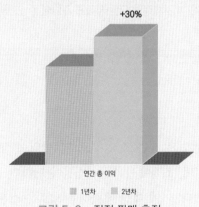

+30%

연간 총 이익

■ 1년차 ■ 2년차

그림 5-9   직접 판매 추적

내부 모범 사례

한 가지 흥미로운 계획은 내부 스폰서십 어워드 도입을 통해 스폰서십을 평가하는 것이었다. 이러한 내부 수상의 주요 목적은 분산된 여러 시장 조직 전체에서 영향력 있는 활성화 아이디어를 포착하고 공유하는 것이었다. 수상자들은 각 시장(*market*)의 선임 관리자가 진행하는 시상식과 함께 내부 매체에 보도되었다.

다음 페이지에서 계속...

이 시상식은 모든 시장에서 분류되고 공유된 60개 이상의 데이터 기반 모범 사례 연구를 생성했다. 이 계획은 구현하는 데 거의 비용이 들지 않았고 시장 전반에 걸쳐 유사한 프로그램의 방향을 바꿔 재창조하는 데 드는 비용을 절감했기 때문에 특히 현명했다.

3단계 : 정규화된 보고

스폰서십 시상식뿐만 아니라 유럽 이사회는 브랜드 측정값과 분석 중인 비즈니스 결과를 모두 다루는 연례 핵심 성과 지표(KPI) 보고서를 받았다.

또한, 현재까지 달성된 사항과 재계약 결정 전에 어느 정도까지 진행하고자 하는지에 대한 명확한 이해가 있을 수 있도록 공식적인 중간 검토가 진행되었다. '측정되는 것은 이루어진다.'라는 말이 있지만, 보고되는 것은 우선순위를 두고 있으며, 다음 연장 결정을 내리기 전에 유럽 이사회를 교육하는 데 있어서 정기적인 보고는 필수적이었다.

긍정적인 결과

전반적으로 긍정적인 결과는 브랜드가 다음 재계약 결정에 강력하고 합리적인 정보를 제공할 수 있었다는 것이다. 고위 경영진은 스폰서십을 통해 얻을 수 있는 가치를 명확하게 이해하고 있었기 때문에 수익에 대한 합리적인 의견을 모두 형성할 수 있었다.

스폰서십은 또한 일부 유럽 시장에서 관련이 없는 것으로 간주되었던 것에서 훨씬 더 유럽에 집중된 투자로 성공적으로 재배치되었다. 그 후 그러한 방식으로 취급되어 결과적으로 IASB로부터 적절한 수준의 관심을 받게 되었다.

이 스폰서십을 중심으로 이러한 방법론을 개발한 후, 브랜드는 다른 주요 스폰서십에 이러한 방법론을 적용하여 평가와 활성화에 있어 자체적인 모범 사례를 개발할 수 있었다.

잘못된 갱신 이유

조직이 직면하는 일반적인 문제는 조직이 프로그램의 수명이 오래 지난 후에도 스폰서십을 유지하게 되는 것이며, 조직에서 스폰서십을 중단하면 경쟁자가 조직의 사업에 피해를 입힐 것이라는 인식이다. 이에 대한 해결책은 새로운 스폰서십, 즉 시나리오 계획에 서명할 때 발생할 수 있는 경쟁업체의 행동과 유사하다. 경쟁자가 적은 일부 부문에서는 탄산음료나 신용카드와 같이 잠재적 경쟁자의 반응을 모델링 하는 것이 중요하다. 이것이 어려운 문제일 수도 있지만, 만약 그것이 특정한 스폰서십을 유지하는 유일한 이유라면 매우 명백하고 철저하게 검토되어야 한다.

아무도 실제 갱신에 관심을 기울이지 않았기 때문에 스폰서십이 몇 년 동안 지속하는 경우가 너무 많았고, 아무도 현상에 이의를 제기하지 않기 때문에 의사결정이 자동으로 현상유지 된다. 이러한 상황이 발생할 수 있는 이유는 조직이 자신의 목표가 변경되었음을 인식하지 못할 수 있기 때문이다. 오늘날 빠르게 변화하는 마케팅 환경에서 스폰서십은 더는 목적에 맞지 않을 수 있다. 이에 대응하기 위해서는 마케팅 전략에 대해 정기적으로 검토하여 투자가 마케팅 목표를 지속해서 달성하고 있는지 확인해야 한다.

기업의 정서적 부담을 통해 또 다른 유지(retention) 문제가 발생한다. 조직이 오랫동안 스폰서십에 투자해 왔고, 고위 경영진이 그것을 즐기고 모든 핵심 참가자를 개인적으로 모두 알게 되면, 조직이 합리적인 재투자 결정하기가 점점 더 어려워진다. 스폰서십이 더 이상 관련이 없는 경우, 스폰서십 관리자는 하드 데이터를 통해 유지 주장을 입증해야 한다. 물론, 고위 경영진은 데이터를 무시하거나 믿지 않는 쪽을 선택할 수 있으며, 이 시점에서 스폰서십이 적절한 존중을 받는 새로운 자리를 찾는 것이 최선일 수 있다.

🎓 주요 학습 요점

- 계획 단계에서 평가 청사진을 너무 늦게 작성하여 스폰서십 성과를 추적하는 데 필요한 데이터를 확보하지 말고 특히 갱신 결정 사항을 알려준다.
- 될 수 있으면 스폰서십을 시작하기 전에 기준를 설정하여 스폰서십의 영향이 관련 스폰서십 척도를 통해 명확하게 나타낼 수 있도록 한다.
- SMART 목표는 만들기 어렵지만, 소비된 노력은 결과 추적을 단순화함으로 충분히 보상될 것이다.
- ROO는 다양한 통화가 있다는 것을 기억하라.
- 시장조사는 귀중한 자료수집 도구지만 스폰서십 결과를 평가할 수 있는 유일한 것은 아니다.
- 스폰서 평가에서 입력 측정값에 너무 많은 가치를 두지 마라. : 출력과 결과가 더 효과적인 측정이기 때문이다.
- 영향을 이해하는 것과 결과 사이의 균형을 맞추도록 노력하고 그 자체를 위해 평가에 과도한 지출을 하지 마라.
- 단순히 경쟁사가 귀사를 대신하여 스폰서십을 더 효과적으로 활용할 것이라는 두려

움 때문에 갱신하지 마라. 시간이 지남에 따라 우선순위가 변경되고 모범 사례 조직은 정기적으로 모든 스폰서십을 엄격하게 검토한다.

요약

데이터 기반의 측정 및 평가는 실제 과제이지만 스폰서십 성과를 이해하는 데 필수적이다. 평가를 피하고 싶은 유혹을 이겨내고 SMART 객관적 설정을 효과적인 평가 체제의 초석으로 삼아야 한다. "로마는 하루아침에 이루어지지 않았다"라는 말이 있듯이, 그것은 효과적인 평가 프로그램에도 적용된다. 창조하는 데는 시간과 노력이 들겠지만, 그 결과는 신뢰할 수 있는 마케팅 분야로 스폰서십의 힘을 증명할 것이다.

PART II

스폰서십 판매 전문가
(Sponsorship Seekers)

개요

　이 책의 이 장에서는 스폰서 찾는 사람들을 위해 특별히 고안되었는데, 그들은 보통
"주최자" 또는 때때로 "스폰서(sponsees)"로 더 많이 알려져 있다.

　먼저 귀사를 위한 스폰서십 프로그램을 개발하기 시작할 때 이상적으로 진행되어야
할 생각에 초점을 맞춰 시작한다.

- 처음부터 좋은 전략을 수립하거나 기존 전략을 더 열심히 사용하는 것이 유통-판매
  과정(chain–the sales process)의 가장 중요한 부분에 도달했을 때 업그레이드(upgrade) 및
  개선에 얼마나 도움이 되는지 보여준다.
- 기억해야 할 간단한 사실은 이 제품에 대한 귀하의 견해가 스폰서의 견해와 매우 다
  를 수 있다는 것이다. 그들은 여러분의 자부심과 즐거움 — 어쩌면 여러분이 시간을
  투자하고 많은 개인적 헌신을 한 활동이나 이벤트를 단순히 도구로 볼 것이다.

이 장에서는 다음을 설명한다:
- 현대의 스폰서십은 단순히 노출을 사는 것보다 창의적인 마케팅에 훨씬 더 가깝다.
- 당신의 스폰서십은 특히 그들 모두가 그들 자신의 예산에서 당신의 수수료 지급을
  공유할 때, 같은 회사 내의 여러 부서에 호소해야 할 수도 있다.
- 스폰서와의 사전 체험을 상세히 기술한 자료를 제시하는 것이 중요하다. 스폰서들이
  잘 돌봐줄 것이라는 확신하게 하는 데 도움이 되는 중요한 근거이기 때문이다.
- 스폰서십 속성을 검토 및 새로 고치는 것은 더 성공적인 판매에 도움이 될 전략을 수
  립하는 데 중요한 단계이다.

- 스폰서들은 그 어느 때보다도 더 까다로우며, 당신의 전략은 결국 성공적인 연장으로 이어질 스폰서십 서비스를 제공하는 데 필요한 인력, 자원 및 예산을 고려해야 한다.
- 전략을 짜기 위해 신경을 쓰는 것은 또한 미래의 내부 변화, 예를 들어 특정 스폰서십의 근거에 의문을 제기할 수 있는 새로운 경영진과 같은 것으로부터 여러분을 보장하고 보호할 것이다.
- 원래 작성된 스폰서십 전략에서 설정한 기준과 비교하여 개인적으로 달성한 성공적인 결과를 실제로 보여줄 수 있다.
- 스폰서십이 조직에 들어올 때 직면할 수 있는 내부적 과제를 고려하고 공식적으로 인정할 필요가 있다. 스폰서 처리하는 필요한 인력, 세금 부담, 공적 자금의 감소 가능성, 스폰서들의 부당한 영향력 행사 우려 등이 여기에 해당한다. 사례 연구를 통해 스폰서가 혜택이나 마케팅과 같은 현금만큼 가치 있는 혜택을 제공할 수 있음을 보여준다.
- 우리는 당신의 가치와 이미지를 이해하는 것이 얼마나 중요한지, 그리고 외부 세계가 당신을 어떻게 보는지, 당신이 그들을 데려올 수 있는 목표 대상자의 유형을 스폰서들에게 보여주는 방법, 그리고 경쟁사의 모범 사례를 당신의 제품에 통합하는 방법을 보여준다. 경쟁자들의 모범 사례를 당신의 제안에 통합하는 방법을 보여준다.

🎓 현대의 스폰서들이 원하는 것

스폰서십은 이제 몇 개의 로고와 게시판, 약간의 환대권, 그리고 환전을 훨씬 뛰어넘었다. 또한 자선사업과 혼동하지 말아야 한다(그리고 그것이 우리가 스폰서십하는 것이 어떤 식으로든 좋은 대의를 위해 주는 것과 비슷하다는 생각을 주기 때문에 "금, 은, 동" 패키지를 보는 것을 싫어하는 하나의 이유다). 그것은 이제 기업들에 훨씬 더 정교한 것으로 보인다. 우리는 로고(logos), 노출, 수천 개당 가격을 판매하는 광고의 하위 집합으로 간주하는 것에서 훨씬 더 창의적인 단계로 나아가고 있다. 이는 실제로 스폰서십을 받는 모든 사람에게 좋은 일이다.

최고의 기업들이 스폰서십을 그 자체로 고립된 활동이 아닌 그들의 브랜드 구축의 일부로 보고 있어서 스폰서십은 기업의 다른 활동과 훨씬 더 혼합되고 있다. 홍보·마케팅, 직영 판매, CSR 등의 부서는 어느 정도 발언권이 있고, 실제로 스폰서십 비용을 분담해 달라는 요청을 받는 경우도 많다. 그러므로 당신의 궁극적인 제안은 한 기업의 둘 이상의 부서에 호소할 수 있어야 한다.

스폰서들은 무엇보다도 "소비자 접점 만들기"라고 불리는 긍정적인 기억에 남는 환경에서 그들이 도달하고 싶은 그룹과 접촉할 수 있는 상황을 만들기를 기대하고 있다. 이것은 전략을 생각할 때, 주최자의 임무는 스폰서가 다른 곳에서는 도저히 구매할 수 없는 속성을 찾아보고, 그들에게 그들이 좋은 인상을 남기고 싶어 하는 사람들에게 그것들을 소개할 것이라고 확신시키는 것이다.

그렇다면, 이 모든 것을 알고, 어떻게 전략을 수정하여 처음부터 올바르게 할 수 있을까? 스폰서를 찾는 사람의 관점에서 전략을 생각하는 단계별 가이드인 〈그림 6-1〉에서 보는 바와 같이 스폰서의 과정은 이상적인 세계에서 어떻게 나타날 것인가를 보여준다.

전략이 출발의 첫 번째 지점이라면, 우리는 이 단계에서 어떤 것들을 찾아야 할까?

조직 내 스폰서십 내역 검토

우선은 조직 내에서 이전에 행한 모든 일들과 어떤 사전적인 스폰서십 경험을 수집해야 한다. 이는 종종 과소 평가되어 있기 때문이다. 스폰서를 성공적으로 다룬 경험은 미래의 스폰서들에게 영향을 미친다. 왜냐하면 그것은 여러분에게 확실한 혈통을 부여하고 스폰서가 그들을 돌볼 것을 보장하기 때문이다.

다음을 권장한다:

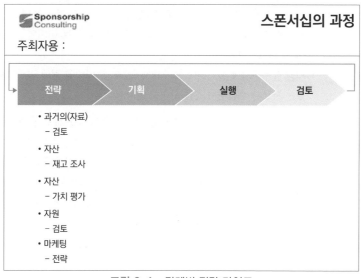

그림 6-1 단계별 전략 가이드

- 이전의 모든 스폰서(또는 한때 스폰서가 되고 싶었고 다시 될 수도 있는 "목표의 일보 직전 *near misses*")의 이름을 수집하고 나열한다.
- 해당 스폰서로부터 추천서 또는 추천서가 있는지 확인하거나, 가능하다면 연락하여 받을 수 있는지 확인한다. (*이것도 결국 스폰서십을 다시 받기 위한 전주곡이 될 수도 있다.*)

자산 재고

만약 당신이 스폰서십이 적절한 것인지, 아니면 당신이 현재의 접근방식을 향상하고 있다면, 당신은 당신의 찬장에 있는 자산들을 꺼내서 팔 수 있는 것에 대해 생각하게 될 것이다.

전체 자산 점검 도구는 7장에 나와 있지만 〈표 6-1〉에는 스폰서가 가치를 창출하는 방법을 모색하는 매우 광범위한 4가지 스폰서의 요구에 대한 광범위한 제목을 보여준다.

표 6-1 필수 점검표

스폰서 할 필요	필요한 작업
1. 목표 그룹에 대한 유용한 연결	• 기존 정보가 있는지, 스폰서들의 팬이나 목표 대상은 어떤 사람인지 설명을 듣는다. • 스폰서에게 그 사람들에 대해 많이 알고 있으며, 그들이 매력적이고 어떤 면에서는 스폰서에게 이익을 가져다줄 것이라고 말할 것임을 분명히 하라. 당신은 전달에 있어서 연결 수단이자 직접 만나 논할 수 있는 어쩌면 스폰서만큼 적극적인 대상이 될 수 있다. • 지금 설문조사를 실시하여(*예: 이벤트 관람객 중*) 나중에 판매 과정에서 사용할 수 있는 자료를 수집하는 것을 고려해 본다.
2. 노출	• 오늘날의 스폰서들은 단순한 노출 이상의 것을 제공하기 위해 스폰서십을 활용하고 사용하는 것의 중요성을 더 잘 알고 있지만, 여러분이 제공할 수 있는 노출의 양은 여전히 스폰서십 세계에서 널리 받아들여지고 있는 경화(*hard currency*)이다. 지역 언론의 작은 행사든, 아니면 TV에서 그것을 따라가는 수십억의 FIFA 월드컵이든, 매년 수백만 달러의 지원금이 전 세계적으로 거래되고 있다.

3. 이미지 전달	■ 부분적으로, 스폰서들은 당신의 이미지의 형평성이 그들을 위해 작용하기를 원한다.
	■ 그러므로 당신이 무엇을 대표하고 당신이 가지고 있는 가치를 정확하게 설명할 수 있는 것은 중요하고 대부분 주최자는 스폰서십에 대해 생각할 때 이 문제에 대해 더 열심히 노력해야 한다.
	■ 스폰서가 당신이 가져오는 가치를 완벽히 이해할 수 있도록 당신의 핵심 가치와 이미지 속성을 정의하거나 재정의하는 작업을 하라.

표의 영역에 대해 생각해 본 후, 정기적으로 후속 질문을 하는 것은 당신의 패키지에 가치를 어떻게 붙이는가 하는 것이지만, 이것은 스폰서에게 얼마나 가치가 있는지가 아니라 당신이 그 활동을 운영하는 비용과 관련하여 이루어지는 경우가 너무 많다. 다음 장에서는 패키지를 가치를 평가하는 방법을 보여 줄 것이다.

자원 검토

스폰서십 노력 뒤에 있는 자원에 관해서는 스폰서십이 믿을 수 없을 정도로 많은 인력을 소모하고 있다는 것을 기억하는 것이 매우 중요하다. 이는 스폰서를 갖는 것은 지속적인 서비스 제공과 변화하는 상황과 요구에 대한 많은 관심을 의미하기 때문에 스폰서 및 주최자에게도 해당한다. 비용과 인력에 영향이 있을 것이고, 이는 조직 내부에서 매우 신중하게 고려해야 할 사항이다.

스폰서십 전략

이 모든 것의 결과는 스폰서십을 통해 달성해야 할 것이 무엇인지에 대한 명확한 진술의 형성이 되어야 하며, 그것은 계획 단계로 흘러들어와 향후 몇 년 동안 전체 과정을 알려 줄 것이다. 여기에는 다음이 포함된다.

■ 수익 목표는 현물 및 현금(*적절한 경우*)의 이익 균형을 포함
■ 현물 혜택에 전문 지식이 포함된 경우, 원하는 분야와 기대되는 혜택의 목록

- 정상적인 운영 비용을 지원하는 것 이상의 추가 프로젝트 또는 개발을 위해 스폰서십을 사용
- 학교, 지방 정부 또는 국가 정부, 지역 사회 지도자 등과 같은 특정 대상자를 포함한 기타 혜택 목록
- 스포츠나 활동에 대한 인식 증가, 미디어 노출 또는 선수나 선수를 위한 향상된 시설과 같은 바람직한 측정 가능한 결과

❓ 왜 스폰서십 전략에 고민하는가?

우리 중 많은 사람에게 전략은 단순히 나가서 약간의 추가 이익을 얻는 것일 수 있다. 다른 경우에는 이미 시장에 나와 있어서 전략을 구상하는 것이 다소 늦은 것으로 간주할 수 있다.

그러나 두 경우 모두 후속 조치가 조직에서 취해야 할 전반적인 초점 및 방향에 부합한다는 것을 의미하기 때문에 실행할 가치가 있다. 이 모든 것이 당신이 하고 싶은 모든 것과 당신의 야망과 통합되어야 한다. 조직에서는 상황이 빠르게 변하고, 현재는 상황이 변화하는 것처럼 보이며 그 어느 때보다 빨리 변한다. 사람들은 나아가고, 3년 전에 매우 가치 있고 관련성이 높았던 아이디어들은 때때로 그것들을 다시 검토할 때 다소 진부해 보인다.

전략은 실제로 사람들이 원래의 기대를 참고할 수 있도록 그 생각이 무엇이었는지, 목표가 무엇인지를 설정하는 보험이다. 이는 조직과 실무자 및 직원 개인을 보호하는 데 도움이 된다. 또한 스폰서십 결정을 알린 지능과 논리를 보여주기 때문에 우리의 일자리를 지키는 데 도움이 된다. 마지막으로, 스폰서십이나 자신의 성과에 대한 측정이나 평가는 어떤 종류의 정보 기준 자료(background benchmark data)와 비교할 수 있는 경우에만 의미가 있다.

스폰서십 대행사로서 그리고 글로벌 브랜드 내부에서 일하는 우리의 경험은 실제 스폰서들이 어떻게 생각하는지를 말해주며, 최고의 스폰서들은 그들에게 전략을 갖는 것이 얼마나 중요한지에 대해 매우 명확하다.

〈그림 6-2〉의 유럽 스폰서십 협회의 조사에 따르면 스폰서들이 스폰서십 성공의 가장 큰 요인을 하나로 꼽으라는 질문을 받았을 때, 그들의 최우선 순위는 "전략 개발"이었다.

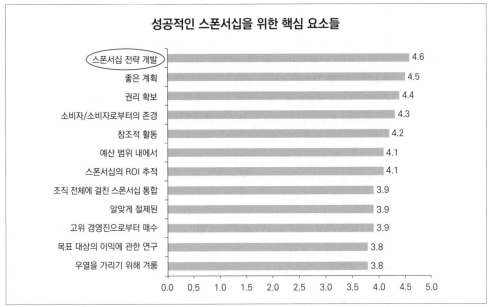

성공적인 스폰서십을 위한 핵심 요소들

스폰서십 전략 개발	4.6
좋은 계획	4.5
권리 확보	4.4
소비자/소비자로부터의 존경	4.3
창조적 활동	4.2
예산 범위 내에서	4.1
스폰서십의 ROI 추적	4.1
조직 전체에 걸친 스폰서십 통합	3.9
알맞게 절제된	3.9
고위 경영진으로부터 매수	3.9
목표 대상의 이익에 관한 연구	3.8
우열을 가리기 위해 겨룸	3.8

그림 6-2　스폰서가 성공적으로 스폰서십할 수 있는 핵심 요소

(*Reproduced with permission of the European Sponsorship Association*)

우리는 주최자들이 스폰서십 전략을 개발하는 것을 그들의 중요성 수준에 높게 두어야 한다고 제안한다.

❓ 스폰서십은 우리에게 옳은가?

스폰서가 조직에 미치는 영향을 검토하는 것은 상당히 합법적이며, 경우에 따라 스폰서십이 수행할 역할을 제한하는 것이 중요하다. 일부는 조직이 스폰서십을 전혀 고려하지 않아야 한다는 사실이 인정된다. 〈표 6-2〉는 당신의 조직에 대해 생각할 때 점검표를 제공한다.

다음 부분에서는 위에서 설명한 점점 더 보편화되고 유익한 개발에 대해 살펴본다. 여기서 단순히 돈 이외에도 무언가를 얻는 것이 가능하며 스폰서가 현재 보유하지는 않지만, 유동성 현금만큼 가치 있는 것을 조직에 가져올 수 있는 곳에 대해 살펴본다.

표 6-2 위험 점검표

기존 자금 조달에 대한 위험	종종 공적 자금 지원 기관에서 내부적으로 나타나는 반대 중 하나는 자금 조달에 대한 두려움이다. 공적자금에 대한 압력은 많은 기관이 상업적인 돈으로 예산 구멍을 수리하는 것을 고려할 수밖에 없다. ■ 종종 우려의 목소리를 내는 것은 스폰서십을 받기 시작하거나 기존의 낮은 수준의 스폰서십 프로그램을 대폭 향상하면 공공기관이나 정부가 그 조직을 보는 방식에 영향을 미칠 것이라는 것이다. ■ 상상되는 최악의 경우는 더 많은 자급자족이 됨으로써 대중의 지지 감소에 관한 주장이 될 것이다. 이는 많은 조직에 당연한 두려움이며 전략 설정 단계에서 탐색하고 기록할 가치가 있다.
내부 변경: 필요한 도구 및 자원	스폰서십은 매우 시간이 많이 소요되는 활동이며 내부 전략을 수립할 때 고려해야 할 사항은 다음과 같다: ■ 누가 참여해야 하는가? ■ 누가 주도권을 잡고 프로그램 조율에 나설 것인가? ■ 그것은 추가 직원을 충원할 것을 의미하는가? 아니면 외부 기관을 활용하는 것인가? 아래의 3가지 사항을 따라 이 영역을 주의 깊게 연구하는 것이 좋다. 직원들의 시간에 대한 요구에 대해 현실적인 것은 처음부터 모든 사람이 편안하게 지내도록 하는 데 도움이 될 것이다. ■ 각 부처가 어떻게 협력하고 활동을 조정하는지 분석한다. 더 큰 주최자는 함께 일해야 할 광고, 홍보, 발권 판매부서가 있을 수 있다. ■ 상업적 스폰서십에 접근, 관리, 완전하게 활용하기 위해서는 무엇이 필요한가? 스폰서십 가능한 속성의 예를 들면, 하나는 운동선수에 대한 접근 또는 경기장 또는 시설을 이용하는 스포츠팀이 있다. 사전 계획은 경쟁과 승리를 준비하기 위해 집중하기를 원하는 선수들과 직원들 그리고 그러한 선수들에 대한 접근이 필요한 상업 부서들 사이의 잠재적인 혼란을 덜어준다. ■ 이것이 현재 인력배치 구축에 영향을 미칠까?
세금, 재정 및 정치적 위험	그들이 제기할 수 있는 문제 중 일부는 재정적이다. ■ 스폰서십 소득은 세무 당국의 다르게 취급할 수 있다. 예를 들어, 일부 조직은 무료로 제공되는 항공권이나 환대에 부가세를 지급해야 하지만 과세 혜택을 구성하는 것으로 보여서 적발되었다. ■ 정치인, 정책입안자, 기업직원이 받을 수 있는 접대 및 입장권에 관한 규정도 있어 제공할 수 있는 가치를 떨어뜨릴 수 있다. 이것은 나라마다 다르지만 실제로 문제가 될 수 있으며, 너무 멀리 가기 전에 전문가의 조언이 필요하다.

내부 갈등	이 단계에서 내부적으로 종종 표출되는 또 다른 우려는 상업적 스폰서들에 의한 일종의 오염 가능성 또는 특히 간식, 술 또는 도박과 같은 민감한 영역에서 부적절한 스폰서들이 있을 수 있다는 것이다.

- 조직 대부분은 명백한 것인 담배, 술 또는 총기를 가져가지 않는 것에 대한 일종의 정책을 고려하고 있지만, 이 문제를 정의하고 논의하며 서면화된 정책에 서명하고 합의하는 것은 합리적인 전략 검토의 일부이다. 우리가 보는 모든 기관에서 항상 그런 것은 아니지만 책임을 공유하고 모든 것에 책임을 지는 것이 필수적이다.
- 이것은 매우 투명한 NGO의 세계에서 특히 중요하다. 그리고 비영리 단체들은 여전히 내부적으로 상업적 스폰서의 영향을 받는다는 생각에 매우 민감하다. 그 서면화된 정책을 갖는 것은 현재와 미래 모두에 조직 내의 모든 사람에게 좋은 보험이다.

돈이 전부인가?	스폰서십을 사용하는 이유에 대한 궁극적인 질문은 "조직이나 기관으로서 우리가 하는 일에 어떻게 부합하는가?"이다.

내부적으로 반대하는 의견 대부분은 스폰서들이 노출에 대한 대가로 현금을 주던 시대에 기반한 스폰서십에 대한 오랜 관례에서 비롯된다. 우리는 스폰서들이 스폰서십 자산에 깊숙이 통합되어야만 스폰서십이 성공적으로 이루어질 수 있다는 것을 알고 있으며, 양측에 명백한 이익을 가져다준 것으로 보임으로써 이러한 반대가 더 잘 처리될 수 있다는 것을 알게 되었다.

일단 내부 거부자들이나 냉소적인 사람들이 큰 PR 시스템을 가진 기업 스폰서들이 그들이 사랑하는 행사나 활동에 대한 인식을 높이는 데 가질 수 있는 잠재력을 보게 되면, 우리는 그들이 종종 그 가능성에 열광하기 시작하고 매우 도움이 된다는 것을 발견한다.

스폰서가 돈 이상의 가치를 제공함으로써 어떻게 도움을 줄 수 있는지를 보여주는 것은 또한 스폰서십으로 벌어들이는 수익이 비교적 미미할 정도로 막대한 운영 예산을 가진 조직 내부에서 때때로 제기되는 반대 의견을 무력화시킨다.

🎓 스폰서들은 현금 이상을 줄 수 있다

우리는 불경기가 아마도 이미 스폰서십에서 일어나고 있었던 과정을 가속화시켰다고 믿는다. 위기에 대한 유일한 좋은 점은 주최자들이 현금 대신 얻을 수 있는 다른 가치에 대해 훨씬 더 열심히 생각해야 했다는 것이다.

우리가 이것에 대해 생각할 때 모델은 "배려(consideration)"라는 단어이고, 우리가 의미하는 것은 스폰서가 가져오는 전체적인 가치다. 대부분은 그것은 〈그림 6-3〉의 왼쪽에 적재된다. 돈은 매우 유연하고 조직의 이익을 위해 상상할 수 있는 모든 방법으로 사용될 수 있기 때문에 모든 사람이 돈을 좋아한다. 그러나 점점 더 현금을 요구하거나 받는 것이 불가능해지고 있다. 기업들이 실제로 이전과 마찬가지로 많은 계약을 체결하고 있지만, 평균 계약 기간과 가치가 떨어지고 있음을 보여주는 일화적, 통계적인 증거가 몇 가지 있는데, 이는 최근 몇 년 동안 스폰서십 판매 업계의 많은 사람이 어렵게 배운 것이다.

그렇다면 스폰서가 "내 예산은 사실 줄었고, 그렇게 많이 낼 수 없어"라고 말할 때는 어떻게 해야 할까? 그것은 대화의 끝이 아니라 〈그림 6-3〉의 오른쪽에 나타난 바와 같이 줄어든 현금 가치의 몫을 균형 있게 할 수 있는 다른 것들을 살펴보는 새로운 것의 시작일 수 있다.

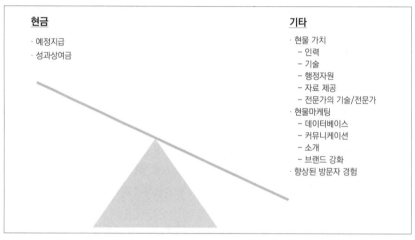

그림 6-3 현금 및 기타 고려 사항의 균형 조정

비현금 가치를 검토하기 위해 전환할 때 두 가지 광범위한 제목이 있다: 현물 가치와 현물 마케팅.

현물 가치

자재와 제품을 받는 것은, 그들이 어쨌든 필요했기 때문에 예산을 절감되는 한에서 명백한 이득이다. 버진 런던 마라톤(*Virgin London Marathon*)을 스폰서십하는 네슬레의 퓨어 라이프 워터(*Nestlé's Pure Life water*) 같은 기업들이 가장 눈에 띄는 사례이다. 따라서 이 이벤트는 운영 예산에서 구매해야 했던 품목을 절약한다.

사례 탐구 노키아*(Nokia)*와 세계 야생 생물 기금

 주요 학습 요점

신기술은 스폰서십 협정의 범위와 능력을 크게 넓혔다. WWF와 노키아는 WWF 상점을 돕는 인트라넷을 개발했다. 이전에는 인쇄물을 통해 이러한 작업을 수행했으며 WWF는 이러한 파트너의 이점을 신속하게 지적했다. "현장에서 제공하는 더 유연하고 실시간 정보, 대화형 및 더 효과적인… 그리고 더 저렴하다!"

Graham Minton WWF의 기업 책임 책임자

조치 사항:
- 조직에서 IT를 어떻게 사용하는지 또는 향상된 소프트웨어 또는 하드웨어 패키지를 어떻게 사용할 수 있는지 자세히 살펴본다.
- 제품을 선보이고자 하는 IT 기업에 어필할 수 있는 독특하고 매력적인 기회를 모색한다.

또 다른 좋은 예는 정보통신 분야의 기업들이 믿을 수 없을 만큼 많은 예산을 들여 제대로 된 보유자에게 가치를 제공하고 내부 프로세스와 효율성을 개선하는 데 도움을 줄 수 있다는 점이다. HP, 인텔, 델과 같은 회사들과 SAP, AMD와 같은 약간 덜 알려진 기업들은 모두 포뮬러 원 경주*(Formula One racing)* 스폰서였다. 그들은 기술과 기술로 팀을 도왔다*(또한 예외적으로 짧은 리드 타임에 인력과 장비를 개발할 수 있는 매우 자극적인 환경을 제공하는 이점도 있었다).* 실제로 대부분의 스폰서십 기업 내부에는 환상적인 범위의 인적 자원과 전문 기술이 있어서 현물 가치는 훨씬 더 멀리 갈 수 있다. 이는 상업적으로 구매한다면 매우 큰 비용이 들 것이다. 인사, 물류, 회계, 관리 전문가들이 있다. 이러한 종류의 지원에 대해 개방적이면 거래의 최종 협상을 쉽게 할 수 있으며, 또한 잠재적인 스폰서에게 바람직한 환경에서 제품을 전시하고 직원에게 보상할 수 있는 방법을 찾는 것이 그들에게 주는 이점을 이해하고 있다는 것을 알려준다.

현물 마케팅
현물 마케팅은 주최자의 책임을 강화하는 데 사용될 수 있는 스폰서가 소유한 상당한 마케팅 및 커뮤니케이션 자산을 활용한다. 그것은 플랫폼이 되고, 소비자를 참여시키고, 스폰서의 고객들이 가질 수 있는 경험을 풍부하게 하는 것에 관한 완전히 새로운 아이디어인 스폰서십에 영향을 미친다. 스폰서는 직원, 고객 또는 고객이 될 수 있는 것을 제공하기 때문에 스폰서십에 참여한다.

사례 탐구 액센츄어*(Accenture's)*의 "지능형 자금 지원"모델

🎓 주요 학습 요점

• 스폰서십의 가치를 극대화하고 액센츄어를 위한 사업 소개를 제공하기 위해 고안된 현금과 현물이 결합한 제품이다. 이것은 왕립요트협회*(Royal Yachting Association)*에서부터 스코틀랜드 오페라, 국립극장까지 관계에 적용되었다.

• 액센츄어는 직원들이 평소 업무 및 경영 전문 지식을 평소 영역 외에 적용할 수 있도록 도전하고, 직원들과 함께 참여하고 자부심을 형성할 수 있는 플랫폼을 제공하기 때문에 어필하는 모델이다.

• 파악할 수 있는 사업 이익을 창출하고 액센츄어의 플랫폼을 강조하여 스폰서십을 논의하고 고객, 잠재 고객 및 미디어에 관련된 조직을 소개한다.

액센추어의 인텔리전트 펀딩 모델*(Intelligent Funding model)*은 국립극장, 스코틀랜드 오페라, 로열 셰익스피어 기업 등 혁신과 고성능이라는 기업의 상표 가치를 반영한 스포츠와 문화계의 다양한 조직과 성공적으로 접목된 현금과 가치 현물이 결합한 모델이다.

액센추어는 이러한 조직과 협력하여 도움이 필요한 영역, 복잡한 문제를 해결하는 데 필요한 기술이나 예산이 없는 영역을 파악하고, 이 모델이 제공하는 실행 가능한 솔루션을 만드는 데 필요한 전문 지식을 제공한다. 또한 직원들이 일반적으로 근무하지 않을 수 있는 분야에서 작업할 수 있는 기회를 제공한다. 이것은 직원 참여와 동기를 위한 플랫폼으로써 특히 유용하다.

액센추어는 사업체로서 국립극장을 보고 지원함으로써 단순한 일례 이상의 측면에서 국립극장을 도왔다. 대차대조표와 운영 측면에서 수요의 감소와 흐름을 분석하여 국립극장 웹사이트와 가격 구조를 최적화하는 데 도움을 주었다. 입장권을 더 팔기 위해서 액센추어는 관객 데이터를 심층 분석 기법을 사용했고, 극장이 미래에 대한 계획을 세울 때 관객에 대한 더 나은 이해를 제공하는 데 도움을 주었다. 그것은 시각적 전시하기 위한 대화식 대형 화면인 큰 벽면도 만들어 설치했다.

액센추어는 또한 이 모델을 스칸디아 팀 GBR, 영국 요트팀, 왕립 요트 협회*(RYA)*와 같은 요트 세계에도 적용했다. 다른 모든 국가 운영 기관들과 마찬가지로, RYA는 회원들의 이탈을 통해 예산에 대한 지속적인 예측 불가능성을 경험하고 있었다. 그들은 사람들이 RYA에 가입했다가 아마도 1년 후에 떠나리라는 것을 발견했다. 그들은 이 회원 감소에 대해 더 많이 이해하기를 원했기 때문에 액센추어는 그들이 문제를 분석하고 해결책을 제공하는 것을 도왔다. RYA는 올림픽에서 엘리트 경쟁과 스칸디아 팀 GBR과 함께 항해의 마지막에 있다. 선발된 모든 선수가 자신의 시간과 자원을 가장 잘 모으고 승리에 집중할 수 있는 것이 중요하다. 액센추어는 코치와 공연 책임자가 선원들의 공연의 모든 측면을 모니터링하고 측정하고 그들이 승리하는 데 집중할 수 있도록 도와주는 성과 관리 도구를 마련했다.

액센추어와 영국의 스폰서십에 대한 접근방식에 대한 자세한 내용은 http://www.accenture.com/Countries/UK/About_Accenture/Sponsorships를 참조하라.

(Reproduced with permission of Accenture)

사례 탐구 딜로이트 이그나이트(*Deloitte Ignite*)

 주요 학습 요점

- 175만 파운드 상당의 로열 오페라 하우스(*ROH*)에 대한 접근성을 넓히기 위한 5년간의 파트너십 및 젊은 전문가를 대상으로 한다.

딜로이트는 로열 오페라 하우스와 제휴하여 양측의 전통적인 인식에 도전하고 예술에 대한 접근성을 넓히겠다는 약속과 함께 혁신을 보여주었다. 딜로이트는 많은 젊은 전문가들을 모집하면서 로열 오페라 하우스에 의해 접근되었고, 딜로이트 이그나이트의 목표 대상인 영국에서 가장 큰 대학원 고용주 중 하나이다. 기금을 제공하는 것 외에도 딜로이트는 축제에 적극적으로 참여하고 있으며, 컨설턴트, 기술 전문가, 직원 자원봉사자 등 축제의 다양한 부분을 매년 딜로이트 이그나이트를 향상하게 시키기 위해 로열 오페라 하우스와 협력하고 있다.

조치 사항:

- 스폰서가 강화하는 데 도움이 될 수 있는 영역과 기회를 조직 내부에서 확인한다. 이것은 당신을 직접적으로 돕고 스폰서에게 현금 투자 이상으로 그들의 참여에 대한 더 넓은 자격 증명을 제공한다.

(Reproduced with permission of Deloitte)

 사례 탐구 퀀텀 오브 솔러스(*Quantum of Solace*)

 주요 학습 요점

- 이것은 홍보를 돕는 스폰서들의 새로운 경향을 보여주는 극단적이고 세간의 이목을 끄는 예이다

제임스 본드 영화는 코카콜라에서 소니, 마이크로소프트, 포드와 같은 자동차 회사에 이르기까지 관련된 회사의 수 측면에서 세계에서 가장 많은 스폰서십을 받는 자산 중 하나이다. 이 스폰서들은 MGM이 영화 제작에 자금을 대는 것을 돕기 위해 있는 것이 아니라 영화와 그들의 참여와 협회의 권리를 가능한 한 널리 판매하기 위해 있다. MGM은 배급사를 설득하고, 영화관을 포장하고, 주문형 상품, DVD 및 비디오를 판매해야 했으며, 스튜디오는 막대한 홍보 예산을 완화하는 데 도움을 줄 스폰서가 필요했다. 인상적인 것은 이 기업들이 그들의 제품을 영화 속 깊이 집어넣고 실제로 그 브랜드에 대한 기능적인 요점을 만들었다는 것이다. 예를 들어, 포드는 여성이 실제로 남성보다 더 많은 차를 산다는 것을 알고 있었고, 본드걸은 애스턴 마틴(*Aston Martin*)이 아닌 작은 포드 카를 운전한다. 코카콜라는 코카콜라 제로, 제로 7의 특별판병을 만들면서 그들의 거대한 범위를 이용했다.

다음 페이지에서 계속...

❓ 우리 조직의 맥락을 고려하면: 스폰서들은 우리를 어떻게 생각하는가?

잠재적 스폰서 시장 내에서 우리에 대한 인식

우리는 항상 스폰서를 찾는 사람들이 조금만 뒤로 물러서서 외부 세계가 당신의 조직이나 브랜드에 대해 어떤 이미지와 느낌을 발견하기 위해 노력할 것을 권장한다. 스폰서십은 스폰서십된 이벤트 또는 특성의 이미지 속성을 스폰서에게 교환하는 것이기 때문에 중요하다. 만약 당신이 자신의 이미지 속성과 자신의 가치에 대해 명확하게 알지 못한다면, 어떻게 그것을 나중에 스폰서에게 팔 수 있겠는가? 중요한 것은 스폰서가 다른 곳에서 얻을 수 없는 고유한 것을 요약화(encapsulate)하는 것이다.

구글(Google), 특히 트위터(Twitter)(사람들이 사물에 대해 어떻게 느끼는지 보는 좋은 방법)에서 적어도 5분은 이것에 대한 방향을 제공하는 데 도움이 될 수 있다. 사실 이 연습은 어느 정도 관심이 있는 스폰서라도 더 멀리 볼 것인지를 결정하는 매우 초기 단계에서 정확히 같은 일을 할 것이기 때문에 어쨌든 할 가치가 있다.

✎ 스폰서가 소통할 수 있는 대상 및 네트워크 확인

스폰서십은 특정 대상, 그 스폰서십 속성과 관련된 특정 그룹에 대한 소개로 볼 수 있다. 스폰서를 자극하기 위해서는 당신이 어떤 사람들을 소개하는지 구체적으로 설명할 수 있어야 한다. 당신의 목표 대상자들과 시간이 지남에 따라 구축된 네트워크는 흔히 생각되는 것보다 잠재적인 스폰서들에게 훨씬 더 많은 가치를 가진다.

미국의 스폰서 그룹에 "스폰서십을 결정할 때 일반적으로 분석하는 특징은 무엇인가?"라는 질문을 받았을 때 가장 먼저 나온 것이 인구통계학이었다.

스폰서들이 알고 싶어 하는 것은 "당신이 나에게 데려오는 사람들이 정확히 누구인가?"라는 것이다. 스폰서십 과정의 아주 초기 단계에서 할 수 있는 것 중 하나는 목표 대상이나 팬들을 묘사하기 위한 자료를 수집하는 것이다.

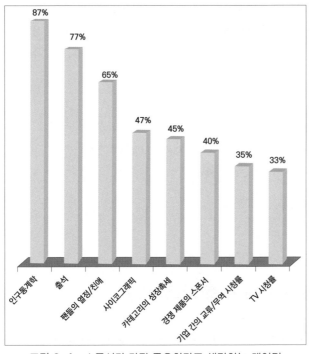

그림 6-4   스폰서가 가장 중요하다고 생각하는 데이터
(*Reproduced with permission of IEG*)

간단한 자체 운영 관중 연구조차도 나중에 경쟁사보다 제안을 높이는 데 도움이 되는 정보를 생성할 수 있다. 표본 크기가 200인 것은 일반적으로 충분히 큰 것으로 간주하며, 가격은 국가에 따라 다르지만 약 7,000~9,000파운드에 사들일 수 있다. 물론, 그들은 자원봉사자들이나 지역 대학의 학생들을 덜 사용하여 수행될 수도 있다.

사례 탐구 F.I.M. 모토크로스 세계 선수권 대회*(F.I.M. Motocross World Championships)*

 주요 학습 요점

빠르게 목표 대상자 조사에서 만들어질 수 있는 자료의 한 예는 2006년 세계 모터크로스 선수권 대회에서 그들을 분석한 67%가 15세에서 39세 사이의 팬들이고, 80%가 남성이며, 87%가 자신들의 스포츠를 스폰서십하는 브랜드를 "확실히" 혹은 "아마도" 구매할 것이라고 주장하고 있었다.

이뿐만 아니라, 이 시리즈를 마케팅하는 기획사인 유스스트림*(Youthstream)*은 성별과 나이 측면에서 팬이 누구인지 뿐만 아니라 다음과 같은 정보를 제공함으로써 향후 스폰서십 제안에 대한 흥미로운 데이터를 준비할 수 있었다:

• 그들은 1년에 휴대전화를 몇 번 삽니까?
• 그들은 휴일이 얼마나 됩니까?
• 만약 그들이 이 활동을 지원한다면 스폰서의 제품을 구매할 수 있습니까?
• 어떤 종류의 기업이 적절한 스폰서가 될까요?

(With permission of Youthstream)

경쟁업체와 국제 모범 사례 비교

경쟁으로 볼 수 있는 유사한 기관이나 행사의 경험은 종종 귀중한 교훈을 포함하고 있으므로 낭비해서는 안 된다. 자신의 결론을 정리하는 과정에서 살펴볼 영역은 〈표 6-3〉과 같다.

표 6-3 경쟁자 및 조치

경쟁자	조치
우리의 경쟁자는 누구인가?	▪ 스폰서가 당신을 보고 있다면, 다른 비슷한 기회들도 고려하고 있을 가능성이 크다. 시장에 대한 당신의 지식이 다른 어떤 잠재 고객의 지식과 같거나 더 나은지 확인한다.
그들에게 스폰서가 있는가?	▪ 그들이 제공하는 것은 무엇이며 우리는 이를 복사하고 개선할 수 있겠는가? ▪ 그들은 얼마나 오랫동안 스폰서를 유지해 왔는가? ▪ 그들의 스폰서가 우리에게 좋을까?
그들은 어떻게 그리고 언제 스폰서를 얻었나요?	▪ 같은 접근방식을 개선하여 당신의 이익을 도모할 수 있기 때문에 쉽게 찾을 수는 없지만, 이는 시도해 볼 가치가 있다.
그들의 유지율은 어떠한가?	▪ IFM Sports Marketing Survey에서 발행하는 세계 스폰서십 모니터 (*The World Sponsorship Monitor, TWSM*)와 같은 일부 전문 자료는 당신이 연구하는 데 도움이 될 수 있으며, 간단한 방법은 온라인으로 몇 년 전의 경쟁사 자료를 보고 스폰서 배열의 패턴(*pattern*)을 확인하는 것이다.
그들은 어떻게 그 사람들에게 서비스를 제공하는가?	▪ 종종 외부와 구별하기 어렵지만, 찾을 수 있는 모든 연락처와 함께 이야깃거리로 탐구할 가치가 있다.
그들은 얼마를 지불했는가?	▪ 스폰서십의 가장 큰 어려움 중 하나는 스폰서들이 비슷한 권리를 위해 얼마를 내는지 이해하는 것이다. ▪ 스폰서십은 매우 불투명한 시장이며 가격 정보는 얻기 어렵고 일반적으로 매우 기밀이다. TWSM이나 시장에 대한 느낌이 있는 에이전시와 같은 정보원이 있으며, 운이 좋다면 가끔 온라인에서 정보를 찾을 수도 있다.

🎓 현대적인 스폰서 요구사항 및 통찰력

우리는 우리의 전략이 스폰서의 요구를 어떻게 해야 하는지를 고려하기 시작하고 있으며, 현대적인 스폰서들이 기대하는 것에 대한 통찰력은 이 단계에서 귀사 제품에 매력적인 기능을 내장할 수 있도록 하는 데 매우 중요하다. 우리는 매일 업무에서 개요가 설명된 동향을 보고 있으며, 이러한 동향을 인지하는 것이 현대 스폰서십 시장에 전략을 적용하는 데 도움이 될 것이다. 스폰서들이 소중한 직원들에게 보상할 수 있는 멘토링 (*mentoring*) 기회를 제공하는데 어떻게 관심을 가질 수 있는지, 풀뿌리 지역 사회 스폰서십에 대한 새로운 관심, 마지막으로 고객, 직원 또는 고객이 될 수 있는 "돈으로 경험을 살 수 없는" 특별한 스폰서십에 대한 열망을 살펴볼 것이다.

멘토링(*mentoring*)의 증가

멘토링은 전형적으로 한 기업의 직원들이 다른 조직에 그들의 기술을 줄 수 있는 기회를 의미한다. 이것은 특히 현금/현물 잔고가 변화함에 따라 점점 더 중요해지고 있다. 기업들은 직원들에게 뭔가를 돌려주는 것이 색다른 자극적인 경험을 만들어내는 데 있어 엄청난 가치를 느끼고 있다. 이 기능은 다음과 같다:

- 전문 인재를 새로운 환경에 투입하여 자극한다.
- 지루함과 사람들이 떠나는 것을 방지한다.
- 기업의 자존심을 키운다.
- 우수한 기업 시민권과 상표 가치를 보여준다.
- 차별화 요소를 구축하고 신입사원을 유치한다.
- 큰 폭의 임금 인상을 제공하지 못한 것을 보충한다.

　　유네스코는 매우 광범위한 스폰서들로부터 막대한 지원을 받는 단체의 좋은 예이다. 그들은 변호사, 재난 구조 전문가, 물류 전문가들을 데려올 수 있는데, 이것은 말 그대로 비용이 많이 들 것이다.

세계적인 최고의 스폰서인 HSBC는 세계야생생물기금, 국제 식물원 보존연맹(*BGCI*), 어스워치(*Earthwatch*)와 파트너십을 맺고 2,000명의 HSBC 직원들이 전 세계에서 중요한 보존 연구 프로젝트를 수행하고 있는 자연에 대한 투자(*Investing in Nature*) 계획을 하고 있었다. 답례로, 그들은 동료들에게 브리핑하고 지역 환경 프로젝트를 수행하여 그들의 현장 경험과 지역 환경 그리고 그들 자신의 지역 사회와 직장에서의 역할을 연관시켰다. 언뜻 보기에, 세계적인 은행이 이러한 유명 NGO 들과 함께하는 것은 매우 자연스러운 파트너십이 아닌 것처럼 보일 수 있지만, 양측 모두 매우 오랜 시간 동안 믿을 수 없을 정도로 성공적으로 협력해왔고 이 계획은 2007년 어스워치(*Earthwatch*), 스미소니언 열대 연구소(*Smithsonian Tropical Research Institute, STRI*)와 함께 HSBC 기후 파트너십, WWF을 이끌었다. 직원들은 리더십과 팀워크와 같은 핵심 기술을 개발하여 직원들의 사기, 유지, 채용에 긍정적인 영향을 미친 것으로 알려졌다.

풀뿌리 스폰서십

우리가 보고 있는 또 다른 경향은 지역 사회와 관련이 있기 위해 노력하는 스폰서들의 생각이다. 예를 들어, 주요 클럽 축구나 올림픽과 같은 대부분의 엘리트 수준의 스폰서십은 이제 거의 항상 풀뿌리나 지역 사회 요소를 내장하고 있다. 비 스포츠 분야에서 최근 스폰서십 상을 받은 몇 가지 사례는 영국의 BT가 처음으로 광대역 접속을 제공함으로써 지역 사회에서 엄청난 호의를 얻고, 튀르키예의 투룩셀(*Turkcell*)이 농촌의 젊은 여성들이 매우 변화무쌍하고 현대화된 사회에서 적응하는 것을 돕는 것에서 비롯된다. 맥도날드는 이것을 매우 효과적으로 한다. 이는 우리가 아래에서 보는 바와 같다.

 사례 탐구 맥도날드와 청소년 자원봉사 자선단체 "V"

 주요 학습 요점

- 대부분 브랜드들은, 비록 세계적인 이름일지라도, 그들이 육성할 필요가 있는 지역적 뿌리와 공동체를 가지고 있다.
- 스폰서가 필요한 지역 커뮤니티에 참여할 수 있도록 지원하는 내부 또는 상향식 방법을 모색한다.

맥도날드는 진정한 세계적인 브랜드 중 하나이지만 또한 전 세계 거의 모든 마을에서 지역 사업이기 때문에 그들에게 풀뿌리 수준의 연결고리를 갖는 것은 타당하다. FIFA 월드컵 스폰서이자 FA의 공동체 파트너일 뿐만 아니라, 그들은 "V"와 함께 많은 고객에게 영향을 미치는 문제를 해결하였다.

이 계획은 축구를 통해 리더십과 자원봉사 기회를 제공하며, 맥도널드는 FA와 함께 16세에서 25세 사이의 최소 900명의 추가 젊은 자원봉사자를 모집하여 최소 1년의 자발적인 코칭을 제공하는 것을 목표로 하고 있다. 이것은 영국 전역의 43개의 맥도날드 축구 축제와 2백만 파운드 이상의 도구와 장비의 기부 때문에 뒷받침되었다. 맥도날드는 그들의 엘리트와 풀뿌리 축구 활동을 결합했고, 또한 그들이 젊은이들이 더 많은 운동을 할 수 있도록 하고 있다는 것을 증명함으로써 패스트푸드와 비만 논쟁에 유용하게 맞섰다. 마지막으로, 그들은 그 프로그램을 스폰서십하기 위해 유명한 축구 선수들을 사용하는 것에 대한 신뢰를 얻었다.

(Reproduced with permission of McDonald 's)

"돈으로 살 수 없는" 경험

"경험 경제"에서 스폰서십의 큰 힘은 아래의 3가지 사례 연구에서와 같이 자산을 상상력 있게 활용하여 매우 가치 있는 독특한 경험을 창출할 수 있는 능력이다.

 사례 탐구 페덱스 유럽 럭비 컵 스폰서십 - 페덱스 럭비 꿈의 날
(FedEx European Rugby Cup Sponsorship – FedEx Rugby Dream Day)

🎓 주요 학습 요점

- 전략 설정 단계에서 스폰서가 당신으로부터만 얻을 수 있는 것이 무엇인지 파악하고 스폰서 프로그램을 활용할 수 있도록 노력한다.
- 기업들은 고객이 스폰서십 투자를 활용할 수 있도록 "돈으로는 살 수 없다"라는 독특한 경험을 찾고 있다.

페덱스는 유럽 럭비 컵의 스폰서이다. 페덱스 럭비 드림데이(*FedEx Rugby Dream Day*)는 럭비 팬들을 참여시키고 우승자에게 독특한 상품을 제공하는 온라인 게임이다. 그 핵심은 80,000명의 팬이 있는 경기장에서 우승자의 시상대까지 하이네켄 컵 트로피를 옮길 수 있는 기회이다. 결승전에 대한 세계적인 VIP 환대와 함께, 서명된 팀 셔츠 2장을 받고 결승전 경기일 프로그램에서 전체 페이지 개인 프로필을 받는 것은 우승자가 정말로 돈으로 살 수 없는 독특한 경험을 받을 수 있도록 보장한다.

(Reproduced with permission of FedEx)

 사례 탐구 텔레콤, 아디다스 그리고 뉴질랜드의 모든 흑인
(Telecom, Adidas and The New Zealand All Blacks)

🎓 주요 학습 요점

- 뉴질랜드의 전설적인 럭비팀의 두 스폰서는 스폰서십을 구매하면 고객들을 위해 "돈으로 살 수 없는" 경험을 만들 수 있다는 것을 이해하는 데 매우 성공적이었다.

텔레콤 뉴질랜드는 그 나라의 전설적인 올 블랙스 럭비 팀의 스폰서십을 최대한 활용했고 그렇게 함으로써 팬이 경험의 중심이 되고 그들이 사들인 권리 세트가 되도록 했다. 그들의 핵심적인 올 블랙스 캠페인(*All Blacks campaign*)은 백킹 블랙이라고 불린다. 백킹 블랙(*Backing Black*)은 텔레콤이 가능하게 하는

올 블랙스 서포터즈 클럽으로, 팬들을 단결시키고 팀과 연결하는 것에 관한 것이다. backingblack. co.nz은 물리적으로 돈을 통해 경험을 살 수 없지만, 올 블랙스 게임 입장권을 얻기 위해 경품 추첨을 통해 얻을 수 있다. 올 블랙 선수들이 직접 구독자들에게 전화를 걸어 경기 입장권을 땄다고 말하게 하고, 우승자 한 명이 프랑스에서 열리는 팀 경기를 보기 위해 파리로 가는 것의 힘을 상상해보라. 선수들은 팬들과 함께 점심을 요리하는 것과 같은 행사에 참석할 수 있고 이러한 행사의 보도는 텔레비전, 언론, 그리고 유튜브와 같은 온라인 소스(*online sources*)를 통해 활용된다.

(Reproduced with permission of Telecom New Zealand)

 사례 탐구 칼링 앤 콜드 비어 앰네스티 음악 축제
(Carling and Cold Beer Amnesty at Music Festivals)

🎓 주요 학습 요점

• 맥주 마케터들(*marketers*)은 소비자들이 브랜드를 바꾸도록 장려하기 위해 제품 차이보다는 감정적인 참여를 바탕으로 치열한 브랜드 충성도를 극복해야 한다.
• 칼링(*Carling*)은 음악 축제에 대한 그들의 스폰서십 활성화를 문제에 대한 진정한 통찰력에 기초하여, 축제에서 소비자 경험에 실질적인 가치를 더하는 해결책을 제공했다.

음악가들이 그들의 음반 수익이 줄어드는 것을 보면서, 전 세계의 축제와 장소에서 대규모의 목표 대상자들과 함께 라이브 음악의 성장해 왔다. 지난 20년 동안, 이 분야는 열정적이고 헌신적인 팬들에게 접근하는 것과 같은 혜택을 제공하는 스포츠만큼 소비자와 연결되기를 원하는 브랜드들에 매력적으로 되었다.

맥주 브랜드 칼링은 스포츠와 음악 스폰서십 모두에서 적극적이며, 사람들이 개인 맥주에 대한 강한 감정과 충성심을 가지고 있어서 맥주 시장에서 브랜드 선호도를 바꾸는 것이 마케팅에서 가장 어려운 과제 중 하나라는 것을 알고 있다. 하지만 용기를 북돋아 주는 사람들에 대한 대가는 정확히 이러한 충성심 때문에 크다.

칼링은 지난 10년간 음악 스폰서십의 선두에 서 왔다. 역사적으로 그들은 리딩 앤 리즈(*Reading and Leeds*)축제, 칼링 아카데미(*Carling Academy*), 그리고 최근에는 아일 오브 와이트(*Island of Wight*) 축제, V 축제, 락네스(*RockNess*)의 공식 맥주의 핵심 스폰서였다. 그러나 많은 브랜드가 매체 점유율(*share of voice*)을 놓고 경쟁하면서 시장이 더욱 포화 상태가 되면서 음악과의 단순한 연관성은 충분하지 않았다. 그들은 소비자들과 소통하는 방식에 있어 좀 더 창의적이어야 했고, 협회에 신용을 제공하는 축제에서 그들의 역할에 실질적인 이익을 주어야 했다.

그래서 칼링은 – 현장 대행사 케이크(*Cake*)를 통해 – 축제장에서 그들의 지식을 사용하여 축제 참가자들이 현장에서 체험하는 문제들을 고려했다. 그런 후 그들은 축제 참가자에게 실질적인 이익을 제공할 문제에 대한 해결책을 제공하기를 원했다.

음악 축제의 문제는 당신이 지역 슈퍼마켓에서 맥주를 가지고 다니며 덥고 답답한 텐트에서 24시간 동안 맥주를 마시면 몸이 따뜻해지고 마시기에 불편하다는 것이다. 라거(lager)를 마시는 가장 좋은 방법은 얼음처럼 차가운 것이다. 그래서 가능한 최고의 음주 경험을 제공하기 위해 케이크는 콜드 비어 엠네스티(Cold Beer Amnesty)라고 불리는 통찰력 있는 아이디어를 생각해냈다. 아일오브와이트(Island of Wight), 브이 축제(V Festival), 락네스(RockNess)에서는 축제 참가자들이 따뜻한 맥주를 가져와 얼음처럼 차가운 칼링 캔으로 바꿀 수 있었다. 이것은 브랜드 충성도를 다루지만 부드러운 방식이다. "우리는 당신이 다른 브랜드를 마시는 것을 용서하고 당신을 돕고 당신의 축제 경험에 가치를 더하기 위해 여기에 있습니다."라고 쓰여 있다. 이것이 바로 모든 성공적인 스폰서들이 취해야 할 어조이다.

조치 사항: 스폰서가 자신의 마케팅 목표를 달성하는 동시에 팬과 이벤트에 가치를 더할 수 있는 유사한 기회를 자신만의 목록에서 찾는다.

(Reproduced with permission of FedEx)

🎓 주요 학습 요점

- 당신이 판매하는 것은 스폰서십이 아니다. 당신은 스폰서가 그들의 마케팅 목표를 수행하기 위한 도구를 판매하는 것이다.
- 현대의 스폰서들은 단순히 로고 노출을 구매하는 것을 훨씬 뛰어넘었다.
- 당신은 스폰서들이 당신이 그들에게 데려온 사람들과 직접적이고 진정으로 연결될 수 있는 자산을 찾기 위해 깊이 파고들어야 하며, 당신은 이 그룹들에 대한 모든 것을 알아야 한다.
- 초기 전략 단계에서는 이전 또는 기존 스폰서의 기본 제공 가치와 이미지 또는 가치를 잊지 마라.
- 스폰서십의 부정적인 면을 직시하고 조직 내의 모든 사람이 그들의 의견을 발표했는지, 전략을 그들에게 설명했는지, 그리고 스폰서를 유치하기 위해 나가는 것에 서명하는 것에 편안함을 느끼는지 확인하라.
- 직원 참여, 멘토링 또는 지역 사회로의 직접적인 경로 제공과 같은 새로운 세대의 스폰서에게 매력적인 자산을 어디서 찾을 수 있는지 확인하라.
- 기업들은 현금 이상의 것을 가져올 수 있다. 마케팅, 프로모션, 컨설팅, IT 및 기타 상품 및 서비스 분야의 전문 지식과 자원을 활용할 수 있는 곳을 살펴보라.

요약

- 좋은 준비와 스폰서십 전략은 더 많은 성공적인 판매, 더 행복한 스폰서들을 만들고 돈과 시간을 절약할 수 있다.

- 더욱 조화로운 환경에서 근무하고, 보다 스폰서십을 지지하며, 스폰서십의 목표와 현재와 몇 년 후에 내부적인 스트레스로부터 보험을 들어줄 원하는 혜택을 명확하게 이해함으로써 이익을 얻을 수 있다.

- 다음 장인 필수 영업 준비(*Essential Sales Preparation*)에서는 스폰서 계층구조, 혜택 패키지, 가격 구조 및 판매 단계로 이동할 때 필요한 모든 것을 구성할 때, 이 확고한 기반을 구축하는 데 도움이 될 것이다.

필수 판매 준비

 개요

이 장은 스폰서십 전략과 다른 모든 것이 포함될 적절한 설정과 관련된 6장을 바탕으로 한다. 조직으로서 스폰서십이 무엇을 원하는지 아는 것은 궁극적으로 판매하거나 판매 과정을 향상하는 데 도움이 될 것이다.

여기서 요점은 잘 준비하는 것이 스폰서십 제안의 큰 차이와 눈에 띄는 기회를 만든다는 것이다.

이 장에서는 다음의 내용을 설명한다:

이 장에서는 다음을 설명한다:
- 스폰서의 입장에서 자신을 바라보는 마음의 틀을 잡는 것이다.
- 발견될 수 있는 자산 일부와 이전에는 명확하지 않은 다른 자산을 찾을 수 있도록 단서에 대한 자산 점검표 도구이다.
- 그 자산에 대한 가치 평가 방법: 당신의 스폰서십은 얼마의 가치가 있는가?
- 당신이 시장에 제공하는 가격을 어떻게 책정할 것인가.
- 권리와 혜택의 계층구조를 구성하는 방법에 대한 조언과 스폰서들에게 제안되는 것, 그리고 어떻게 하면 당신과 스폰서를 위해 궁극적으로 그것을 움직이게 할 수 있을까.
- 이름이 무엇인가? 제목 및 스폰서십 발표
- 판매를 준비할 때 알아야 할 새로운 흐름

🎓 스폰서의 입장에서 자신을 보라

1장에서 우리는 국제상공회의소에 의해 상업적 합의로 스폰서십이 어떻게 정의되는지를 살펴보았다. 모든 사람은 스폰서십이 상호 이익을 위한 상업적 활동이라는 것에 동의하지만, 그것은 실제로 무엇을 의미하는가; 그것은 당신이 스폰서에게 팔고 있는 것이 스폰서십이 아니라는 것을 의미한다; 스폰서가 그것을 단순히 그들 자신을 위한 도구로 볼 것이기 때문에 그 자체로 관심이 있는 것은 당신의 행사나 열정이 아니라는 뜻이다.

스폰서십 기업에서 결정권자가 당신의 제안을 볼 때, 그들은 그들 스스로 다음과 같은 질문을 할 것이다:

- 그들은 그것으로 무엇을 할 수 있을까?
- 그들이 일하는데 어떻게 도움이 될까?
- 그 브랜드가 하려는 일에 어떻게 도움이 될까?

당신이 마케팅을 도구라고 말하는 것은 경멸적인 의미가 아니다; 당신은 나쁜 대우를 받는 것이 아니라 그것은 단순히 스폰서가 갖게 될 관점이다. 그래서 이 장에서는 스폰서의 입장에서 속성을 살펴볼 수 있다. 만약 당신의 조직에서 스폰서십에 대해 다소 구태의연한 견해를 가진 사람이 있다면, 그것은 이제 로고와 게시판을 붙이는 것을 넘어 어쩌면 약간의 환대와 입장권 그리고 현금 교환도 가능하다. 당신이 합당하기 때문에 스폰서십이 일종의 기부라는 생각은 더 이상 적용되지 않는다. 스폰섭은 광고를 대신하는 값싼 대체물도 아니다. 스폰서십은 광고와 비교할 수 없으며, 어떤 경우에도 언론이 직접 구매하는 것과 비교할 때 특별히 저렴하지는 않다(*대부분은 아니지만*).

- 스폰서에게 노출되는 것을 비용에 비교해서 팔려고 한다면 당신은 거의 항상 손해를 볼 것이다.
- 스폰서십은 단순히 방송 시간이나 노출을 얻는 방법 그 이상이어야 한다.

스폰서십은 훨씬 더 정교해지고 일반적으로 스폰서는 그들이 당신에게 원하는 것에 대해 상당히 명확한 생각하고 있다. 지금 일어나고 있는 일은 사회의 더 큰 변화를 반영하는데, 그것은 브랜드와 기업이 실제로 무언가를 대변해야 한다는 것이다. 이제는 실제 제품과 그 품질을 주기 때문에 사람들이 구매하는 것만이 아니다. 사람들이 기대하는 것은 기업이 실제로 무언가를 대표하고 그 브랜드가 무언가를 의미한다는 것이다. 예를 들어, 애플, 롤렉스, BMW 또는 나이키와 같은 브랜드들은 소비자와 거의 감정적인 관계를 맺고 있다. 이것이 스폰서십이 광고의 대안으로서, 단순히 기성품으로 살 수 있는 것이 아니라, 기업이 브랜드로 성취하려고 하는 것을 도와야 하는 것으로서 정말로 성장한 이유이다. 기업들은 이제 PR, 판매 및 마케팅 부서가 참여하는 통합된 방식으로 그들의 브랜드를 소통하고 있다.

- 스폰서십을 위한 예산 마련을 위해 기업 내부에서 기부금을 모으는 사례가 늘고 있다.
- 나중에 스폰서를 대할 때는 한 사람이나 부서가 아니라 기업 전체를 상대해야 한다. 그래서 기업 내에서 하나 이상의 부서에 호소할 수 있도록 자산을 충분히 구축하는 것이 매우 중요하다.

🎓 호소(appeal)할 자산 구성

특히 개별 산업과 브랜드를 연구에 있어서 많은 스폰서를 원하는 사람들에게 두각을 나타내고 싶다면 좋은 준비는 스폰서십 판매에 맞춤식 제안서를 작성하는 단계에 있을 때 절대적으로 중요하다는 것을 이 책의 후반부에서 보여줄 것이다. 판매해야 할 것을 정리하는 이 사전 판매 단계에서는 당신이 궁극적으로 경쟁사보다 더 매력적으로 만들기 위한 견고한 준비가 필요하다. 어려운 사실은 레드불(Red Bull)과 같은 한 국가의 기업에서만 매주 또는 하루에 50~60건의 별도 스폰서십 제안받을 수 있다. 이것은 여러분이 주목받기 위해 얼마나 눈길을 사로잡아야 하는지를 보여준다.

적절하게 준비하지 못한 것은 제안이 거절되는 주요 이유 중 하나이다. 당신은 정말로 이 단계에서 당신이 매력적이고 특별한 무언가를 판매할 수 있도록 내부적으로 노력해야 한다.

각계각층의 성공한 사람들에 대해 주목되는 것 중 하나는 일반적으로 그들은 공개되기 직전에 눈에 띄지 않는 많은 시간을 허비하는 것처럼 보인다는 것이다. 우리가 사용한 에이브러햄 링컨(Abraham Lincoln)의 인용문은 이 책의 제2장에서 스폰서십 판매를 고려할 때 우리가 모두 명심해야 할 접근법을 똑같이 잘 요약하고 있다.

"만약 나에게 나무를 자르는데 8시간이 있다면, 도끼를 가는데 6시간을 쓸 것이다."

에이브러햄 링컨(Abe Lincoln)

지금이야말로 진정으로 최고 수준의, 눈에 띄는 제안을 하기 시작한다면 스폰서에게 가치가 있을 수 있는 것이 무엇인지 매우 신중하게 생각해야 할 때이다. 이 장에서 여러분은 연구 단계에서 확인된 개별 기업과 브랜드의 입맛에 맞게 고안될 수 있는 개별 요리법을 만들기 시작할 수 있도록 모든 재료를 부엌 가게 찬장에 모으는 것을 상상할 수 있다.

음식 비유를 계속하자면, 우리는 가게 찬장에 있는 모든 재료를 집어넣는 것만으로 요리를 만들 사람은 없을 것이다. 왜냐하면 각각 자체가 맛있어서 결과적으로 나오는 요리는 먹음직스러울 것이기 때문이다. 스폰서마다 취향이 다르고, 어떤 이들에게는 더 눈에 띄는 재료가 다른 스폰서에게는 전혀 필요하지 않을 수도 있다. 그러나 궁극적으로 다른 브랜드와 제품 부문에 적합한 재료와 조합을 알고 있는지 확인하기 위해 당신이 가진 모든 것에 대한 재고 조사를 수행하는 것이 합리적이다.

- 주방에 있는 모든 재료를 모아라.
- 그러나 각각의 스폰서가 각자의 취향에 맞게 적절한 것만을 조합하라.

다음 부분에서는 일반적으로 대부분의 스폰서십 패키지의 일부로 판매되는 스폰서십 속성을 살펴본다. 각자가 당신에게 맞지 않을 것이다; 그중 일부는 당신이 가지고 있지 않은 것일 수도 있지만, 바라건대 당신만의 독특한 특성을 가지고 가치를 창출할 수 있기를 바란다. 그러나 그 아이디어는 스폰서에게 당신이 모든 가능성을 살펴봤다는 확신을 주고 당신이 아마도 추가적인 가치를 창출할 수 있는 아이디어를 제공할 수 있다.

뒤로 물러서 스폰서십에 대해 생각해보면, 앞 장에서는 스폰서에게 유익한 3가지 매우 광범위한 자산 영역을 기반으로 자산 목록을 만들도록 권장했고, 이것은 사람들이 스폰서십을 구매하는 이유이다.

- 대상 그룹과의 연결
- 노출
- 이미지 전송

🖋️ 자산을 모을 때 항상 자신의 배경을 기억한다.

〈표 7-1〉은 우리가 매일 보는 스폰서십 제안서에 포함되는 것으로 보이는 일부 자산의 전형적인 자료 모음이다.

표 7-1 자산 점검 도구 표

미디어 노출 및 범위	▪ 거의 모든 제안서에서 볼 수 있다. 그것은 가능한 가장 전문적이고 진실하며 정확한 방법으로 설명, 측정되고, 극대화해야 한다. 당신의 제안서를 읽는 많은 사람이 생계를 위해 미디어를 사용하고 있으며, 미디어 혜택에 대한 서투르거나 오해의 소지가 있는 설명은 너무 흔하고 매우 짜증이 난다는 점을 기억하라. ▪ 노출 자원 목록(*포스터, 트위터, 페이스북, 웹사이트, 안내서 등*)을 향상하고 참석, 언론, 온라인 TV 및 미디어 보도에 대한 신뢰할 수 있는 최신 수치를 찾아본다.
모든 보도 자료 및 매체 활동에 포함 스폰서의 특별 관심 매체에 맞춘 PR 캠페인	▪ 이는 스폰서에 대한 최소한의 예의이지만 언론이 행사 스폰서에 대해 보도하는 경우는 거의 없어 가치가 낮다. ▪ 이것은 더 가치가 있으며 스폰서십 산업이나 브랜드가 특정 미디어와 소통하고 자신의 목표 대상 고객과 소통해야 하는 필요성에 대해 생각하는 증거를 보여준다.
미디어 관계, 미디어에 대한 샘플링	▪ 자산, 특히 스포츠와 예술 자산은 종종 언론인들과 꽤 좋은 관계를 맺고 있다는 것을 때때로 잊는다. 모든 브랜드에서 가능한 것은 아니지만, 미디어에 제품을 소개하여 보도함으로써 관계를 더욱 활용할 수 있다는 것은 미디어로서 매우 강력한 이점이다!
제안된 광고	▪ 전부는 아니지만, 많은 자산이 어떤 종류의 광고에 대가를 낸다. 따라서 가능하면 잠재적 또는 기존 스폰서에게 광고에 참여할 수 있는 첫 번째 거부권을 제공하는 것이 타당하다.
입장권/이벤트 책자 판촉 표어 사용 권한	▪ 기본적인 혜택 ▪ 대부분의 행사나 조직들은 표어(*logo*)가 있으며, 표어의 인지된 가치와 당신이 보증함에 따라, 그것은 제공되는 적절한 혜택이 될 수 있다.
스폰서 기능을 위한 스피커 사용성	▪ 스폰서십의 매우 중요한 측면은 음악, 예술 그리고 스포츠는 사람들이 진정으로 관심이 있는 것들이고 따라서 당신은 기능을 위해 스폰서들에게 제공될 수 있는 재능 있는 인력 풀(*pool*)을 가지고 있다는 것이다.

스폰서 이벤트, 고객 관계, 제품 출시 등을 위한 자산/장소 사용	■ 일부 자산은 경기장이나 극장을 소유하는 것과 같이 다소 특별한 것이 있다는 점에서 운이 좋으며, 이것은 당신과 스폰서 모두를 위해 열심히 일해야 하는 자산이다.
메일 목록 액세스 권한 및 데이터베이스 도면 판촉 실행 기회	■ 때로는 데이터 보호 문제가 발생하기도 하지만, 스폰서들이 해당 활동에 대한 열정이 입증된 틈새 고객과 접촉할 수 있는 능력을 원하기 때문에 팬 데이터베이스를 구축하는 것은 항상 가치 있는 일이다. ■ 이러한 열정을 활용하는 경쟁 또는 제안은 데이터베이스 생성에 이상적이다. 스포츠 애호가들은 설문조사에 참여하거나 온라인으로 양식을 작성하는 것을 만족하고 있는 몇 안 되는 그룹 중 하나이다!
기업 대 기업의 이점	■ 스폰서들이 워크숍이나 권리의 다른 유형의 힘든 일을 통해 공동 스폰서들과 사업을 할 수 있는 기회를 보는 것은 충분히 자주 이루어지지 않는다. 소유자는 기업을 하나로 모으는 것을 돕고 그들이 서로에게 이익이 될 수 있는 곳에 대해 제안한다.
직원 참여/조언	■ 오늘날 스폰서십에서 훨씬 더 많이 볼 수 있는 것은 기업들이 직원들에게 무언가를 돌려주려고 한다는 것이다. 이것은 기업들이 현금이 아닌 보상을 찾고 있는 어려운 시기에 특히 그렇다. ■ 이는 제공할 수 있는 자산을 초기 계획하는 동안 고려할 가치가 있다. HSBC, 어벤추어(*Accenture*) 또는 딜로이트(*Deloitte*)와 같은 기업은 직원들이 다른 환경에서 자기 기술을 사용하는 자극을 줄 수 있는 독창적인 것을 찾는다.
상품 배치	■ 스폰서들이 어떻게든 그들의 제품이나 서비스를 당신이 제공하는 행동의 중심에 통합하는 방법을 항상 찾는다. ■ 만약 제대로 하면, 이것은 스폰서십의 효과를 강화하는 진정성과 신뢰성을 더해줄 것이다.
판매권	■ 일부 자산들은 티셔츠나 다른 상품들과 같은 물건들을 가지고 있고 스폰서는 공동 상표나 일종의 라이선스(*licensing*)를 받거나 자체 사용을 위한 경품으로 대량 구매할 수 있다.
스폰서 승인	■ 스폰서십을 받아들이는 것은 일종의 지지로 볼 수 있다. 이를 공식화하는 것도 가능할 수도 있다. 그러나 일부 자산, 특히 공공 또는 공공 기금 기관은 이를 방지하는 규칙을 가질 수 있다.
스폰서 웹사이트 및 소셜 미디어 콘텐츠 제공	■ 기업들은 그들의 웹사이트와 다른 온라인 채널을 위해 좋은 콘텐츠를 중요시 한다. 스폰서가 이전에는 얻을 수 없었던 것을 제공할 수 있는 흥미롭고 독특한 것이 있을 수 있다.
현장 샘플링	■ 표본 추출은 상당히 간단하며 많은 제안에서 올바르게 볼 수 있다.

원인/지역 사회 관계 연계, CSR 노력	▪ 지난 몇 년간 기업들은 그들이 큰 고용주인 도시와 연결되어 지역 차원에서 참여하거나 어린이, 장애인 또는 소수자와 같은 그룹에 도달하는 데 CSR 정책을 기반으로 하여 지역 차원에서 참여하려고 노력했다. ▪ CSR 예산은 종종 스폰서십과 분리되므로 매력적인 자금 출처를 나타낸다. ▪ 하지만 "우리와 함께 돈을 쓰고 멋져 보인다"라는 말의 함정을 피해라. 기업 내부의 CSR과 관련자들은 CSR이 단순히 돈을 어떻게 쓰느냐가 아니라 어떻게 돈을 버느냐에 문제라는 것을 알고 있다.

❓ 스폰서십은 우리에게 옳은가?

이번 장에서는 스폰서십에서 가장 어려운 것 중 하나를 어떻게 접근하는지를 다루는데, 그것은 당신의 제안에 대해 금액을 얼마나 청구하는가에 대한 것이다.

대부분 사람은 새로운 패키지(*package*)를 설계하든 기존 제품을 향상하게 시키든 가격을 제대로 책정하는 데 약간의 어려움을 겪었으며, 스폰서십의 가치를 추정하는데 여러 가지 방법이 사용되었다.

▪ 행사 예산
▪ 다른 행사와의 기준설정
▪ 적절한 자산 감사 및 평가 수행

행사 예산

우리는 보안, 청소, 발전기 고용과 같은 것들에 이르기까지 행사에 대한 정확한 예산에 대해 많은 페이지를 제공하는 많은 제안을 본다. 이러한 제안을 작성하는 사람들은 이 제안이 매우 신뢰할 수 있고 전문적으로 조직된 것처럼 보이기 때문이다. 혹시 스폰서가 감명받고 주최자의 비용을 그에 대한 가치와 동일시하기를 바라고 있는가? 사실은 어떤 스폰서도 당신의 내부 예산에 관심이 없다는 것이다. 그것은 전혀 신뢰성을 더해주지 않는다. 그들의 주된 관심사는 기업으로서 혹은 브랜드로서 당신에게서 얻는 가치에 있다.

☀️ 다른 행사와의 기준설정

그렇다면 스폰서십은 어떻게 평가되는가? 한 가지 방법은 시장을 잘 살펴보는 것이지만, 문제는 스폰서십이 매우 투명하지 않은 시장이며, 인터넷이 아직 개방되지 않은 몇 안되는 시장 중 하나라는 것이다. 문제는 경제학자들이 비대칭 가격 정보라고 부르는 것이다. 이것은 구매자와 판매자가 그 물건의 가치에 대해 매우 다른 정보에 접근할 수 있다는 것을 의미한다. 일반적으로 스폰서들은 그들이 얼마를 지급할 준비가 되어 있는지를 상당히 확고한 이해력을 가지고 있지만, 스폰서십 판매자들은 상당히 덜 알고 있다.

경쟁의 장을 평준화를 위해 IFM 스포츠 마케팅 조사에서 제작한 세계스폰서십모니터 (*The World Sponsorship Monitor, TWSM*)와 같은 잡지와 같은 일부 업계 소식통을 이용할 수 있으며, 특히 주요 스폰서십의 가치가 얼마의 가치가 있는지에 대한 뉴스 보도도 가끔 있다. 하지만 그것은 여전히 매우 어렵고, 부동산 중개인이 "음, 최근에 같은 도로의 한 집이 40만 달러에 팔렸으니, 당신의 집도 비슷한 가격으로 팔려야 한다."라고 말할 수 있는 주택 시장과는 다르다. 하지만 적어도 시장에 대한 감각을 얻기 위해 최선을 다하라.

☀️ 적절한 자산 감사 및 평가 수행

대부분 자산에 대한 이상적인 경로는 제공되는 항목에 대한 적절하고, 되도록 독립적인 감사를 하는 것이다. 이것은 3가지 이유로 가치가 있다.

- 스폰서 조직 내부에 요구되고 있는 금액이 정당하다는 확신을 준다(*대부분 영업사업의 마음속에는 너무 많은 돈을 요구하고 경향이 있어서 그러한 두려움을 제거할 수 있다면 매출이 개선될 수 있다는 것을 기억하라*).
- 스폰서들과 대화할 때, 전문 협상가들은 보통 기준설정 또는 제3자 평가의 형태로 "한계점 정하기"를 하는 것이 협상을 수행하고 완화하는 효과적인 방법이라고 말한다. 당신의 잠재적 스폰서가 가치 평가에 대해 회의적이라고 해도, 그것은 제공되고 있는 것의 가치를 공동으로 탐구하기 위한 효과적인 출발점이다.
- 그것은 당신 관점에서 순전히 직관이나 추측에 근거하기보다는 분석적인 방법으로 제안되고 있는 이익에 대해 생각하는 의지를 보여준다.

그러나 정확히 어떻게 스폰서십 자산의 가치 평가에 도달할 수 있을까? 아래의 〈그림 7-1〉은 스폰서십 컨설팅의 자체 평가 모델 단계를 보여준다.

영향

가능한 모든 노출 소스를 참조한다. 예를 들면 갤러리의 전시에 대한 평가에는 다음이 포함된다:

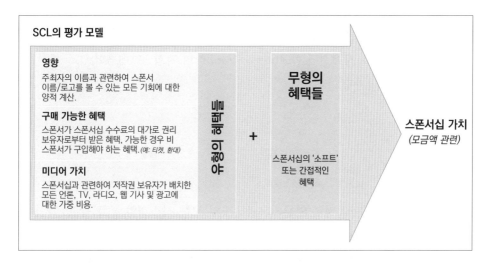

그림 7-1　스폰서십 컨설팅 평가 모델

- 표지판: 방향 표지판(A4 크기) 입장 현수막, 갤러리의 간판, 기념품 안내 책자, 포켓 플랜 책자(pocket plan leaflet)
- 인쇄: 중립적인 언어 안내서(새 안내서)
- VIP 만찬: 안내표지판, 탁상 평면도, 게시판, 스폰서 성명 게시판, 초청 응답 카드

구매할 수 있는 혜택

이런 것들은 누구나 원하는 사람이 살 수 있는 것이므로 정확한 시장가치를 가지고 있다. 갤러리의 경우 다음을 포함한다:

- "원가로" 행사 1회(*8,000달러까지*);
- 임시 박물관 전시를 위한 100장 무료입장권;
- 현장 밀착 관광(*behind the scenes tours*) 기회 4회;
- 박물관장과의 새벽 여행 기회 2회;
- 주말 가족의 날;
- 성인 학습을 통해 직원을 참여시킬 수 있는 기회 2회;
- 교육 프로그램으로 자매결연 학교(*partner school*) 참여 기회 1년에 3회;
- 기업 VIP를 위한 관광 안내

미디어 가치

갤러리의 경우, 전국 및 지역 언론의 사설, 도시 교통 시스템의 유료 광고, 지역 뉴스의 텔레비전 출연이 포함되었다.

상업계 대부분의 가치 평가는 해당 자산에서 발생하는 미래가치(*일반적으로 수익*)에 기초한다. 스폰서십에서, 이것은 일반적으로 아래 제시된 것처럼 유형 시장에 상응하는 이익과 무형의 이익을 혼합하여 이루어진다.

유형(*화폐적 가치*)

- 매체 노출:	등가 광고비
- 입장권/환대:	대체 구매 비용, 희소성 – 고급
- 데이터베이스 액세스:	구매 가격표
- 회의 시설:	회의실 임대료

- 브랜드 홍보대사:　　　　연예인 출연료
- 샘플링:　　　　　　　상가 임대료, 전시 키오스크(*kiosk*) 제작비

유형이란 당신이 나가서 구매할 수 있는 모든 것을 의미하기 때문에 개별 가격을 훨씬 쉽게 찾을 수 있다. 예를 들어, 미디어 노출은 TV 채널이나 잡지의 판매 데스크를 통해 매장에서 구매할 수 있다. 스폰서십 내부에서는 미디어 노출이 광고와 동등하게 간주하고, 스폰서의 가치를 높이 평가한다는 것에 대한 큰 논쟁이 있다. 대부분의 스폰서는 그것을 할인한다. 예를 들어, 맥도날드는 노출과 인지도가 높아 보편적인 브랜드의 일반적인 가치가 없으므로 이를 90%까지 할인한다고 한다.

단, 평가의 목적상, 그리고 할인될 수 있더라도 실제로 어떤 매체가 만들어지는지에 대한 실제적인 수치를 산출하는 것이 바람직하다. 입장권도 똑같은 것이 적용되지만, 모든 입장권은 액면가가 정해져 있어서 이것은 더 간단하다. 만약 당신이 어떤 종류의 데이터베이스를 제공할 수 있다면, 그것을 평가하는 능력은 생계를 위해 일하는 기업의 광고 요율표에서 얻을 수 있다. 행사장 임대료, 행사장 내부 간판, 회의, 행사 가격이 온라인으로 모두 제공하기 때문에 행사장을 평가하는 것은 쉽다. 또한 사회자, 직접 마케팅, 행사에서 샘플링 및 키오스크를 위한 요금 카드도 있다. 약간 어려운 것은 무형의 자산을 가치 있게 평가하려고 노력하는 것이다.

무형(*가치는 비 재정적*)

- 이전 가능한 브랜드 속성
- 부의 명성
- 납품 품질
- 위치의 편리성
- 신뢰할 수 있는 브랜드 홍보
- 범주 배타성
- 공유된 목표의 강점
- 네트워킹 기회
- 접근의 배타성

- 정돈되지 않은 환경
- 채용에 미치는 영향
- 정치/지역 사회/친선

무형적 가치의 본질은 기업이 자신의 브랜드 속성과 함께 그것의 브랜드 속성을 증대시키는 것이 얼마나 가치가 있는지다.

- 당신은 무엇을 제공하는가?
- 명성은 무엇인가?
- 당신이 제안하는 것의 특별한 점은?
- 스폰서는 어떤 종류의 경험을 하고, 이것이 고객에게 어떤 혜택을 줄 것인가?
- 이것의 차이점은 무엇인가?

유럽과 미국 스폰서들의 여론조사에서 나타나는 한 가지 무형의 혜택은 독점 스폰서들에 의한 감사이다. 예전처럼, 똑같은 것을 제안하는 것인가? 당신이 유일한 공급자이기 때문에 스폰서가 구매해야 하는 것인가?

비록 현재 혹은 이전 스폰서들이 스폰서에게 자신감을 줄 수 있지만, 공동 스폰서들의 가치는 이것이 사람들로 붐비는 시장에 있다는 혼란과 일반적인 느낌을 증가시킬 수 있다는 사실에 의해 균형을 이루어야 한다. 지금은 스폰서가 많지 않지만, 그들 각각과 훨씬 더 깊은 관계를 맺음으로써 상황을 깔끔하게 정리하려고 노력하는 추세이다.

또 다른 요소는 스폰서십이 매우 유연한 도구라는 것이다. 항상 매출을 늘리는 것만이 아니라 정치인, 투자자, 잠재적 직원, 대학, NGO 등 대상자에게 다가갈 수 있고, 이를 통해 얼마나 가치가 있는지에 대한 관점을 가질 수 있어야 한다.

가격설정

이런 종류의 숫자를 갖는 것은 가치가 있고, 이 둘을 결합함으로써 유무형의 비율을 살펴볼 수 있다.

- 제공되는 유형 혜택의 가치에 기초한 최소 현금 수수료
- 무형자산, 관련 혜택 등을 인정하기 위해 총액을 추가하라. 25%의 유형자산은 브랜

드에 좋은 출발점이 되고, 100%의 유형자산은 주최자에게 좋은 출발점이 된다. 이것이 바로 협상이다!

■ 합의된 서비스 수준을 초과하는 보너스 프로그램을 만든다.
  - TV 취재를 통한 브랜드 노출
  - 주최자 담당에 의한 스폰서 언급 수
  - 브랜드 인지도/브랜드 속성 목표
  - 수집된 새로운 데이터베이스 기록

가치 평가를 제시하는 한 가지 방법은 "이러한 실질적인 혜택이지만, 우리가 제안하는 것은 스폰서십이다. 여기에는 감정이나 이미지 전달과 같은 무형의 요소가 핵심적인 가치의 추진요인이 된다."라는 것이다. 그러나, 이러한 취약점들은 어려운 혜택이고 당신의 분석과 전문성의 엄격함을 보여줄 수 있기 때문에 우선 그것부터 시작하는 것이 좋다. 이것은 당신이 거쳐야 할 과정이 있어서 협상을 시작하는 좋은 방법이다. 우리는 일반적으로 스폰서들이 접하는 수치에 동의하지 않고 시작점이 내려가리라는 것을 알게 된다. 그러나 진정한 가치가 어디에 있는지 주관적인 의견만 교환하기보다는 적어도 우리는 뭔가 확고한 논의 할 것이 있다.

다음 단계는 무형자산에 대한 합의 도출을 위해 유형적 가치를 사용하는 것인데, 경험에 따르면 브랜드와 스폰서를 찾는 사람들은 이를 유형 자원의 25%에서 100% 사이로 추정한다. 그 기술은 두 관점 사이에서 만족스러운 해결책을 협상하는 것이다.

위험 및 보상 공유

협상에 있어서는 불황이 과장된 흐름에 대한 정책을 미리 계획하는 것이 이번 판매 준비 단계에서 유용할 수 있다. 압박받는 판매자들은 위험과 보상을 공유함으로써 거래가 성사될 수 있도록 해 왔다. 이것은 주로 노출과 같은 편익에서 가장 일반적으로 볼 수 있다. 이는 특히 스포츠팀에게 적용된다. 만약, 축구팀이 프리미어 리그(Premier League)로 승격될 경우, 이는 일반적으로 가치가 상당히 상승하리라는 것을 의미한다. 심지어 훨씬 더 작은 속성에 대해서도 "만약 우리가 초과 달성한다면, 우리가 양쪽에 가져다준 혜택에 대해 보상하기 위한 지급을 고려해보시겠습니까?"라고 말할 수 있다. 때로는 스폰서에 대한 구두 언급이 얼마나 자주 이루어지는지, 또는 인식 조사와 관련된 것인지, 좀 더 구체적인 지표에서 이전된 새로운 고객 기록의 수가 될 수 있다.

스폰서 계층 생성

스폰서들에게 제안할 수 있는 구조를 만드는 것 또한 스폰서십에서 또 다른 까다로운 부분이다. 국제적 대규모 행사부터 지역 사회 행사까지 모두가 이를 악물고, 현 단계에서의 잘 준비하면 나중에 여러 문제를 살릴 수 있다.

새로운 행사, 스폰서가 없거나 작은 스폰서들만 물려받은 상황에서 어떻게 하면 이들을 향상된 구조에 맞출 수 있을지 고민하는 것이 아닐까? 모든 경우에 주요 쟁점은 다음과 같다:

- 타이틀 스폰서, 공식 스폰서, 공식 공급자 등에 대한 핵심 권한이 무엇인지 정확히 준비해야 한다.
- 다른 스폰서들과 함께 "어수선(*cluttered*)" 할 것인가?
- 스폰서들을 위한 범주 배타성. 이것이 제공될 수 있는 것인가?

이 준비 단계에서는 스폰서들의 개별 계층에 대해 어떤 혜택이 있는지, 그리고 그들이 "어수선한" 상황에서 어떻게 두각을 나타낼 수 있는지를 정확히 생각하는 것이 바람직하다. 이 문제를 극복하는 한 가지 방법은 스폰서십에서 가장 큰 진부한 것 중 하나에 도전하는 것이다…

- 골드, 실버, 브론즈 패키지 사용 금지

🎓 스폰서들은 "귀금속 피로[5]"라고 부르는 이런 제안을 아주 많이 보며, 2010년 에미레이트(*Emirates*) 항공의 기업 커뮤니케이션 부문 수석 부사장인 부트로스 부트로스(*Boutros Boutros*)는 이를 매우 잘 설명했다. 귀금속 피로를 직접적으로 언급하지는 않지만, 그는 스폰서가 있는 이유를 전달할 필요가 있음을 증명했다.

---

5   precious metal fatigue: 약화되거나 끊기는 현상 또는 영향

"스폰서로서, 나는 그러한 제안에 만족하지 않는다. 왜냐하면 결국 나의 의도는 눈에 띄고 목소리를 내는 것인데, 50개의 다른 브랜드 및 기업 로고와 함께 내 로고를 본다는 것은 내 브랜드의 이름을 구별하는 전략에 도움이 되지 않습니다."

우리는 가끔 골드나 플래티넘 스폰서가 최고 수준이라는 것을 보여준다는 주장을 받아들이지만, 골드(Gold), 실버(Silver), 브론즈(Bronze)는 당신이 눈에 띄는 데 도움이 되지 않을 것이며 그것들을 사용한다면 당신의 삶이 더 힘들어질 것이다. 잠재적인 스폰서가 패키지를 볼 수 있을 정도로 지루해하거나 귀찮게 하는 것을 피하더라도, 현대 스폰서들은 정해진 패키지 수준에 대해서는 협상하지 않는다. 그들은 그들이 관심 있는 자산만을 선별해 갈 것이다. 설상가상으로, 그들은 가장 낮은 수준으로 들어가서 더 많은 돈을 내는 다른 스폰서보다 더 많은 가치와 명성을 얻기 위해 스폰서십 활성화에 그들이 저축한 돈을 쓸 것이다.

아직 "귀금속"을 사용하고 있는 모든 분들께 죄송하게 생각하지만, 논리적이고 명확한 실제 생활 구조를 찾을 수 있도록 도움을 드릴 것이다. 정답은 타이틀 스폰서, 공식 스폰서, 공식 공급업체 등과 같은 스폰서에 대한 정확한 정의를 가진 설명적 제목을 사용하는 것이다.

FIFA 월드컵에 좋은 예가 나온다

- FIFA 파트너(장기적으로 FIFA와 전 세계적으로 관련된 스폰서들)
- FIFA 월드컵 스폰서(한 번의 월드컵에 걸쳐 전 세계 FIFA와 관련된 스폰서들)
- 국가별 서포터즈(한 번의 월드컵에 걸쳐 FIFA와 관련된 스폰서들)

〈그림 7-2〉는 행사의 예를 보여주며, 모든 사람이 무엇을 가질 것인지를 정확하게 보여준다. 공식 스폰서인 티어 원(Tier One)을 보면, 이 제목을 통해 스폰서들에게 다음과 같이 전한다. "당신은 독점권을 갖게 될 것이고, 당신은 유일한 청량음료 스폰서가 될 것입니다." 또한 샘플링이나 노출과 같이 청량음료 스폰서가 원하는 혜택이 비즈니스 생성과 환대를 원하는 은행과는 다른 이점에 있다는 것을 인식한다. 그것은 모든 사람에게 똑같

은 것을 제공하는 것이 아니라 개별 산업 부문에 맞게 제공한다는 것이며 또한 모방할 가치가 있는 것은 핵심 스폰서들에게 하위 이벤트나 활동의 "소유권"을 부여한다는 것이다. 이를 통해 그들의 스폰서십을 활용하고 목표 고객에게 도달하기 위한 두 번째 것을 제공한다. 예를 들어, 그들은 그들만의 온라인 존재감을 가질 수도 있고, 아마도 행사의 라운지를 가질 수도 있고, 어린이들을 위한 놀이 공간을 제공할 수도 있다. 또 다른 예는 예를 들어 영화제 내에서 특별상을 스폰서하는 것이다.

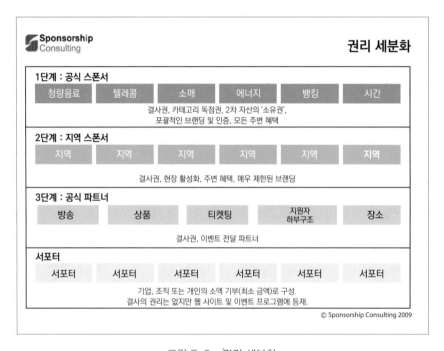

그림 7-2 권리 세분화

공식 스폰서와 지역 스폰서의 다양한 요구를 인식하면 스폰서십 패키지를 설계할 때 일반적으로 직면하는 문제를 피할 수 있다. 우리 중 많은 사람이 같은 혜택을 다시 시도하면서 잔여 가치의 낮은 수준을 희생하지 않고 현저하게 우수한 패키지로 최상위 계층을 유지하기 위해 필사적으로 노력했다. 실버와 브론즈 레벨이 거의 금의 탄소 복사라는 사실을 자주 발견하게 되는 것도 이 때문이며, 다양한 층 사이에 거의 차이가 없다.

어떤 사람들은 우리에게 이렇게 말한다. "그건 큰 행사로는 괜찮은데 우리의 것은 너무 작아서 우리에게 효과가 없을 거야." 하지만 이 접근법은 더 작은 속성으로 축소될 때 실제로 이익을 창출한다. 그뿐만 아니라, 작은 행사는 큰 행사보다 다음과 같은 이점이 있

다는 점을 기억해라:

- 더 적은 스폰서, 더 많은 연결, 더 긴밀한 관계, 더 많은 창의력.
- 스폰서 수가 줄면 그들을 돌보는 데 드는 시간과 돈이 줄어든다. 그 관계는 당신이 그들과 더 가까워지게 해줄 수 있게 할 것이고, 그 결과로는 양쪽에서 창의적인 아이디어가 나올 수 있는 범위와 더 나은 관계로 이어지게 될 것이다.
- 소규모 행사는 스폰서들에게 극도의 열정과 팬 열성 혜택을 줄 수 있다. IFM 스포츠 마케팅조사의 영국 스폰서십 브랜드 분석시스템(UK - based sponsorship brand tracker)인 스폰사트락(Sponsatrak)에 따르면 스포츠팬의 14%가 "나는 그렇지 않은 기업보다 스폰서십하는 기업으로부터 제품을 구매하는 경향이 있다"라는 제안에 동의했다. 마케팅의 성배는 누군가의 구매 성향을 변화시키는 것이기 때문에 작은 그룹이라도 14%의 사람들이 브랜드를 구매하거나 바꾸게 되면 현재의 사업 이익이 있다.
- 마지막으로 매우 고도로 구조화된 패키지를 만들고, 당신이 구축한 시스템을 방어하기 위해 노력하면서, 사물의 현실을 인식하고 매우 융통성이 있어야 한다고 믿는다. 중요한 것은 판매 준비와 당신이 가진 것을 정확히 아는 것, 즉 스폰서들이 원하는 것을 제공하는 것이다.

혜택을 현물로 처리할 준비를 해라

우리는 6장에서 현물 혜택(BIK)과 현물 마케팅(MIK)을 살펴보았고, 특히 예산이 훨씬 빠듯해진 지금은 많은 주최자가 현금 보상을 위해 현물 혜택을 혼합하여 사용한다. 매우 효과적일 수 있지만 판매 전에 다음과 같은 몇 가지 일반적인 경고가 있다:

- MIK 또는 특히 BIK가 이미 예산에 포함된 지출 라인을 완화할 수 있는 경우에만 허용해라.
- 실제로 불필요한 제품이나 서비스를 제공하는 스폰서에게 다가가 거절하고 싶지 않기 때문에 거절하지 않는 그런 행동은 하지 마라.
- 이는 스폰서 서비스 비용을 증가시키고 혼란을 가중하여 모든 사람의 분야를 평가절하할 것이다.

제목 및 제안(Title and presenting) 스폰서십

최고 스폰서라면 당연히 최고의 패키지가 있어야 한다고 앞서 말한 바 있다. 스폰서십 속성이나 행사의 제목을 제시할 수 있다면 그것이 큰 자산이자 유인이 될 수 있다는 데 의심의 여지가 없다. 타이틀 스폰서는 상당한 수익을 제공하고 여러 스폰서 서비스에 드는 비용을 절감하는 데 있어 상당한 이점을 가질 수 있지만, 꽤 심각한 문제를 제시할 수도 있다.

그러나 타이틀 스폰서들은 그 누구보다 분명하게 더 강력한 패키지를 가지고 있어야 해서, 타이틀 스폰서가 일부를 흡수하는 등 다른 스폰서의 주문을 낮추는 데 문제가 생길 수 있다.

 사례 탐구 마루티와 크리켓 월드컵 2007
(Maruti and Cricket World Cup 2007)

🎓 **주요 학습 요점**

- 크리켓은 인도에서 엄청나게 인기 있는 스포츠이며 일반적으로 스폰서가 엄청난 돈을 낸다. 많은 사람이 인도의 자동차 제조업체인 마루티가 크리켓 월드컵 웹사이트*(cricket-worldcup.com)*에 100만 달러 스폰서십 계약을 체결했을 때 놀랐다. 마루티는 크리켓을 소비하는 현대적인 첨단 기술 방식과 자동차의 현대성을 연결하고 싶었지만, 지급된 금액은 단 하나의 자산에 비해 만족스러울 정도로 컸을 것이다.
- 수수료에 대해 마루티는 그 사이트에서 "자산의 대부분"을 차지하게 되었고, 보고서에 따르면: http://www.indiantelevision.com/mam/headlines/y2k7/feb/febam88.htm 과 같다.
- 이 사이트의 대행사 판매 공간은 다른 잠재적 파트너가 사용할 수 있는 재고가 적어졌기 때문에 이전 제안스폰서 및 4개의 협력스폰서로부터 나머지 스폰서십 패키지 구조를 변경해야 했다.

그러나 타이틀 스폰서에 대한 가장 큰 거부감은 스폰서라는 이름의 뒤에 있는 자신만의 브랜드와 정체성을 잃는 것이다. 어떤 행사들은 타이틀 스폰서가 그 이름에 축적된 지분을 평가절하할 것으로 생각하게끔 만들 만큼 강력한 브랜드이다. 시간이 지남에 따라 덜 확립된 행사일지라도, 시장에 진출하기 전에 당신의 자산을 브랜드로 성장시키는 능력과 당신의 권리도 빼앗길 수 있다는 점을 고려해야 한다. 다른 사람들은 타이틀 스폰서가 다른 스폰서들의 야망을 약화하고 활동을 방해한다고 느낄 수도 있지만 말이다.

이것은 점점 더 많이 보이며, 아래에서 최근 한 대형 골프 행사가 타이틀 스폰서를 아주 포기하기로 했는지 보여준다.

 사례 탐구 전국 골프 선수권 대회*(A national golf championship)*

🎓 **주요 학습 요점**

• 이전 타이틀 스폰서 보유
• 다른 권위 있는 행사를 본 후 타이틀을 포기하지 않는 정책을 따르기로 했다.
• 다음 설명 스폰서 구조*(자랑스러운 파트너, 공식 스폰서 및 공식 공급업체)*를 입력한다.

스폰서십 제안

▪ 당신의 기획에서 고려해야 할 또 다른 사항은 스폰서십을 제시하는 것이며 이는 자신의 행사 이름에 지분을 유지하기 위한 훌륭한 전략이다.

이것은 유럽보다 미국에서 훨씬 더 많이 보여 지지만, 이것은 당신 자신의 행사 이름을 유지하기 위한 매우 우아한 해결책이라고 볼 수 있다. 릴리*(Lilly)*가 제시한 인디애나폴리스 테니스 챔피언십*(Indianapolis Tennis Championships)*이나 타타스틸*(Tata Steel)*이 제시하는 덱스트로 에너지 트라이애슬론 런던 대회*(Dextro Energy Triathlon London)*가 좋은 예이다. 첫 번째 예에서는 행사 이름이 먼저이고 스폰서의 이름이 뒤따른다. 두 번째는 타이틀과 제안 스폰서의 이름을 모두 타이틀 안에 넣는다.

일부 스폰서십 속성을 보면, 타이틀과 발표권을 모두 팔았을 때 그 이름을 최대한 많이 사용하려고 시도했다. 이는 아래 예시와 같이 스폰서와 주최자의 가치를 상실하는 다소 추악한 해결책으로 이어질 수 있다.

▪ 시마노*(Shimano)*가 주최하는 닛산 UCI 산악자전거 월드컵*(Nissan UCI Mountain Bike World Cup)*

- 브릿지스톤(*Bridgestone*), 포드사가 제공하는 챔프카 월드 시리즈(*Champ Car World Series Powered by Ford*)

🎓 주요 학습 요점

- 스폰서들이 당신을 보는 것과 같은 눈으로 자신을 봐야 한다.
- 부족한 준비성이 스폰서십 제안 실패의 가장 큰 이유이다.
- 스폰서십 자산 목록을 세심하게 작성한 다음, 세분화하여 스폰서 권한을 위에서 아래로 권리를 보호하는 것이 중요하다.
- 자산평가는 조직 내부에서 신뢰를 쌓고 스폰서들과 좋은 협상 도구를 형성한다.
- 권리를 정리하는 것이 절대적으로 필요하며, 권리에 대한 스폰서가 다르고 복잡한 준비의 스파게티를 피해서 나중에 하는 것이 아니라 준비 단계에서 할 수 있는 것이 장점이다.
- 스폰서의 산업을 진정으로 이해하기 위해 노력하는 것이 권리 구조를 훼손시키지 않고 개인화된 스폰서십을 이용할 수 있는 솔루션이다.
- 골드(*Gold*), 실버(*Silver*), 브론즈(*Bronze*)대신 공식 공급업체와 같은 기술적인 이름을 사용해야 한다.

요약

사전 판매 준비는 절대적으로 중요하다. 도끼를 깎는 데 6시간을 소비하는 것이 당신에게 빠른 혜택을 줄 것이다. 스폰서들과 대화할 때 그들이 말하는 주된 불평은 사람들이 단순히 그들의 제안을 하지 않았다는 것이었고 이는 그들이 스폰서에게 연락조차 하기 전에 적용된다.

다음 장에서는 판매과정으로 좋은 준비도 개별 스폰서에게 접근할 때 상당한 성과를 거둔다는 것을 보여준다.

08 판매과정

개요

이 장은 판매과정이 시작되기 직전에 기초를 다지는 7장을 기반으로 한다.

이제 스폰서를 사로잡는 예리한 방법에 대해 배울 때이다.

이 장에서는 다음의 내용을 설명한다:

- 오늘날 현대적인 스폰서십이 어디 있으며, 그것이 무엇을 의미하는지 알아본다.
- 연구의 주요한 분야인 시장을 살펴보고, 스폰서에 대해 알아볼 수 있다.
- 누구와 대화해야 하는지 알아내고 그들에 대해 더 많이 찾아서 성공적인 접근을 할 수 있도록 한다.
- 스폰서의 입장에서 자신을 바라보는 마음의 틀을 잡을 수 있다.
- 실제 판매 팁을 알아본다.

시장의 현실

- 레드 불(Red Bull)은 매주 300개 이상의 스포츠 플랫폼(sports platforms)을 통해 접근한다.
- HSBC는 매년 10,000건 이상의 스폰서십 요청받는다. 스폰서십 프로그램의 25%만이 미디어 노출 및 브랜드 인지도와 관련이 있다. 대부분의 75%는 실제 사업 수익을 입증해야 한다.
- 기업은 스폰서십이 아닌 해결책을 구매한다.
- 당신의 제안은 단순한 도구이다. 의사 결정자는 이를 사용하여 얻은 결과에만 관심

을 가진다.

- 이 모든 것을 해결하는 열쇠는 실제로 스폰서를 알고 적절한 조사와 숙제하는 것이다.

스폰서들의 몇 가지 의견:

"우리는 기회로 넘쳐난다. 사람들이 우리에게 와서
"우리가 원하는 만큼"이라고 말한다.
열 번 중 9번은 청각 장애인의 귀에 떨어질 것이다.
그들은 조사도 그것이 우리에게 어떻게 맞을지 생각할 시간도 들이지 않고
그들의 물건을 팔고 있다."

안혜셀-부쉬*(Anheuser-Busch)* 글로벌 미디어,
스포츠 및 엔터테인먼트 마케팅 부사장 토니 폰투(Tony Ponturo)의 허가받아 복제.

많은 스폰서를 구하는 사람들이 브랜드나 특정 사업에 대해 말하지 않는 것은 무례한 경우라고 여러 스폰서가 말하고 있다. 또 다른 사례는 스폰서가 느끼는 좌절감을 요약한 유니레버*(Unilever)*의 경우이다.

"일부 주최자는 자신의 스폰서십 속성에 대해 많이 알고 있지만
함께 일하고 싶은 브랜드에 대해 알기 위해 노력하지 않은 것 같아서
일하는 것이 정말 어렵다."

VP 브랜드 커뮤니케이션 유니레버(Brand Communication Unilever)
부사장 마이클 블록뱅크(Michael Brockbank)의 허가받아 복제.

✏️ 판매전략 : 기업이 아닌 부문을 생각하라

아마도 본능적인 것은 아니지만, 현시점에서 개별 기업을 잠재적 스폰서로 생각하는 것을 피하고 부문과 개별 산업을 먼저 생각하도록 노력하라. 〈그림 8-1〉은 2009년의 총보고 가치에서 주요 소비자를 보여주며, 그 과정을 설명하기 위한 유용한 출발점을 형성한다.

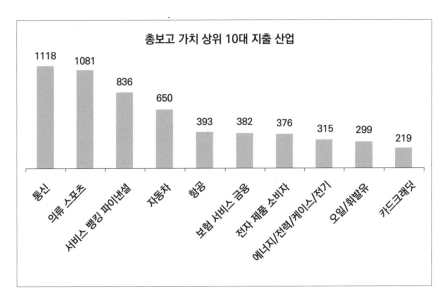

그림 8-1 최고의 스폰서십 산업

(Reproduced by permission of The World Sponsorship Monitor produced by IFM Sports Marketing Surveys)

예를 들어 자동차 제조업체와 같이 전통적으로 가장 큰 스폰서 중 하나를 선택하면, 그들이 경기 침체에 가장 타격을 받은 산업 중 하나임에도 불구하고, 그들은 여전히 그동안 많은 새로운 스폰서십를 교류했다는 것을 알 수 있다.

이러한 행사와 판매를 하는 다른 스폰서십 속성에서 판매원들은 자동차 제조업체들이 스폰서십에서 무엇을 찾는지 거의 확실히 알고 있었고, 그들의 제안서가 작동시키는 버튼이나 요구 사항을 최대한 많이 밀어붙였는지 확인했다.

자동차 제조업체의 마케팅 요구 사항
- 그들은 항상 상품 진열실에서 나와 소비자 및 고객을 만날 방법을 찾으려고 노력하

고 있다.

- 그들은 비싼 차를 사들인 사람이 그들에게 충성심을 유지할 수 있도록 해야 한다. 이를 위한 한 가지 방법은 예술 스포츠 행사에 대한 특권적인 접근을 제공하는 것이다.
- 브랜드 또는 개별 모델의 이미지를 구축해야 한다(*화려함, 세련됨, 견고함 등*).
- 구매자가 될 사람들에게 호소할 수 있는 흥미로운 것을 만들어야 한다.
- 행사장에서 시승식, 신모델 보기, 판매점 활성화로 이어질 수 있다.

산업 범주가 파악되고 적합하다고 확인되면, 개별 기업으로 목표 대상을 좁히면서 채울 수 있는 몇 가지 마케팅 요구 사항을 놓을 수 있다.

연구가 시장을 이기는 데 도움이 되는 방법

우리는 종종 스폰서에 대한 적절한 연구를 수행하는 방법에 대해 질문을 받는다. 〈표 8-1〉의 필수 정보 목록은 기본 정보이다. 인터넷의 활용으로도 대부분에 대해 알아낼 수 있다.

적절한 방식으로 문제를 해결하려면 마케팅에서 기업이 필요로 하는 것이 무엇인지 알아내는 것이 필요하다.

표 8-1 필요한 정보 항목

판매 / 제품 마케팅 안내 기업 보고서	이제 기업이 무엇을 하는지, 어디에서 판매하는지, 어디에 기반을 두고 있는지 찾는 것은 매우 쉽다.
	온라인에서 많은 것을 찾을 수 있기 때문에 거의 사용되지 않지만, 여전히 유용하며 일반적으로 무료 복사본을 내려받거나 요청할 수 있다.
구글 알리미	이것은 당신이 관심 있는 기업의 뉴스를 분석하는 이상적인 방법이다. 아침에 모든 뉴스가 바탕화면으로 바로 전달되도록 설정할 수 있다.
트위터와 페이스북	소셜 미디어는 심지어 몇 년 전보다 훨씬 더 쉽게 정보를 수집할 수 있게 해주는 스폰서들에게 또 다른 큰 보너스이다.

해당 분야의 전문가가 되어야 한다. 각 부문에 대한 전문 마케팅 또는 업계 언론이 많이 있다. 스폰서십 뉴스 *(Sponsorship News)* 또는 국제 스폰서십 모니터*(The World Sponsorship Monitor)*와 같은 스폰서십 언론은 기업들이 스폰서십하는 흐름과 배경에 대한 정보를 제공한다.

예를 들어, 15년 전 통신 부문의 경우처럼 미성숙한 시장에서 첫 번째 단계에는 새로운 기업을 인식할 필요가 있다. 몇 년 전만 해도 온라인 도박도 마찬가지였는데, 완전히 새로운 브랜드는 사람들이 베팅*(bets)*에 자신감을 느끼도록 장려하기 위해 노출이 필요했기 때문이다.

이러한 요구를 충족시키기 위해 언론 보도 및 노출에 관해 이야기할 것이다. 컴퓨터 서버와 같은 소규모 B2B 관계를 기반으로 하는 제품을 판매하는 기업의 경우 아마도 환대에 초점을 맞추는 것을 고려해야 한다.

? 누구와 말해야 하는가?

이 시점에서 중요한 질문은 우리가 자주 묻는 질문은 '누구와 대화 할 것인가?'이다. 실제로 전화를 걸고 연락처 이름에 대한 문의를 시작하기 전에 인터넷은 기업의 연락처를 나열하여 이를 쉽게 했다*(대부분 경우는 아니지만)*. 그러나 스폰서십 관리자는 좀처럼 이름을 올리지 않겠지만 브랜드 관리자는 좋은 출발점이 된다. 또 다른 팁은 언론 부서에서 누군가의 이름과 번호를 찾는 것이다. 때때로 이것은 온라인에 게시된 보도 자료의 하단에 나타낸다. 미디어 관계 사람들은 종종 다른 부서의 사람들보다 다소 친근하고 더 소통적이며 올바른 방향으로 안내한다. 일단 명성을 갖게 되면, 당신은 페이스북*(Facebook)* 및 링크드인*(LinkedIn)*과 같은 사이트를 방문하여 대화해야 하는 사람의 좋은 프로필을 얻을 수 있다. 이를 통해 실제로 귀하의 스폰서십 속성을 스폰서 진행 여부를 결정할 의사 결정자를 분석할 수 있다.

의사 결정자 분석

온라인 정보 외에 의사 결정자에 대해 더 많이 아는 방법은 무엇인가?

- 개인 연락처 / 상호 친구
- 업계 모임 / 회의
- 그들의 다른 공급업체
- 동료와 대화하고 이름을 언급하여라.

일반 모임에서 얼마나 많은 사람이 기업 내부에 연락처를 가지고 있는 것인지 가능한 방법을 시도해야 한다. 공급업체는 때때로 진입점을 찾는 한 가지 방법이지만 갑자기 연락하기는 어려울 수 있다.

전화 접촉할 때 우리는 낙담한 스폰서십 담당자들에게 적절한 사람에게 전화를 걸기 전에 때때로 6~7번의 전화가 걸릴 수 있다는 것을 상기시킴으로써 그들을 격려하려고 노력한다. 실망스러울 수 있지만 전화를 거는 동안 중요한 정보를 찾을 수 있다. 이 단계에서 누가 어떤 관계인지 누가 알고 있는지 네트워크를 시각화하거나 도표로 표현할 수도 있다. 기업의 다른 사람과 이미 대화를 나눈 경우, 수첩에 해당 이름을 준비하여 신뢰도를 높인다. 이 모든 준비가 축적되어 진정으로 대화할 준비가 될 수 있다.

괜찮을지 모르지만, 이 단계에서 사람들은 자주 전화 연락을 하는 것에 대해 긴장하고 "시작을 위해 우리는 어떻게 해야 합니까?"라고 질문한다. 기업에 전화를 거는 것을 좋아하는 사람은 거의 없으며, 이 일을 훨씬 더 잘 할 수 있는 것은 올바른 연락처로 가득 찬 주소록을 가진 사람일 수 있다. 그러나 일부 전문 기관이 있지만, 항상 그런 것은 아니다.

📍 전화 권유(영업)

IEG의 미국 연구에 따르면, 대부분의 스폰서십이 실제로 전화 권유에서 비롯되었다는 사실이 놀랍고 상당히 고무적이다〈그림 8-2〉.

참고로, 각각 약 4억 달러와 7억 5천만 달러의 역사상 가장 큰 두 스폰서십 중 일부(바클레이스Barclays와 뉴저지 네츠 아레나New Jersey Nets' arena와 넥스텔Nextel 및 나스카NASCAR의 경우)

는 전화 영업으로 시작되었다고 한다. 매우 성공적이기 때문에 전화 영업을 시작하는 것을 두려워하면 안 되고, 사람들이 전화 영업에 대한 두려움을 생각할 때 원치 않는 이메일을 사용하는 사람보다 더 눈에 띄게 될 것이다. 광고 또는 전문 스폰서십 대행사와 같은 기존 관계를 사용할 수 있다는 것이 장점이지만 스폰서십을 얻기 위한 긴 여정을 시작하는 데에는 지름길이 없다.

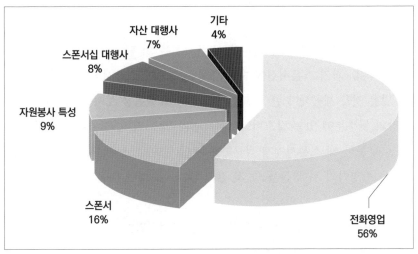

그림 8-2 전화 권유(영업)의 중요성
(Reproduced with permission of IEG)

이 초기 단계의 판매과정에서의 많은 것은 당신의 인식과 기업의 문화를 이해하려는 노력에 관한 것이다. 적극적인 투구보다는 경청해야 한다. 기업이 좋은 방식으로 사업을 하는 것을 사람들이 말하든 말하지 않던, 느낄 수 있도록 노력해야 한다. 이렇게 하면 다음을 수행하는데 좋은 점이 있다.

- 제안서 형식의 틀을 준수한다.
- 제공할 가장 관련성이 높은 스폰서십 속성을 선택한다.
- 목표 대상에 대한 실제 가치를 이해한다.
- 누구와 대화해야 하는지 확인한다.
- 의사 결정자와 실제로 대화하고 의사소통하는데 더 효과적이다.
- 가장 설득력 있는 메시지를 개발한다.

이 대화를 진행하면서 다음에 대해 질문하는 것이 효과적이다.

- 과거 스폰서십 경험? (그러나 먼저 자료 조사가 되었는지 확인해야 한다!)
- 주요 문제: 그들의 역할과 스폰서십 속성 선택에 관한 것인가?
- 그들은 어떻게 결정을 내릴까?
- 그들의 동기: 합리적 / 정서적 / 정치적인지?
- 당신의 특성이나 활동에 대한 그들의 현재 견해는?

핵심은 너무 "판매"하지 않는 것이다. 스폰서십은 이 단계에서 판매되지 않는다(매우 운이 좋지 않은 경우). 과거 스폰서십에 대한 대화는 그들이 스폰서십에 대해 어떻게 느끼는지에 대해 많은 것을 제공해야 한다. 또한 연구를 완료했음을 보여 줄 수 있는 기회이기도 하다. 이 장의 뒷부분에 있는 칼스버그(Carlsberg)의 몇 가지 팁은 스폰서가 무엇을 스폰서십하는지 알지 못한 채 스폰서에게 접근하는 것이 얼마나 낭비인지 보여 준다. 그들이 이미 하는 것을 반영하기 위해 돈을 쓸 것 같지 않다. 그 밖에 다음과 같은 분야를 다룰 수 있다:

- 그들에게 스폰서십에서 가장 중요한 부분은 무엇인가?
- 무엇이 그들을 움직이게 하는가?
- 왜 그들은 이러한 스폰서십에 참여하기로 했는가?
- 그들이 결정을 내리는 데 시간이 얼마나 걸리며 어떻게 결정하는가?
- 의사결정권자의 일시적인 생각인가, 아니면 스폰서십을 할 때 형식적인 전략을 개발해야 하는가?

이전 장에서는 이미지를 이해하고 다른 사람들이 조직을 어떻게 보는지를 알아보았다. 아마도 문제의 기업은 당신이 자신을 보는 방식과 완전히 어긋나는 제안되는 견해나 인식하고 있는가?

또한 이 책에서 고려되는 것은 오늘날 스폰서십에서 기업이 다른 부서에 기부금을 모으는 경향이 있다. 대화를 나눈 사람은 결국 다른 부서의 동료들과 상의해야 할 것이며, 그 상담이 가장 잘 이루어지는 방법과 그들의 동료들에게 판매하는 데 도움이 되는데 필요한 주장을 해야 한다.

2006년 설문 조사에서는 스폰서십 계획 및 실행에 관련된 기업의 다양한 부서를 정의하려고 했다〈그림 8-3 참조〉. 절반 이상은 예상대로 홍보와 광고였지만, 직접 판매 및 홍보 부서에서 일하는 사람들도 참여했다. 당신의 접근 방식은 다양한 목표와 동기를 가진 모든 사람에게 어느 정도 호소해야 할 것이다.

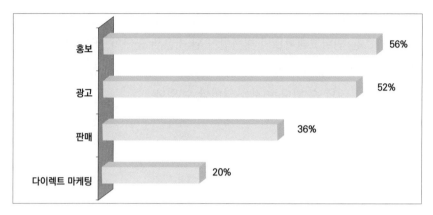

그림 8-3　스폰서십은 마케팅 믹스(*marketing mix*)에 통합되어 있다.
2006년 레드 만다린(*Redmandarin*) 유럽 스폰서 조사
(*Reproduced by permission of Redmandarin*)

주제별 : 소비자 특성에 따른 행사 실행(use trigger events)

오늘날 세상에서는 상황이 매우 빠르게 일어나고 실제로 어떤 일이 일어나고 있는 것을 보고 유용한 아이디어나 정보를 잠재적인 스폰서에게 전달할 수 있는 마음을 갖는 것이 문제이다. 오려낸 기사(*clipping*)일 수도 있고 정보나 통찰력일 수도 있고 신제품 출시일 수도 있다. 기업이 겪고 있는 어려움, 일반적인 업계 소식이거나 눈에 띄는 신규 채용일 수 있다. 그것이 무엇이든, 이 "트리거(*trigger*)" 행사를 사용하여 관련성과 도움이 되도록 하라. 지금은 당신이 그들을 따르고 있다는 것을 보여주기 위해 기업과의 연결 또는 "고리"를 찾으려고 노력할 때이며, 실제로 기업 내부의 누군가가 그들의 업무를 보다 효과적으로 수행하도록 도울 수 있을 것이다.

스폰서십은 새로운 환경에 적응하고 창의적인 매니저가 거래를 성사할 수 있도록 하는 데 탁월하다. 스폰서십이 포함되어야 하는 좋은 예로는 41세에 베이징 올림픽에서 은메달을 딴 수영선수 다라 토레스(Dara Torres)가 있다. BP는 오래된 엔진의 수명을 유지하기 위해 고안된 "인비고레이트(Invigorate)"라는 제품을 가지고 있지만, 불황 때문에 소비자들은 예전처럼 차를 거래하지 않고 있으며, 몇 년 더 오래된 차를 계속 운행하려고 애쓰고 있다. 토레스는 인비고레이트의 대변인이 된 것은 누군가가 아주 영리하게도 완벽한 적합성을 알아차렸기 때문이다. 엔진에 어떤 것을 넣느냐에 따라 장기간에 걸쳐 매우 높은 수준의 성능을 유지할 수 있다는 것을 의미할 수 있다.

? 왜, 제안서를 쓰는가?

이 과정의 어느 시점에서는, 당신이 적합한 사람을 찾은 후에, 두려운 질문이 나올 것이다:

"서면으로 작업할 수 있나요?"

이 질문은 두려움과 불안으로 이어질 수 있고, 때로는 우리와 같은 스폰서십 컨설턴트에게 전화를 걸기도 하는데, 실제로 서면 제안서을 작성해야 한다는 생각은 어떤 사람들에게는 상당히 벅차기 때문이다. 사실 그것은 당신이 다음 사항을 고려하도록 강요하기 때문에 나쁜 것은 아니다:

- 모든 스폰서십 속성을 체계적으로 구성하고 나열해야 하는 필요성
- 고객이 제공할 수 있는 모든 것의 실제의 가치를 알아야 하는 필요성
- 각 기업이나 제품 영역에 가장 관련성이 높은 스폰서십 속성을 선택하여 이를 편익으로 전환해야 하는 필요성

자료를 정리하는 과정을 거치는 것이 중요한 이유는 그렇게 함으로써 당신의 스폰서십 속성을 평가하고, 그것들을 나중에 스폰서에게 의미가 있을 수 있는 계층으로 정리해야 하기 때문이다. 또한 단순히 특징 목록을 작성하는 것이 아니라, 이러한 속성이 무엇이

며, 이를 어떻게 이점으로 변환할 것인지에 대해서도 고려해야 한다는 것을 의미한다. 각 요점을 서면으로 작성하면 스스로 다음과 같이 물어야 한다. "그래서 무엇을? 그것은 잠재적 스폰서에게 무슨 의미인가?"

- 칼스버그, 유니레버와 버드와이저와 같은 스폰서들이 말하는 것을 지원하기 위해, 2009년 말 스폰서리움(*Sponsorium*)이 실시한 일부 연구에서 평균적인 스폰서십 제안이 브랜드 요구의 44.8%만이 충족한다는 것을 발견했다.

(Reproduced by permission of Sponsorium)

우리는 실제로 사람들이 읽어야 하는 자료의 질과 여러분이 말하고 있는 사람들과 항상 관련이 있다는 것을 확인함으로써 경쟁에서 앞서 나가는 것이 얼마나 쉬운지를 보여주는 그것보다 더 나쁜 것일 수도 있다고 의심한다.

❓ 무엇을 써야 하는가?

- 제안서 요약: 주요 사실과 스폰서십 혜택을 나열하는 최대 2쪽이다.
- 전체 제안서: 기업 소개 및 지원 정보 포함한다. 의사 결정 및 스폰서가 내부적으로 방어하기 위한 세부 정보

제안서 요약

첫 번째로 취해야 할 조치는 요약 문서를 준비하는 것이다. 요약 문서는 가능한 한 한 페이지일 것이다. 당신의 서면 제안서와 함께 이것을 계속하라. 이 단계에서 사람들은 종종 DVD를 만들어야 하는지 아니면 "좀 다른 것"을 보내야 하는지 묻는다. 그런 종류의 책자와 광택이 나는 안내서가 있으면 좋겠지만 그들 대부분은 여전히 스폰서들의 책상에 앉게 있다. 그것은 당신에게 지름길을 줄 제공하려는 것이 아니다. 그건 네 생각일 뿐이다.

스폰서들은 "비슷비슷한 제안서(cookie cutter proposals)"라고 불리는 것을 너무 자주 보게 되고, 그들은 이와 같은 것을 보게 된다.

특성:	기록, 빈도, 타임라인 핵심 가치 및 속성
대상:	크기, 인구 통계, TV 시청률, 구매 행동 참여 수준
개인:	배경, 자격, 경험, 성공
기타 스폰서:	권리, 지정
위생상의 요인:	매복 보호, 보안, 보험, 위험 관리, 날씨 등
제안:	지정 및 로고 사용 보드, 인터넷, 입장권, 포스터, 장소의 노출 기회접대, 개인 체면, 데이터베이스 접근, 샘플링 등

이것에는 아무런 문제가 없는데, 사실 그것은 훌륭한 예다. 그것은 정확히 어떤 행사인지, 얼마나 오랫동안 수립됐으며, 얼마나 자주 개최되는지를 정확하게 기술하고 있다. 때때로 이 제안들은 이미지와 가치에 대해 말하지만, 때로는 그렇지 않다. 그들은 거의 항상 미디어에 대해, 때로는 상세하게, 그리고 종종 다소 모호하거나 희망차게 이야기한다. 좋은 예는 당신이 누구이고 스폰서가 어떻게 서비스될 것인지, 과거에 당신이 무엇을 했는지, 스폰서를 취급한 경험을 보여준다. 날씨가 나쁠 경우 어떤 일이 일어날지 등 더 자세한 비상계획은 당신의 전문성에 대한 더 큰 신뢰를 줄 것이다. 거의 모든 경우에 제안서는 로고 노출, 환대, 입장권 및 기타 혜택에 대해 말할 것이다.

이 모든 것이 절대적으로 괜찮을지 모르지만, 문제는 그것이 스폰서를 무시한다는 것이다. 질레트나 레드불(Gillette or Red Bull)과 같은 대형 소비자 기업들과 그들이 처리해야 할 수천 건의 제안을 생각할 때, 우리는 처음부터 완전히 개인화된 것이 필요하며, 이것은 당신의 소개서나 이메일이 포함된다. 100개의 표준 이메일을 보내는 것은 절대적으로 역효과를 낳는다. 스폰서가 매일 직면해야 하는 상황을 설명하기 위해 우리는 정말 나쁜 첫 번째 접근법의 몇 가지 예를 수집했다.

> *윌리엄에게,*
>
> *"귀사가 5월부터 영국 전역에서 개최할 음악 행사를 후원할 의향이 있는지 확인하기 위해 누군가와 이야기를 나누고 싶습니다. 이 특별공연의 내용과 귀사에 어떤 이점이 있는지 설명하는 PDF 파일을 첨부합니다. 자세한 내용이 필요하거나 질문이나 문의 사항이 있으시면 언제든지 연락하십시오.…"*

그림 8-4 좋지 않은 이메일 예(I)

〈그림 8-4〉를 보면 첫 번째 경고 신호는 이것이 우리에게 보내졌지만 우리는 스폰서가 아니라 스폰서십 컨설팅 업체이다. 그런데도 그 사람은 우리에게 보낼 것으로 생각했다. 사용한 서체가 완전히 달라서, 대량 우편으로 제작되었다는 것을 알 수 있다. "당신의 기업이 음악 행사를 스폰서십하는 데 관심이 있는지, 알아보기 위해 누군가와 대화를 나누고 싶다?" 이것은 우리가 동의하는 극단적인 예지만, 개인화도, 연구도 전혀 없다. 또한, 스폰서들은 결코 "스폰서십하는 것에 관심이 없다." 그들은 스폰서십을 사는 것이 아니라 기업들이 해결책을 사는 것이라는 것을 기억하라.

> *친애하는 님/부인*
>
> *제안된 행사에 대한 스폰서십을 얻기 위한 <u>귀하의 고려와 지원을 위해 다음 첨부 파일을 찾아보세요.</u> 나중에 도움이 필요하면 주저 말고 01234 56789로 나에게 부탁해*
>
> *잘 봐주세요.*

그림 8-5 좋지 않은 이메일 예(II)

두 번째 예〈그림 8-5〉는 그것이 어떻게 나타났는지를 정확하게 보여준다. '부인'에 대문자조차 없는 '경애하는 님/부인'은 이런 일에 관한 생각이 얼마나 적게 들어갔는지를 보여준다. 그것은 정확히 무엇을 제공하는지 설명조차 하지 않고, 단지 잠재 고객이 열어 볼 수 있는 파일을 첨부했다. 그리고 마지막 줄에는 "제발 연락하는 것을 주저하지 말아 달라"는 철자 오류도 있었다. 정말 극단적이지만 요점은 이런 이메일이 너무 많아서 스폰서들을 짜증이 나게 한다는 것이다.

🪄 그러나 좀 더 긍정적으로 보기 위해, 이메일에서 가장 많이 사용되는 한 페이지로 되어 있어야 하는 기본 요약을 설정하기 위한 몇 가지 내용을 살펴보도록 한다.

▪ 완전히 개인화된 접근 방식

개인화는 그 특정 기업과 관련된 아이디어에서 시작된다. "3년마다 차를 바꾸는 자동차를 소유한 대졸자에게 다가가는 방법이 있다." 그런 것들이 영향을 주고, "음악 축제를 스폰서십하는 데 관심이 있습니까?" 라기보다는 가치 있는 것을 가지고 있다는 것을 보여주는 것이다.

▪ 해당 기업, 브랜드, 서비스 또는 상품과 관련된 창의적인 아이디어로 주도

제안에서 가장 어렵고 중요한 부분은 한두 가지 창의적인 아이디어를 포함하는 것으로, 잠재적 스폰서와 그들의 사업에 대해 생각해 보았다는 것을 보여주는 것이며, 상당한 관심을 더하고 돋보일 것이다. 코카콜라의 한 마케팅 담당자는 우리에게 "내 하루에 색깔을 더하는 무언가를 찾고 있다"라고 말한 적이 있다. 누군가 아이디어를 생각해내기 위해 노력했다면, 비록 그 아이디어가 실제로 효과가 없을지라도, 그것은 여전히 당신이 스폰서와 함께 일할 수 있는 종류의 사람이라는 것을 보여준다.

▪ 관련 대상자 정보 및 프로필
▪ 정확히 무엇이 제공되고 있는가?

스폰서 대상 그룹과 스폰서십 대상 고객에 대해 이야기를 나누면서, 제공되고 있는 내용에 대한 정확하고 간결한 설명이 즉시 뒤따라야 한다.

"누구나 도달하는 것을 증명할 수 있지만, 우리 목표 대상들은 이것에 대해 열정적이다."

이 점은 IBM 월드와이드 스포츠 마케팅(Worldwide Sports Marketing)의 이사인 릭 싱어(Rick Singer)가 뒷받침했다(Reproduced with permission of Rick Singer IBM).

▪ 행동 요청

행동 요청은 위의 두 메일에 쓰인 "제발 부탁한다."라는 끔찍한 문구 대신 "다음 주 목요일에 연락하겠다."라는 다음에 일어날 일에 대한 명확한 경로로 편지나 이메일을 끝내는 것을 의미한다. 만약 내가 관심 있는 스폰서였다면, 또는 더 많은 것을 알고 싶으면, 주저하지 않았을 것이다.

전체 제안: 기본 구조 및 점검표

이 문서는 관심을 끌어낸 후에만 사용되며, 초기 단계에서는 사용되지 않는다. 대부분 사람이 동의하는 제목이 기본 구조를 형성해야 하며, 이 장은 전체 제안을 위한 점검표 (checklist)로 사용되어야 한다.

- 개요 및 행사 세부 사항
- 목표 시장에 도달할 기회
- 미디어 지원 및 행사 홍보
- 스폰서십이 스폰서의 목표에 어떻게 부합하는지를 보여주는 창의적인 아이디어
- 핵심 권한
- 혜택들
- 투자

전체 제안: 개요 및 행사 세부 정보

- 장소, 조직 또는 행사의 설정에 대한 주요 세부 정보, 팀, 개인, 이력, 배경, 행사 빈도, 참석, 일정 등에 관한 세부 사항
- 자격 증명, 이전 경험/행사, 이전 스폰서 취급
- 속성, 핵심 값 및 속성의 이미지를 명확하게 표현한다.

개요와 행사 세부 정보는 제안서 요약에서 사용된 내용과 매우 유사하지만, 지금이 제안서의 핵심에 대한 설명을 확장하는 순간이다.

전체 제안: 목표 시장에 도달할 기회 정보

- 스폰서에게 정확히 어떤 사람을 데려오는가?
- 숙박업소의 전반적인 인기도, TV 시청, 참여도, 참석률
- 팬의 인구통계학적 세부 프로필, 그들은 누구인가, 무엇을 사고, 무엇을 하는가?

우리는 스폰서들이 〈그림 8-6〉에 강조한 바와 같이 인구 통계에 대한 정보를 보는 것을 정말 좋아한다는 것을 알 수 있었다. IEG가 미국에 있는 스폰서들에게 "스폰서십 결정할 때 일반적으로 분석하는 특징 중 어떤 것이 있는가?"라고 물었을 때, 대답은 매우 명확했다.

🖊 스폰서들이 스폰서 결정을 내릴 때 알고 싶은 핵심 정보를 묻는다면 대상자의 남성, 여성, 나이 등에 대한 단순한 정보 이상의 정보를 원할 것이다. 그들은 그들이 어떤 종류의 사람들인지와 어떤 행동을 하는지 알고 싶어 한다. 내 활동의 팬들에게 거의 개인 적인 소개를 하도록 노력해야 한다. 예를 들면 다음과 같다.

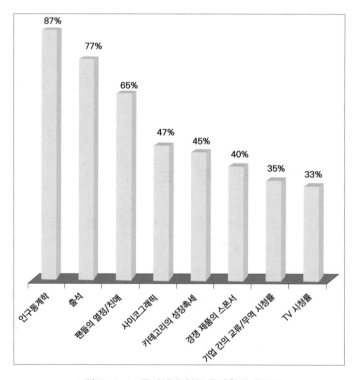

그림 8-6   스폰서에게 인구 통계학의 중요성

- 휴일에 해외에 가는가?
- 개인용 컴퓨터를 구매하는가?
- 한 달에 한 번 이상 온라인 도박하는가?
- 스폰서의 제품이나 서비스를 구매하려는 성향은 무엇인가?

비록 종종 간과되지만, 이것은 매우 강력한 정보로서 자세한 제안서에 포함되어야 한다. 설문 조사 및 스폰서십 측정에 대한 자세한 내용은 3장을 참조한다.

전체 제안: 미디어

- 정확하고 실현할 수 있는 미디어 계획
- 스폰서의 노출 기회에 대한 설명
- TV, 언론, 인터넷, 전광판, 입장권, 포스터, 행사장.

대부분의 스폰서십은 어떤 식으로든 노출과 미디어를 팔지만, 그것은 여전히 사업상 매우 어려운 문제인데, 만약 그것이 잘 되고 제대로 설명되려면 정확해야 한다. 우리는 "활용할 수 있는 방송국이 있다"라고 말하는 많은 제안을 받는다. 스폰서들은 그것이 계약되기 전까지는 언론의 보도는 결코 확신할 수 없다는 것을 이해하지만, 최소한 방송국의 이름을 붙이는 것과 보도 범위와 목표 대상자의 범위를 명시하는 것이 더 전문적으로 보인다.

전체 제안: 핵심 권한

- 다른 스폰서들은 누구인가?
일반적으로 다른 스폰서들의 참석은 고무적인 신호다. 그들은 또한 당신의 잠재적인 스폰서가 그들 자신의 존재에 명성을 더할 것으로 생각하는 스폰서일 수도 있고, 아니면 그들은 그들에게 기업 대 기업 이익을 가져다주는 공동 스폰서에게 가까이 가는 아이디어를 좋아할 수도 있다.

- 다른 스폰서와 복잡하게 얽혀 있는가?
- 행사 또는 범주의 독점성?

당연히 이미 다른 스폰서들이 많이 있다면, 아마도 그들은 군중과 소음 속에서 혹은 "혼란 한 상태(*clutter*)"로 길을 잃을 수도 있다. 그 점에 대해 그들을 안심시키는 한 가지 방법은 당신이 독점권을 제공함으로써 그들 자신의 업계 범주에서 경쟁하는 스폰서들로부터 그들을 보호할 수 있다는 것을 분명히 말하는 것이다.

- 그들의 권리, 공식 스폰서, 공식 공급자, 옥외 광고물, 입장권은 무엇인가?

7장에서는 골드(*Gold*), 실버(*Silver*), 브론즈(*Bronze*)을 대신하여 파트너 또는 공식 스폰서와 같은 설명적 명칭을 사용함으로써 다양한 스폰서 차원의 권리 첨부 문서를 보다 명확하게 정의할 수 있음을 설명하였다. 이것은 스폰서들이 골드, 실버, 브론즈 하에서 거의 차별화되지 않은 일련의 권리를 비교하는 것보다 읽기 쉽고 동의하기 쉽다.

전체 제안: 혜택에 대한 예시

- 환대, 만남과 인사의 기회, VIP 입장권에 대한 설명
- 인재, 팀, 장소 또는 자산에 대한 접근 및 사용

만약 환대, VIP 상품, 인재나 기타 자산에 대한 접근에 관한 이야기는 적절하고 상세하게 이루어져야 한다. 스포츠, 예술, 자선단체, 공공 기관에 종사하는 사람 대부분이 함께하고 싶어 하는 흥미로운 활동에 참여한다는 단순한 사실을 활용하여, 이것은 제안할 때 항상 매력적인 부분이어야 한다.

제6장에서는 스폰서십 속성을 구성하는 단계에서 다음과 같은 사항에 대해 논의했으며, 전체 제안서에 추가하기 위해 아래와 같이 다시 표시하였다.

- 스폰서의 특별한 관심에 맞춘 PR 활동
- 모든 언론 활동 및 미디어 활동 포함

- 미디어에 대한 샘플링
- 제안 광고
- 입장권과 행사 홍보 책자
- 상표 사용
- 스폰서 기능을 위한 사회자 활용력
- 메일 목록 이용할 권리
- 데이터베이스 드로잉 프로모션(*Database drawing promotion*) 실행 기회
- 기업 간의 이익
- 직원 참여/ 멘토링(*mentoring*)
- 상품 배치
- 판매권
- 스폰서 인터넷 사이트 또는 미디어에 대한 콘텐츠 제공
- 현장 샘플링(*sampling*)
- 스폰서 행사, 고객 관계, 제품 출시 등을 위한 자산/장소 사용 등
- 보안, 보험, 위기관리, 날씨 등

전체 제안: 판매 후에 가치 제공 및 좋은 서비스를 제공하는가?

스폰서는 자신 있게 그들을 돌봐줄 당신의 능력을 충분히 고려하지 않고 있다.

- 실제로 스폰서십을 운영할 사람은 누구인가?
- 어떤 자격과 경험이 있는가?

스폰서 경험을 가진 기업이나 개인은 얼마나 많은 시간과 자원을 소비한다는 것을 알고 있다. 또, 내부적으로 매우 압박을 많이 받고 때로는 과중한 부서에 미칠 영향을 걱정할 것이다. 그들은 스스로 묻는다: 추가적인 부담과 비용이 무엇을 의미하는지?

만약 당신이 그 부담의 일부를 그들에게 맡기는 것보다 스폰서와 협력할 수단이 있다는 것을 보여주려 노력한다면 당신은 더 성공할 것이다.

이것은 스폰서십이 유지되지 않으면, 중단될 경우가 발생하여 연장되지 않으므로 향후 도움이 된다.

❓ 모든 제안서 작성자가 해야 할 5가지 질문

제안을 위해 결정된 항목이 무엇이든 한발 물러서서 기본으로 돌아가 무엇이 흥미롭고 성공적인 제안이 되는지 상기시키는 것이 중요하다. 이를 위한 좋은 방법은 다음의 5가지 질문을 하는 것이다.

- 시선을 끌었는가?
- 기능이 아닌 장점을 강조 - 고객에게 사업 해결책(*business solution*)을 제공해야 하는가?
- 창의적이고 능동적인가?
- 정확하고 구체적인가?
- 관련성이 있는가?

이것이 정말 주목을 끌만 한 것인가? 레드불이나 코카콜라 칼스버그에 대한 수천 가지의 접근방법 중 어떤 것을 선택할 수 있는가? 나는 스스로에 대해 말하는 것인가 아니면 스폰서에 대해 말하는 것인가? 내가 흥미롭고 새롭고 올바른 방식을 가지고 있다는 것을 포함하였는가? 내가 말한 것은 애매하지 않고 모두 정확한가? 그리고 무엇보다도: 이것이 관련 있는가? 이것이 그들의 흥미를 끌 것인가?

 칼스버그가 제공하는 스폰서십 판매정보(*sales tips*)

칼스버그(*Carlsberg*)는 세계에서 가장 위대한 소비자 브랜드 중 하나이며 또한 유럽축구 선수권에서 음악 축제와 전시회까지 폭넓은 스폰서 포트폴리오를 가진 최고의 스폰서 중 하나이기도 하다. 스폰서십과 미디어 관계 임원인 가레스 로버츠(*Gareth Roberts*)의 직접적인 조언에서 도움을 받을 수 있다:

🎓 주요 학습 요점

- 사전 조사를 해라.
- 스폰서십 지난 것과 현재의 포트폴리오(*portfolio*)를 알고 있는지 확인하라; 이미 보유하고 있는 것을 "판매"하려고 하지 마라.
- 정확한 최신 수치는 긍정적인 접근 방식을 보여준다.
- 제안 내용이 무엇인지 명확히 하고, 일반화하지 마라.
- 명확하고 정확한 이익을 얻을 수 있는 적합한 이유를 제시하라.
- 효과 없는 두 가지 것, 즉 술과 복싱을 결합하려고 하지 마라.
- 초기 단계에서 장점을 제공하도록 해라. 제안이 길면 길수록 부정적인 반응을 보일 가능성이 더 커지게 된다.
- 다른 스폰서로부터 강력한 추천을 받아보라.
- 더욱 좋은 것은 잠재적 스폰서의 현재 파트너에게 받은 자료의 참조이다.

(Reproduced with permission of Carlsberg)

❓ "원하는 게 뭐야?" 요약 설명*(elevator pitch)*을 하라

이 과정 전체의 어느 시점에서 정확히 무엇을 원하는지 질문을 받게 될 것이다. 이것은, 예상보다 조금 빠를 수도 있다. 6~7번의 전화 후, 또는 첫 번째 또는 두 번째 전화 후에 올 수도 있다. 그러니 준비 부족으로 최고의 기회를 놓치지 않도록 해야 하며, 핵심을 정리한 후 적어 놓는 것도 좋은 생각이다.

많은 사람이 즉석에서 질문을 받았을 때, "음, 우리는 테니스 행사이고 매년 개최하며, 아마추어 선수나 프로선수가 있어…"이렇게 말할지도 모른다. 이것은 정확하지만, 문제를 해결하는 데 도움이 되지 않는다. 해야 할 일은 "우리는 3년에 한 번씩 자동차를 사는 젊은 층을 대상으로 자동차 스폰서에게 접근할 수 있는 테니스 행사를 운영하고 있다…"라고 말한 다음 대화를 하는 것이다.

❓ 가격을 빼던, 넣던 스폰서 상품에 포함시켜라

또 다른 질문은 제안서에 가격이 들어가야 하는지, 아니면 빼야 하는지에 대한 것인데, 이것이 주요 논의 요점이다. 많은 판매자는 그들이 요구해야 할 가격에 확신하지 못하고 있으며, 7장에서 이러한 권리를 얻는 것이 얼마나 중요한지 보여 주었다. 이 과정을 거치지 않은 사람들은 스폰서가 X의 금액이 필요할 것으로 추측하여 스폰서 수수료를 Y가 되어야 한다며 추론해 행사 예산을 주는 경우가 많다. 또한 스폰서가 이러한 활동을 스폰서십하는 것보다 더 많은 경험이 자신보다 많으며, 그들이 내야 하는 것에 대한 공정한 시장가치를 가지고 돌아오기를 바랄 수도 있다.

초기에 가격에 관해 이야기함으로써 스폰서가 올해와 이후의 가지고 있는 예산에 대해 시간을 절약할 수 있다. 그러므로 만약 그들이 당신의 스폰서십에 대해 얼마를 내야 하는지를 폭넓은 생각하고 있다면, 그것은 의사 결정 과정을 쉽게 하고 쌍방의 귀중한 시간을 절약할 수 있을 것이다. 가격 책정은 스폰서가 제안하는 것으로부터 좋은 가치를 얻는 방법은 대화로 시작되어야 한다. 이상적으로는 쌍방이 공동으로 가격을 설정하고 유연성을 유지하며 이익에 대해 협상해야 한다.

🖊️ 마감에 대한 영업 정보*(Sales tips)*

- 행사 초대
- 무료 스폰서십 체험단

아마 행사를 운영하는 데 있어 사람들이 가진 가장 큰 스폰서십 속성 중 하나는 행사가 이미 존재한다면, 행사를 체험하기 위한 잠재적 스폰서들을 끌어들일 수 있다는 것이다. 불경기 속에서 첫해 동안 스폰서들을 영입하는 행사 사례가 더 늘었다. 만약 그들이 정말 훌륭한 서비스를 받고 그 행사의 팬들과 실제적인 관계를 경험할 수 있다면, 그 전술은 그 후 몇 년간 유료로 진행될 가능성이 충분하다.

- **공급업체를 스폰서로 사용하라**

또 하나의 방법으로는 이미 사업관계에 있는 공급업체를 먼저 스폰서로 전환하는 것이다. 예를 들어 옥외 광고물, 출장 연회, 인쇄와 같은 분야는 기회를 제공할 수 있다. 마찬가지로, 보험회사도 평소에는 간과하기 쉬운 스폰서십을 위한 길을 제공할 수 있다.

조직 대부분은 보험에 가입되어 있으며, 보험회사가 지루하고 관여도가 낮은 상품에 일종의 차별화를 위해 노력하면서 서서히 거대한 국제 스폰서로 변모하고 있는 산업이다.

나아가 직접 보험회사를 조사해 그들이 다른 보험의 스폰서인지 확인하고, 현재 지불하고 있는 보험료와 향후 필요한 추가 보험을 계산한 다음, 기업 내 기존 담당자에게 문의하여 절차를 시작한다.

▪ 수익을 창출할 수 있는가?

스폰서십이 수익을 창출했다는 것을 증명할 수 있다면 스폰서십을 구매한 이유를 정당화할 수 있는 강력한 주장이 된다. 스폰서십을 매출과 연계하는 것은 결코 쉬운 일이 아니지만, 이를 위한 방법을 찾아야 한다. 여기에는 현장 판매, 쿠폰, 공동 판매, 매장 판촉 또는 공동 스폰서가 함께 사업을 수행할 수 있도록 지원하는 것이 포함된다. 이것에 대해서는 다음 장에서 더 설명할 것이다.

소극적으로 행동하지 마라: 질문해라

최종 단계에서 원하는 결과를 달성하는 데 도움이 되는 질문을 하는 것이 중요하다.

▪ 결정하는 데 얼마나 걸리는가?

결정하는 데 얼마나 걸리는가? 라고 말하는 것은 꽤 정당하다. "음, 지금 이야기 중인데 보통 결정을 내리는 데 얼마나 시간이 걸리는가? 과정에는 시간이 얼마나 걸리는가?"

예를 들어, 판매가 이루어진다고 가정하고, 새로운 스폰서십에 대해 협력적 방식으로 표준 계약을 체결하였는지, 계약이 더 쉽게 되도록 도와줄 수 있는지, 또는 기업 내에 당신에게 이야기하기를 원하는 사람이 있는지를 묻는 것이 합리적일 것이다.

- 만약 안 된다면?...

만약 '거절'이라는 큰 실망에 직면했다면, 반드시 (a) 이것으로 배울 수 있는 교훈과 (b) 다음번에는 성공적인 접근 방식을 가질 수 있도록 이를 기초로 어떻게 구축할 수 있는지 깨달아야 한다. 그렇게 힘든 일을 헛되이 하지 마라.

"예산이 없다."

불행히도 이 말은 너무 자주 들린다. 그것은 심지어 불경기 이전에도 들렸고, 깊은 위기 속에서 더 많이 발생하였다. 그것은 여러 가지 요인에 의해 들려오는 말이다.

- 그것은 사실일지도 모른다. 만약 그것이 정말 좋은 아이디어라면 예산이 확보될 것이라는 주장도 있지만, 보통은 그것이 재량예산에 포함되는 비교적 적은 금액이 아닌 이상 많은 부서는 향후 12개월 동안의 추가예산을 찾을 수 없다. 스폰서십을 원하는 사람들은 기업이 어디까지 계획을 세우고 있는지 알 수 없으며, 행사 개최 몇 달 전에 돈을 요구하는 경우가 많다.
- 이 말은 당신이 그들에게 사업적 결과 보다는 당신의 행사에 대해 지나치게 이야기하고 있다는 것을 의미할지도 모른다. 그것은 편리한 차단 전략에 불과하다. 이전으로 돌아가서 혜택보다는 기능만 이야기한 것이 아닌지 관련성이 있는지 확인하여야 한다.

예산 문제를 해결할 수 있는 실질적인 방법은 다음과 같다.: "비용을 전혀 지급할 필요가 없다면 그것을 할 것인가?"라고 물었을 때 만약 대답이 "그렇다"라면, 함께 협력하여 해결책을 찾으면 된다. 예를 들어, 불경기에 많은 사람은 스폰서들이 다음 해에 더 강력한 위치에 남아있을 것이라는 확신으로 믿고 지급 일정을 조정하는 데 성공하였다.

🖊☀ 예산 반대를 피할 수 있는 다른 방법은 다음과 같다.

- 다년 거래에 대한 할인

경기 침체로 인해 스폰서 업계는 좋은 스폰서십은 성숙하기 위한 시간이 필요하다고 이해했던 긍정적인 흐름을 위축시켰다. 실제로 스폰서십의 첫해는 학습과 기준을 만들 수 있는 해다. IFM 스포츠 마케팅조사(The World Sponsorship Monitor)에 따르면, 금융위기가 절정이던 2009년 스폰서십의 평균 기간은 3년에서 2년으로 줄었고, 더 짧은 계약을 체결해 위험을 제한해야 한다는 압박이 가중됐다. 따라서 장기간 스폰서를 유지하고 육성하는 것이 이익이 되며, 할인으로 인해 "제공된(given away)" 수익은 시간이 지남에 따라 스폰서와 전반적으로 더 깊은 관계를 통하여 보상되어야 한다.

- 스폰서십 수수료의 선지급 비율

당신의 현금 유동성은 계약 기간 중에 대부분의 수수료를 지급함으로써 예산 편성의 장애물을 극복할 수 있도록 스폰서를 도울 수 있을 만큼 충분히 강해질 것이다.

- 위험을 공유하라

제7장에서는 합의된 수준의 미디어 제공이나 기업에 대한 인식 전환에 기초하여 위험을 분담하거나 보상하는, 미국에서 처음 등장한 흐름을 살펴보았다. 이것은 현재 자주 행해지는 것이 아니며, 적어도 당신의 잠재적인 스폰서를 놀라게 하고 중단된 대화를 되살릴 수 있는 전략이다.

🎓 주요 학습 요점

- 시장은 혼잡하다.
- 기업은 스폰서십이 아닌 해결 방안을 구매한다.
- 기업이 아닌 부문을 생각하라; 적절한 버튼을 찾아라.

- 사전 조사를 하라.
- 의사결정자를 분석해라.
- 소비자의 특정 행동 조건에 따른 행사 실행(*use trigger events*)하라.
- 완전히 개인화된 10가지 접근 방식이 무차별적인 것보다 낫다.
- 해당 기업, 브랜드, 서비스 또는 상품과 관련된 창의적인 아이디어로 주도하라.
- 기능이 아닌 혜택을 말하라.
- 요약 설명(*Elevator pitch*): 행사를 길게 설명하지 마라.
- 가격을 함께 구축하고, 유연하고 창조적이어야 한다.

요약

기업은 스폰서십을 사는 것이 아니다; 직면한 사업상의 문제에 대한 해결책을 산다. 이 통찰력을 활용하여 경쟁에서 돋보이고 성공적으로 스폰서를 유치한다. 다음 장에서는 어렵게 유치한 스폰서를 유지하고 연장하는 방법을 설명한다.

09 서비스 및 갱신

 개요

이전 장에서는 스폰서십을 판매하는 것이 매우 어렵고 아마도 이 사업에서 가장 어려운 단일 분야임을 알 수 있었다. 따라서 큰 노력을 통해 확보한 스폰서를 성공적으로 유지하는 것이 그 어느 때보다 중요하다. 이러한 노력이 헛되이 낭비되어 같은 과정을 다시 반복해야 하는 결과를 초래해서는 안 된다. 스폰서를 성공적으로 재계약하는 것은 스폰서십 영업의 성배이자 이상적인 목표를 나아가기 위한 것이다. 갱신의 과정은 스폰서십 계약 첫날부터 이루어진 모든 작업의 거의 완벽한 연장선이며, 이것이 이 장의 목표이다. 좋은 서비스는 스폰서를 더 오래 유지하는 데 도움이 될 뿐만 아니라, 낮은 수준의 스폰서도 다른 수준으로 올라가면 그들이 잘 보살필 것이라고 확신한다.

이 장에서는 다음과 같은 내용을 다룬다:

- 판매 후 스폰서를 이행하는 지속적인 과정을 통해 시간과 비용을 절약하고 갱신을 쉽게 할 수 있다.
- 스폰서는 거의 처음부터 스폰서십이 적절한 활동인지 아니면 그 돈으로 더 나은 일을 할 수 있는지 고민한다는 점을 기억한다.
- 인식. 모든 스폰서가 자신에게 묻고 당신에게 물어볼 5가지 질문을 알아둔다.
- 덜 약속하고 더 해주어라.
- 그들이 왜, 스폰서인지 계속 상기시킨다.

🎓 다른 관점

주최자와 스폰서는 서로 다른 방식으로 사물을 바라본다는 점을 인정하고 받아들여야 한다. 이에 대해 자세한 내용은 2장에서 설명했지만, 두 사람의 동기와 작업 방식은 전혀 같지 않다. 유일한 해결책은 원활한 소통과 스폰서의 관점을 이해하려는 마음뿐이다.

〈표 9-1〉은 사업을 바라보는 방식으로 양쪽을 본다면, 무엇이 좋은 결과로 간주 되는 것이 서로 다르고 완전히 다르게 측정된다는 점을 알 수 있다.

표 9-1　스폰서와 주최자의 서로 다른 관점

	스폰서	주최자
사업 모델	주주 의무	"게임의 이익을 위해"
회계 요소	손익 계정	현금 흐름
	대차 대조표	백기사(White knight)
성과 측정	주가	이익
	배당금	판매 매진(A Full House)
인적 자원	사업 관리자	스포츠 애호가

놀라운 점은 스폰서가 스폰서십 주최자보다 훨씬 더 양적이고 데이터에 기반한 방식으로 성과를 측정한다는 것이다. 이것은 스폰서를 위해 창출하고 있는 유익한 효과를 설명하고 보고할 때 기억할 필요가 있다. 오늘날의 마케팅 관리자는 고객과 경쟁사의 행동에 대한 매달 수많은 양의 데이터를 보는 데 익숙하고 측정 기준의 세계에서 사활을 건다.

🔦 스폰서를 돌볼 수 있도록 스폰서십의 유연성을 활용하라

스폰서십은 환상적으로 유연한 마케팅 도구이며, 이것이 지난 몇 년 동안 매우 강력하게 성장한 이유이다. 〈그림 9-1〉의 요점은 스폰서가 당신의 스폰서십 속성을 구매하고 계약을 체결한 후에는 그들이 그것을 가지고 할 수 있는 일이 많다는 것을 보여 준다. 속성은 스폰서를 위한 제안과 아이디어를 내놓고, 비록 10개 중 9개 아이디어가 불가능하더라도, 스폰서는 자신의 관점이 고려되었다는 사실과 그들의 스폰서십을 어떻게 개발시킬 방법에 대해 매우 높이 평가한다.

〈그림 9-1〉을 보면, 스폰서는 주로 스폰서십에서 브랜드로 유입되는 혜택에 초점을 맞추기 때문에 브랜드는 매우 신중하게 핵심의 중심에 배치된다.

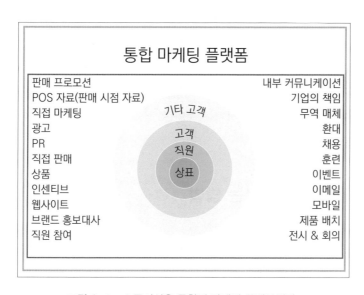

그림 9-1   스폰서십은 통합된 마케팅 플랫폼이다.

스폰서십은 다양한 채널을 통해 활용될 수 있으며, 적절한 경우 스폰서에게 제안할 수 있는 몇 가지 예가 있다:

- 스폰서는 스폰서십이 기업 직원들에게 유익한 영향을 미치는지에 대한 여부를 고려해야 한다. 직원들은 입장권과 같은 실질적인 혜택을 받고 있다고 느끼거나 급여가 부담스러울 때 매우 비싼 스폰서십에 대해 부정적으로 생각하는가?
- 스폰서의 고객들에게 어필할 수 있는 일이 더 있는가?
- 투자 분석가, 정부 또는 NGO와 같이 접근할 수 있는 다른 사람들의 스폰서에게 조원을 제공할 수 있는가?
- 스포츠나 문화행사에 브랜드 홍보대사가 제공될 수 있는가?
- 일부 웹사이트 또는 소셜 미디어 콘텐츠 제공이 가능한가?
- 스폰서의 PR를 위한 주제를 제공할 수 있는가?

- 판매촉진을 통해 수익을 창출할 방법이 있는가?
- 아마도 스폰서가 신제품을 가지고 있거나 테스트 중인 제품을 샘플링하는데 도움을 줄 수 있는가?
- 잠재 고객과 대화하기 위해 환대를 위한 특별 행사를 만들 수 있는가?
- 대회나 데이터베이스 수집 연습에 대한 매력적인 콘텐츠를 만들 수 있는가?
- 스폰서십이 어린 학생들과 미래의 직원들에게 회사를 매력적으로 만드는 데 도움이 되는가?

기억하다: 주최자의 역할은 스폰서에게 스폰서십으로 무엇을 할 수 있는지 상기시켰고 왜 스폰서인지 이유를 상기시키는 것이다.

스폰서가 당신을 판단하는 방법

스폰서는 일반적으로 실제 스폰서십을 시작하기 전에 오랜 전략 수립과 계획 과정을 거친다. 〈그림 9-2〉는 실제 스폰서를 위한 계획 과정에서 가져온 일반적인 그림이다.

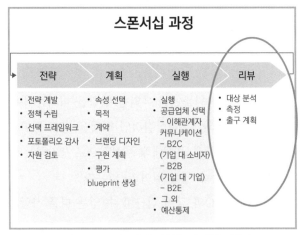

그림 9-2   스폰서가 당신을 판단하는 방법

초기 3단계는 스폰서가 스폰서십에 가입하기 전부터 겪었을 수 있는 과정 유형을 보여 준다. 그것은 항상 그렇게 엄격하지는 않지만, 대부분은 그 과정은 일반적으로 주최자 측보다 훨씬 더 깊다. 계약된 스폰서십 기간의 후반기에 그들이 거의 지속해서, 그리고 확실히 무엇을 할 것인가에 대해서는 다음과 같은 질문을 본다.

- 이 스폰서십을 통해 목표에 도달하고 있는가?
- 성능을 향상시킬 수 있는가?
- 스폰서로서 우리가 너무 큰 비용을 지불하고 있는가?
- 활성화하기 위해 비용을 지불하고 더 많은 일을 해야 하는가, 아니면 더 나은 대안이 있는가?

이전에 참조한 바와 같이, 〈그림 9-3〉은 유럽스폰서협회(European Sponsorship Association)가 실시한 설문 조사에서 스폰서가 성공적인 스폰서십에 중요하다고 생각하는 주요 원인을 보여준다.

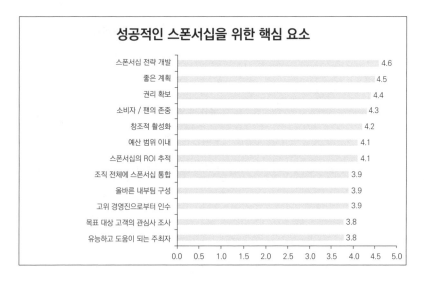

그림 9-3   스폰서를 위한 핵심 요소
(*Reproduced with permission of the European Sponsorship Association Survey*)

주최자 측에서 특히 중요한 분야 중 하나는 올바른 상품 혜택을 받는 것이다. 스폰서는 스폰서십이 팬 또는 소비자로부터 존경받고 있는지를 매우 걱정한다. 주최자는 그런 팬들과 소비자들을 그들에게 데려올 책임이 있는 사람들이고 스폰서는 그런 사람들과 진정한 관계를 원하기 때문에 스폰서와 친밀한 관계를 유지하는 것이 매우 중요하다.

스폰서가 이 스폰서십 업무를 수행하기 위해 예산 금액을 초과할 필요가 없는지 확인하는 것도 중요하다. 이는 개인으로서 그들이 조직 내에서 확보하고 결재한 투자와 예산을 정당화하고 회계처리를 해야 해서 중요한 것으로 보인다.

〈그림 9-3〉의 목록 마지막에 이지만 매우 중요한 것은 유능하고 도움이 되는 주최자이다. 경제 침체기 동안 채찍이 스폰서 쪽으로 다소 움직이면서 스폰서들은 이제라도 주최자로부터 더 높은 기준을 기대하고 있다.

〈그림 9-3〉에서 4.1을 획득하고 스폰서에게 매우 중요한 매개 변수 중 하나는 투자 수익률을 분석하는 것이다. 이는 스폰서십 성공을 측정하기 위한 거의 핵심 매개 변수이기 때문에 더욱 깊이 살펴볼 가치가 있다.

투자 수익률과 목표 수익률

투자 수익률(ROI)과 목표 수익률(ROO)은 〈표 9-2〉에서 비교된다.

표 9-2 ROI v. ROO

투자 수익률	목표 수익률
▪ 현금 기반	▪ 다양한 "화폐"
▪ 재무 효율성 측면에서 성과 중시	▪ 목표를 얼마나 잘 달성했는지에 따라 결과를 평가

투자 수익률

ROI의 단순화는 스폰서가 지급한 금액을 계산한 다음 미디어 노출, 인지도 또는 판매와 관련하여 얼마나 많은 이익을 얻었는지 계산하는 것이다. 이는 여전히 스폰서십의 최신 방식이지만 스폰서가 스폰서십을 유지하도록 설득할 수 있는 결과를 측정하거나 제시하는 데 있어 특별히 만족스러운 방식은 아니다.

스폰서십은 매우 유연하여서 스폰서가 각기 다른 목표를 달성하려고 노력할 수 있다. 좋은 연구 성과를 거두고 양질의 사전 판매 협상을 수행했다면 스폰서십이 시작되기 전에 훌륭한 파트너십을 구축한 것이다. 또한 스폰서십을 통해 무엇을 얻고자 하는지에 대한 구체적인 방법이 있어야 한다. 그런 다음 목표에 따라 측정할 수 있다면, 전체 보고와 궁극적으로 갱신이 훨씬 쉬워질 것이다.

측정은 스폰서십에 있어 의심의 여지가 없는 문제이며, 스폰서들은 업계가 해결책을 찾아야 한다고 정기적으로 불평한다. 수년간 닐슨(Nielson)이 시청률을 제공하고 업계 전체가 닐슨 등급이 허용 단위라는 데 동의하는 텔레비전 광고와 마찬가지로 공통된 측정 기준을 찾기 위한 다양한 시도가 이루어졌다. 이것은 아마도 각 스폰서가 다르고, 목표가 크게 달라서 결코 그럴 일은 없을 것이다. 코카콜라는 그들의 인지도를 높일 필요가 없지만, 새로운 인터넷이나 휴대전화 또는 온라인 도박회사는 확실히 인지도를 높일 필요가 있다. 따라서, 미디어 노출은 한 그룹에서는 덜 중요하지만 다른 그룹에서는 절대적으로 중요하다.

스폰서십 영향

우리는 〈표 9-3〉에서 스폰서에게 가치를 보고하는 방법에 대해 검토해야 할 몇 가지 측정할 수 있는 사항을 살펴본다.

표 9-3 스폰서십 영향

투입	언론 보도량
	현장 노출
	스폰서십 광고에 노출될 가능성이 있는 잠재 고객
	브랜드 마케팅 자료 제작 및 유통
	참석자 수
산출	브랜드에 대한 태도 변화
	충성도 프로그램에 가입한 고객 수

	B2B 관계 개선
결과	구매 고객 빈도 또는 충성도 향상
	매출 달성
	B2B 관계 개선에 따른 상업적 영향

🎓 SMART 목표

어떤 측정 시스템을 사용하든, 당신의 스폰서 모두의 혜택을 최대한 제공하기 위해 SMART 기준에 따라 테스트(test)해 보기 바란다:

- 구체적(Specific)
- 측정 가능(Measurable)
- 달성 가능(Achievable)
- 관련성(Relevant)
- 시간제한(Time bound)

📖 모든 스폰서가 해야 할 5가지 질문

이 부분은 스폰서가 당신을 바라보는 시각을 제공하고 스폰서가 스스로, 그리고 결과적으로 여러분에게 물어볼 수 있는 매우 어려운 질문에 답할 수 있도록 준비하기 위해 마련되었다. 결과적으로 질문은 스폰서십이 어떻게 작동하는지에 대한 이론에서 비롯된다 〈그림 9-4〉.

우리는 피라미드 꼭대기에서 시작할 것이다. 왜냐하면 스폰서는 항상 추가 매출 측면에서 브랜드에 대한 혜택을 고려하기 때문이다. 단지 매출에 국한될 필요는 없다. — 다른 혜택도 계획될 수 있지만, 항상 스폰서십이 브랜드에 어떻게 이익을 주는가에 초점을 맞출 것이다. 따라서 스폰서들은 피라미드의 맨 꼭대기에 집중하지만, 대부분 스폰서는 그 과정이 실제로는 맨 아래에서 시작하여 위로 올라간다는 것을 알고 있다.

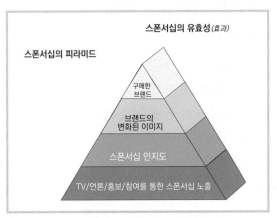

그림 9-4   스폰서십 피라미드

지역이든 지역 사회 스폰서십이든, FIFA 월드컵이든 항상 같은 과정이다. 만족스러운 콘텐츠 스폰서를 확보하는 방법은 TV, 언론, 포스터, 전단 등을 통해 또는 웹사이트나 소셜 미디어를 통해 온라인으로 최대한 많은 사람에게 스폰서십을 노출하는 것이다. 매체가 무엇이든 간에, 당신의 일은 가능한 한 그 기반을 넓게 만드는 것이다. 그 이유는 사람들이 스폰서십에 노출되는 것에서 실제 브랜드를 구매로 이어지는 것은 매우 오래 걸리는 비효율적이며 어려운 과정이기 때문이다. 사람들을 단순히 노출되는 것에서 다음 단계인 인지 단계로 이동시키는 것은 마케팅에서 가장 어려운 작업이다. 사람들이 무언가를 본 적이 있더라도 실제로 그것을 기억할까? 그리고 만약 스폰서가 거기 있었다는 것을 기억한다면, 그 브랜드나 특정 스폰서에 대해 다른 인식하게 된다는 의미일까?

브랜드에 대한 사람들의 인식을 바꾸는 것은 힘든 일이지만, 슈퍼마켓이나 차고 (garage) 또는 온라인에서 거의 같은 브랜드를 마주했을 때 실제로 다른 제품을 선택할 수 있도록 인식을 변화시키는 것은 더 어려운 일입니다. 스폰서십은 주로 브랜드에 대한 충성도를 높이는 방식으로 작동하지만, 잘만 활용하면 태도와 행동을 바꿀 만큼 인식을 전환할 수도 있다.

모든 과정은 거의 직관적으로 이해하기 쉽지만, 문제는 믿을 수 없을 정도로 비효율적이라는 것이고, 사람들이 피라미드를 위로 올라갈수록 각 단계에서 많은 사람을 잃고 있다는 것이다. 따라서 주최자의 임무는 피라미드의 측면을 거의 평행하게 만들어 각 단계에서 수천 명 혹은 심지어 수백만 명의 사람들을 잃지 않도록 하는 것이다.

스폰서가 반드시 물어봐야 할 5가지 질문

1. 나의 스폰서십이 얼마나 눈에 띄는가?
2. 스폰서십을 알아본 사람이 있는가?
3. 브랜드에 대한 인식이 바뀌었는가?
4. 그 결과 제품이 얼마나 더 많이 판매되었는가?
5. 스폰서십을 갱신해야 하는가?

〈그림 9-4〉의 피라미드를 염두에 두고, 모든 스폰서가 물어야 할 5가지 질문은 다음과 같다: "내가 잘 알려졌는가, 알려졌다면 나를 기억하는 사람이 있는가? 그리고 나를 알아보고 기억하는 사람이 있다면 그들의 인식에 변화가 있었으며, 이것이 우리 사업에 어떤 영향을 끼쳤는가?" 마지막으로 가장 중요한 질문은 "우리가 이 일을 계속하고 싶은가?"이다.

질문 1. 스폰서십이 얼마나 눈에 띄었는가?

- **참석자 수**

참석자 수는 매우 쉽게 측정되며 모든 종류의 보고에서 기정사실로 예상할 수 있다.

- **TV/언론 노출**

TV/언론 노출이 특별히 어렵지 않지만 제대로 해야 하며, 어떻게 표현할 것인지도 주의를 기울여야 한다. 스폰서십은 브랜드 인지도를 높이기 위한 값싼 미디어 구매 옵션이 아니다. 5장에서 설명한 것처럼, 스폰서십을 미디어 노출의 측면에서 큰 가치로 제시하는 것은 주최자 관점에서 끔찍한 함정이 될 수 있다. I장에서 페라리나 보다폰의 사례 연구에서 살펴본 것처럼 몇 가지 예외가 있지만, 만약 스폰서가 미디어를 사는 경우, 일반적으로 말해서 단순히 나가서 공간을 파는 출처에서 구매하는 것이 훨씬 더 비용 효율적일 것이다. 가장 좋은 방법은 다음과 같이 간단하고 정확하게 보고하는 것이다.

정량적: 브랜드가 받은 노출 정도

- 방송
- 인쇄물
- 웹 미디어
- 참석자

정량적 측면은 사실 매우 간단하며, 직접 또는 전문 대행사를 통해 수행할 수 있다. 모든 미디어의 가치를 계량화하는 것은 스폰서에게 큰 도움이 될 것이며, 나중에 스폰서들과 재계약하거나 협상할 때 유용할 것이다.

정성적: 보도된 콘텐츠의 "품질"의 보장

- 사설에서 긍정적으로 언급된 브랜드 관여도
- 핵심적인 부분의 메시지(*messages*) 전달

언론에 많이 보도되었기 때문에 처음 5초 동안은 인상적일 수 있는 신문 스크랩으로 가득 찬 골판지 상자를 그냥 받는 대신에, 스폰서는 "글쎄, 그들이 우리에 대해 뭐라고 말하는가?"라고 질문할지도 모른다. 사설에서 스폰서를 언급하거나 TV에서 구두로 언급하는 경우는 드물어서, 그 가치가 매우 높으며 스폰서가 이를 확실히 인지할 수 있도록 노력해야 한다. 훨씬 더 좋고, 아주 이상적인 것은 스폰서십이나 스폰서의 긍정적인 메시지나 속성 중 하나가 언론에서 나왔다는 것이다. 만약 그것이 스폰서들에게 증명될 수 있다면 그것은 훌륭한 결과다.

노출 측정

텔레비전 측정은 엄청난 발전을 거듭하여 현재 많은 기업이 〈그림 9-5〉에서 볼 수 있듯이 이미지 인식 기술을 사용하여 스포츠 중계 중 스폰서 노출을 측정하고 있다. 실제로 일부 계약은 특정 최소 노출량을 규정하고 있으며, 타사의 조사연구 기업들(*third - party research companies*)은 거액이 좌우될 수 있는 시점 보고서(*timing reports*)를 제공한다.

그림 9-5 첨단 기술 스폰서 노출 양 측정

(Reproduced with permission of IFM Sports Marketing Surveys)

IFM 스포츠 마케팅 조사(*Sports Marketing Survey*)의 이미지 인식 시스템인 마젤란(*Magellan*)은 노출 시간을 측정하는 것 외에도 다음을 정량화하여 노출의 시각적 효과에 대해 파악할 수 있다:

- 크기
- 화면에서의 위치
- 어수선하게 채우다(*clutter*)
- 평균 지속 시간

〈그림 9-6〉에서 볼 수 있듯이, 총 시각적 영향을 통해 스폰서 노출의 품질이 보통 얼마나 좋았는지를 규정한다. 이는 평균적으로 100%에 가까울수록 노출 품질이 전반적으로 우수하다는 것을 나타내는 전반적인 요소(*시각적 영향력 점수*)의 형태로 나타난다.

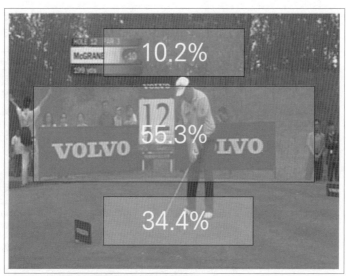

그림 9-6 노출 품질을 측정하는 첨단 기술 스폰서 노출 용이성 측정
(Reproduced with permission of IFM Sports Marketing Surveys)

이 기술을 사용하면 〈그림 9-7〉과 같이 노출이 개선될 수 있는 위치를 신속하게 분석할 수 있으며, 일부 행사는 스폰서를 위해 심지어 방송 중에 게시판을 이동하고 조정하기도 한다.

〈그림 9-4〉의 피라미드로 떠올리며 노출 기반을 최대한 넓히기 위해 스폰서에게 더 많은 가시성과 노출을 제공할 수 있는 모든 것을 살펴보는 것이 좋다.

원천	크기	위치	클러터 (clutter)	평균 지속 시간	시각적 영향력 점수
Caddy Bib	Medium	Good	Excellent	Medium	61.5%
Clothing	Low	Medium	Excellent	Low	33.8%
Clubhouse	Low	Good	Excellent	Excellent	56.3%
Course Flag	Excellent	Excellent	Excellent	Low	83.4%
Flag	Low	Good	Excellent	Low	23.9%
Interview Board	Excellent	Medium	Excellent	Excellent	93.3%
Panel – Driving Range	Low	Low	Excellent	Excellent	51.3%
Panel – Event	Medium	Medium	Excellent	Low	39.4%
Panel – Fairway	Low	Medium	Excellent	Excellent	26.6%
Panel – Green	Medium	Good	Excellent	Good	57.8%
Panel – Tee	Excellent	Excellent	Good	Excellent	95.7%
Panel – Water	Medium	Good	Excellent	Good	58.6%
Player Entrance	Excellent	Excellent	Excellent	Excellent	100.0%
PR Event Tee Panel	Medium	Excellent	Excellent	Low	59.7%
Scoreboard	Good	Medium	Excellent	Medium	70.8%
Screen Credit	Medium	Good	Excellent	Excellent	78.4%
Tee Marker	Low	Low	Good	Good	16.9%
Tee Number Board	Medium	Excellent	Good	Good	57.4%
Umbrella	Good	Good	Excellent	Good	91.5%
Winners Podium	Excellent	Good	Excellent	Low	68.1%

그림 9-7 노출 개선이 가능한 부분을 보여주는 빠른 분석
(*Reproduced with permission of IFM Sports Marketing Surveys*)

기타 가시성 채널

- **스폰서:** 내부; 이메일, 인트라넷, 잡지, 매점, 게시판, 팀 회의, 리셉션 공간
- **권리자:** 광고; 티켓 지갑; 행사장; 잡지; 시청각; 온라인
- **간접:** 미디어; 팬 잡지

가시성을 극대화하는 것은 스폰서가 행사, 스폰서십 속성 및 관계를 기업 내부에서 널리 알리도록 권장하는 것을 의미한다. 구내식당 게시판에 지난 주말 행사 내용을 기업 잡지와 인트라넷, 이메일 알림 등에 업데이트(*updates*)하는 등 간단한 기법을 사용할 수 있다.

혹시 스폰서십 중인 행사의 전시품을 기업 리셉션장에 대여하여 모두가 즐길 수 있도록 하면 어떨까?

우리는 버스를 타고 게임을 보러 가는 팬들을 위해 소규모 여행안내서를 제작하는 한 클럽이 처음으로 스폰서를 소개하도록 조언한 적이 있다. 이 모든 것들을 합치면 스폰서 기업 전체에 상당한 부가 가치를 더할 수 있고, 중요한 것은 스폰서십에 대한 속성이 그들을 위해 최대한 활용하고 있다는 것을 보여준다.

피라미드 밑바닥을 최대한 넓고 효율적으로 만드는 방법을 보여주었지만, 다음으로 넘어가야 할 질문은 '이 스폰서십 사실을 눈치챈 사람이 있었는가?'이다.

질문 2. 스폰서십을 눈치챈 사람이 있는가?

여기 우리는 기업이나 브랜드에 대한 감정을 발전시키거나 강화하는 중요한 중간 단계인 인지도를 측정하고 있다. 스폰서들은 스스로 다음과 같은 질문을 할 것이다:

- 목표 시장에서 인지도는 무엇인가?
- 얼마나 올랐는가?
- 인지도를 높이려면 어떻게 해야 하는가?
- 정점에 도달했는가?

〈표 9-4〉는 스폰서의 인지도를 높이는 주요 요인에 대해 요약한 것이다.

인지도 측정

〈그림 9-8〉은 1996년 애틀랜타 올림픽의 실제 사례를 보여주고 있다. 코카콜라는 1928년부터 올림픽을 스폰서십해 왔으며, 애틀랜타에 본사가 있다. 그러므로 그것은 "그들의" 매우 대단한 행사였다.

경기 전 몇 달 동안 1,000명의 미국인에게 전화로 물어봤을 때, 예상했겠지만, 최고의 브랜드 인지도는 코카콜라(Caca-Cola)였고, 응답자 중 거의 절반에 가까운 응답자로 이름을 올려놓았다. 그러나 작지만 중요한 그룹은 펩시도 올림픽 스폰서라고 생각했는데, 펩시는 올림픽 스폰서가 아니라 시너지 효과가 있기 때문이고, 사람들은 코카콜라의 올림픽 활동으로 인해 사람들은 펩시가 올림픽 스폰서일 가능성이 크다고 생각했다.

표 9-4 스폰서가 인지도를 높일 수 있도록 어떻게 도울 수 있는가?

스폰서 브랜딩	▪ 분명히 브랜딩의 양과 가시성이 매우 중요하다. 스폰서를 볼 수 없다면 인지도를 높일 수 없다.
스폰서 참여 기간	▪ 스폰서십은 오랜 시간이 필요한 것이다. 인지도가 쌓이는 데는 시간이 걸리고 스폰서는 1년 이내에 인지도를 극대화하기를 기대할 수 없다. ▪ 사실, 1년 차는 기준이 되는 연도에 불과한 경우가 많으며 2~3년간 스폰서십 협상을 시도하는 것이 좋다.
제한된 경쟁사 활동/ 매복 마케팅	▪ 스폰서가 돋보일 수 있도록 가능한 한 "어수선함"이 적도록 하라. ▪ 스폰서 배타성을 제공할 수 있다는 것은 스폰서들에게 분야를 개척하는 데 분명히 도움이 된다. ▪ 보통 큰 행사의 경우 문제가 되지만, 행사의 공식 스폰서로 위장하여 다른 기업들이 스폰서를 훔쳐 가는 것을 방지해야 한다. 이것을 매복 마케팅(*ambush marketing*)이라고 한다. ▪ 앰부시 마케팅에 대처하는 가장 좋은 방법은 스폰서와 긴밀하고 논리적인 파트너십을 유지하여 다른 회사가 공식적인 스폰서가 아님에도 공식 스폰서처럼 보이게 하는 것을 방지하게 하는 것이다.
권한 활용 범위	▪ 이것은 스폰서들에게 중요한 문제인데, 그들은 모든 스폰서십에서 모든 가치를 짜내기 위해 그들이 할 수 있는 한 열심히 일해야 하기 때문이다. 이를 위해 창의적인 아이디어를 제공하고 최대한의 이익을 위해 다양한 활동 계획을 실행함으로써 최대한 이익을 얻을 수 있도록 해야 한다.
스폰서와 활동의 시너지 효과	▪ 인지도를 유발하는 가장 중요한 요인은 스폰서 기업과 스폰서십 속성 사이에 명백한 논리적 연관성이 있어야 한다는 연구 결과가 있다. 만약 사람들이 시너지가 있다는 것을 직감적으로 느낄 수 있다면, 그에 따라 인지도가 상승할 것이다.

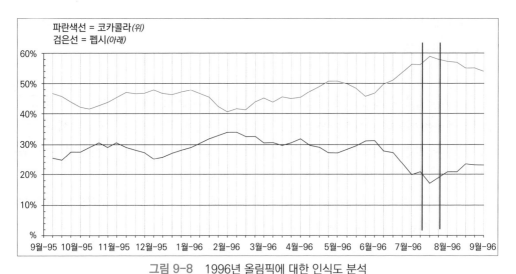

파란색선 = 코카콜라(위)
검은선 = 펩시(아래)

그림 9-8 1996년 올림픽에 대한 인식도 분석
Q. "하계 올림픽과 관련이 있거나 스폰서라고 생각하는 청량음료를 말씀해 주시겠습니까?"
(Source: SRi^β Sponsortest, reproduced with permission)

〈그림 9-8〉의 두 개의 세로선으로 이동하면 실제로 올림픽이 개최된 기간으로, 코카콜라가 판촉 활동을 강화하고 스폰서십을 활용하기 시작하면서 인지도가 크게 상승한다. 이에 따라 펩시는 내림세를 보였고 이는 올림픽 기간 내내 지속되었다.

하지만 그 후의 상황을 보면 코카콜라가 올림픽을 열심히 홍보하지 못하면서 인지도 측정치가 떨어지기 시작하고 펩시의 측정치가 상승하기 시작한다. 몇 달 후 이 두 선은 다시 거의 같아질 것이다. 이것은 코카콜라가 이 과정을 계속 반복하고 선을 분리하기 위해 변화해야 한다는 좋은 주장이 될 것이다.

인지도는 과정 일부로서 중요하지만, 브랜드에 대한 인지도를 변화시키는 데 있어 이야기 일부일 뿐이다.

질문 3. 브랜드에 대한 인식이 바뀌었는가?

이 질문에 답하기는 더 어렵지만, 다음과 같은 내용을 제공할 수 있다:

▪ 고객 설문 조사 실시

---

6 미국 스탠퍼드대학교에 있는 싱크 탱크(무형의 두뇌를 자본으로 하여 영위되는 기업이나 연구소)

- 의견 제시
- 고객 반응 등

주최자로서 할 수 있는 가장 좋은 일 중 하나이지만 종종 간과되는 것은 행사나 활동에 대한 소유권을 이용하여 사람들을 설문 조사하고 스폰서에 대한 인식에 대해 자세히 알아보는 것이다. 그뿐만 아니라, "이번 행사에서 어떤 스폰서를 찾을 것으로 예상하는가?"와 같은 질문을 추가할 수 있다(이것은 향후 판매에 매우 유용한 정보이다).

또한 경험을 즐기고 스폰서와 긍정적인 관계를 맺고 있는 관객이나 고객들을 위해 몇 가지 의견을 전달하면 스폰서에게 보고할 때도 매우 효과적이다.

시장조사의 중요성

일부 스폰서들은 스폰서십을 조사하지만, 그렇지 않은 스폰서십의 경우도 많다. 2010년 ANA/IEG 설문 조사에 따르면, 응답자의 35%만이 "항상 또는 거의 항상" 스폰서십 및 행사 마케팅 활동 수익을 측정한다고 답했다. 때로는 스폰서들은 입소문, 이야깃거리, 딜러(dealers)의 반응, 잡담, 기업 주변의 느낌에 의존하기도 하여 여러분이 제공할 수 있는 모든 조사도 단순한 인식이 아닌 사실에 기반한 플랫폼(platform)을 제공할 가능성이 크다. 추가 산업별 질문에 대한 행사/관객 조사에 대한 이용은 언제든지 제공할 수 있다. 예를 들어, 자동차 스폰서가 있는데 지난 12개월 동안, 자동차를 구매한 팬의 수와 해당 브랜드에 대한 인지도를 높여주면, 판매과정에 도움이 되고 올바른 방향으로 생각하고 있음을 보여주게 된다.

질문 4. 그 결과 얼마나 많은 제품을 더 팔았는가?

4번째 질문은 주최자인 당신이 다음과 같이 대답하기가 매우 어렵다:

- 그들의 매출을 측정할 수는 없지만, 항상 스폰서를 위해 일정 수준의 수익 방법 창출을 위해 노력한다.

예를 들어, 통신 회사의 경우, SMS 투표는 어느 정도 이익을 얻을 수 있는 잠재력이 있으며, 예산을 줄이는 데 도움이 될 수 있다. 그런 생각을 하는 것은 단순히 돈을 받는 사람이 아닌 사업 협력자로 입지를 다지는 것이다.

"우리가 제품을 더 많이 판매했는가?"과 같이 항상 조잡한 것이 아니며, 앞서 살펴본 바와 같이 기업에는 직접판매 외에도 다른 목표들이 있다.

그러나, 이것이 가장 일반적인 목표인 만큼 좀 더 자세히 살펴봐야 한다.

- 고객에 대한 주문/배급이 증가했는가?
- 쿠폰 사용률이 평균 이상이었는가?
- 얼마나 많은 제품이 샘플링[7]되었는가?

경쟁사가 바뀌고, 스폰서와 경쟁사가 광고나 홍보 캠페인을 벌이며, 판매 연도에 자연스러운 주기가 있어서 스폰서가 스폰서십 활동과 판매 활동을 분리하고 연계하는 것은 문제이다. 스폰서가 스폰서십 기간 동안 "우리 매출이 X % 증가했다"라고 단정적으로 말하기는 매우 어렵다. 그러나 아래의 사례 연구에서 볼 수 있듯이, 어떤 손님이나 행사의 주문을 분석하는 것과 같은 것들 – 행사 연동 쿠폰이나 행사 연동 포장 상품(*on-pack promotion*)과 같은 방식으로 이를 수행할 수 있으며, 미국의 스폰서들은 세계의 다른 지역보다 더 자주 시장조사를 수행한다.

사례 탐구 호라이즌 항공 스폰서십 식품(*Sponsored food on Horizon Air*)

🎓 **주요 학습 요점**

• 스폰서십에 의해 생성된 반응을 측정하는 것은 때때로 가능하고 때로는 소셜 미디어를 사용하여 매우 정확할 수 있다.

2010년 5월, 시애틀에서 포틀랜드로 가는 호라이즌(*Horizon Air*) 263l편 항공기의 승객들은 에어애드버타이징 무료 점심/간식 프로그램(*AirAdvertainment free lunch/snack programme*)에 따라 스폰서십된

---

7   통계의 목적으로 모집단에서 표본을 골라내는 일.

음식 상자들을 나누어 받았다. 상자 내용물에는 스테이시의 피타 칩스와 허쉬의 초콜릿(*Stacy's Pita Chips and Hershey's chocolate*)이 포함됐으며, 크리에이티브 랩스(*Creative Labs*)의 스폰서십을 받아 새로운 매체를 활용해 바도 HD 3세대 비디오카메라(*Vado HD 3rd generation video camera*) 이름을 짓는 페이스북(*Facebook*) 경연 대회를 홍보했다. 상자 디자인은 경연 대회를 위한 "행동으로 옮기기(*call to action*)[8]" 이 포함되어 있으며, 20일 동안 25,000개의 상자가 호라이즌 항공 승객에게 배포되었다.

"일부 항공사가 서비스를 줄이고 요금을 추가하는 상황에서 이 프로그램은 승객과 항공사 모두에게 환영할 만한 일이다."라고 에어애드버타이징의 공동 설립자이자 부사장인 매리 L. 매시치(*Mary L macesich*)는 말했다. "승객은 간식이나 간식을 받게 되어 기쁘고, 항공사는 무료로 제공할 수 있게 되어 기쁘며, 브랜드는 방해받지 않고 시간을 보내는 제한된 환경에서 대중과 소통할 수 있는 기회를 얻게 됩니다. 이 모든 것이 소셜 미디어(*social media*)를 통해 이루어집니다."

(Reproduced by permission of AirAdvertainment[9])

몇 년 전 한 스폰서가 대형 슈퍼마켓 밖에 NASCAR 경주용 자동차를 전시한 것을 보고 큰 감명을 받았다. 보이는 차 안에 앉아 운전사를 만나려면 실제로 슈퍼마켓 안에서 스폰서의 상품을 구매하고 쿠폰을 모아야 했다. 일부 열성적인 촌뜨기 남성의 경우 말 그대로 슈퍼마켓에 처음 와봤다고 한다! 이는 분석 가능하고 인상적인 일이며 스폰서십의 힘을 보여준다.

기업의 매출액에 대한 일반적으로 접근할 수 없으므로, 일부 저작권자들은 기업 주가의 움직임과 스폰서십을 연결하려고 시도했다. 스폰서십은 영향력을 미치는 작은 요소 중 하나에 불과하지만, 시간과 수고를 들여 스폰서십에 참여했다는 사실은 스폰서가 단순히 수동적으로 돈을 받는 사람이 아닌 함께 일할 수 있는 사람이라는 것을 보여준다.

질문 5. 스폰서십을 갱신해야 하는가?

이 마지막 질문은 주최자로서 당신의 직장 생활에 큰 영향을 미칠 것이다. 스폰서들은 항상 자신에게 이렇게 말할 것이다:

---

8 콜 투 액션(*CAT*): 마케팅이나 판매촉진 시 대상의 반응을 유도하기 위해 요청하는 행위.

9 애드버테인먼트: 광고(*advertisement*)의 앞부분 'adver'와 엔터테인먼트(*entertainment*)의 뒷부분 '*tainment*'가 결합한 말로, 광고에 음악, 드라마, 영화 등의 엔터테인먼트적인 콘텐츠를 직접 활용해 소비자의 관심을 극대화하는 마케팅 기법.

- 효과가 있었는가?
- 성공할 수 있는가?
- 얼마를 지불해야 하는가?
- 더 좋은 대안은 없는가?

스폰서를 잃을 위험이 항상 존재하는 이 험난한 세상에서 또는 할인된 가격으로 갱신하려고 할 때 스폰서가 다음 질문에 답할 수 있도록 답변할 수 있도록 도와야 한다. 다음은 스폰서를 유지하는 데 도움이 되는 몇 가지 정보이다.

🎓 스폰서 서비스를 위한 정보

공통된 이해 개발

스폰서십은 하나의 관계이므로 다른 관계와 마찬가지로 기본 규칙과 관계의 어휘 및 매체에 대해 서로 동의할 수 있다면 도움이 된다.

- 스폰서십 활동:
  - 범위
  - 규칙
  - 어휘
  - 핵심 참가자
  - 산업 표준

- 업무협약:
  - 협력 목표
  - 계약상 의무
  - 기업 전문 용어
  - 조직 구조
  - 주요 연락처

측정 및 서비스의 중요성

- 스폰서에게 관련 정보를 제공하고, 무엇이 필요한 정보를 요청한다. 예를 들어, B2B[10]라고 하여 항상 언론 보도 자료를 필요한 것은 아니다.
- 지속적인 스폰서 활동 일지를 보관한다.

스폰서의 로고가 보이는 게시판에 행사 사진과 함께 보고서를 보내는 대신, 모든 회의, 전화 통화, 제안한 모든 방법, 스폰서의 모든 결과를 기록하고 기록해 두어야 한다. 나중에 편집하여 다음과 같은 규칙적인 작은 작업으로 인해 얼마나 많은 추가 가치를 제공했는지 보여줄 수 있다.

- 추가 활동 또는 초과 배송에 대해 자세히 설명한다.
- 정확하고 현실적인 정보 제공이어야 한다.

지금은 겸손하거나 부정확할 때가 아니라 정확하고 현실적이어야 한다. 그러나 만약 여러분이 원래 약속했던 것보다 더 많은 일을 했다면 스폰서가 그것에 대해 확실히 알고 있는지 확인하라.

- 직접 발표하고 문제, 향후 업그레이드 및 갱신에 관해 설명한다.

지금은 겸손할 때도 아니고, 부정확할 때도 아니므로 정확하고 현실적으로 말하되, 원래 약속한 것보다 더 많은 일을 했다면 스폰서가 그 사실을 알 수 있도록 한다.

- 그들이 갱신하기 전에 갱신을 먼저 이야기한다.

스폰서십 종료 6개월 전에 모든 것이 끝났다는 것을 알리는 편지를 보내기보다는 주제를 제기하고 대화를 시작한다.

---

10 Business to Business: 기업과 기업 사이에 이루어지는 전자상거래를 일컫는 경제 용어.

🪄 스폰서를 위해 추가적인 가치 창출

현재 주최자가 시도하고 있는 기타 제안 사항은 다음과 같다.

- 스폰서의 전용 암호로 보호된 웹사이트 또는 웹사이트의 영역을 만들어 이행 보고서, 행사 정보 및 연구물을 저장한다.
- 스폰서 워크숍(*sponsor workshops*)을 주최한다.

IEG에 따르면 50% 속성이 워크숍을 개최하지만, 스폰서를 한자리에 모아 속성을 더 많이 활용할 수 있도록 도와줄 수 있는지 알아보는 것도 좋은 방법의 하나다. 서로 함께 할 수 있는 사업이 있는지 알아보는 것도 좋다. 워크숍은 스폰서에게 대변인이 있다고 느끼게 하고, 스폰서십 갱신 여부를 고민하는 시기가 아닌 스폰서십 기간 동안 불만을 해소하고 문제를 해결할 수 있도록 해줄 수 있다.

- 잠재 고객을 초대한다.
- 관련 소식, 잠재 고객 조사 및 새로운 스폰서십 기회를 제공한다.
- 협력자(*partners*)에게 공동 스폰서에 대해 교육한다.

그러나 스폰서 워크숍에 대한 한마디 경고가 있다. 7장에서 제안한 대로 권리와 가격을 방어하지 않으면 스폰서들이 서로 대화를 시작하고 그 가격과 권리에 대한 근거가 없다면 서로 다른 거래의 스파게티[11]가 풀릴 수 있다.

워크숍을 고려할 때 주의해야 할 또 다른 사항은 스폰서마다 목표가 완전히 다를 수 있으므로 한 가지 크기가 모든 스폰서에 적합하지 않다는 것을 알 수 있을 만큼 세심하고 마케팅에 정통해야 한다는 것이다. 어떤 스폰서는 서비스 홍보, 환대, 인지도, B2B 및 제품 인지도나 언론 보도에 관심을 가진다.

---

11 스파게티 볼 효과: 여러 국가와 동시다발적으로 FTA를 체결할 때 국가마다 서로 다른 원산지 규정, 통관 절차, 표준 등에 제대로 대응하지 못해 손해를 보는 것을 일컫는다. 이런 상황이 접시 속에 담긴 스파게티 가락들이 서로 복잡하게 얽혀 있는 모습과 비슷하다는 이유로 스파게티 볼 효과라고 부른다. 대개 스파게티 볼 현상은 모든 경제 현안에 대해 주도력이 없거나 관계부처 혹은 경제주체 간 충분한 합의 없이 특정한 목적이 결부돼 무리하게 추진할 때 자주 발생한다.

🔶 스폰서 만족을 위한 더 많은 방법

- 수수료 활성화 예산의 5%를 만든다.

이 방식은 미국에서는 가끔 시도되었지만, 유럽에서는 그 수가 훨씬 적다. 권리금을 대가로 받는 금액에서 일정 비율을 활성화에 배분하고 스폰서를 대신해 스폰서십 활동을 더 열심히 할 것을 제안할 수 있다. 이 비율은 15%까지 높지만, 이 비율은 너무 높을 수 있으며 어떤 경우에도 스폰서 활성화에 최소한의 예산을 지출하더라도 필요한 수입을 많이 박탈할 수 있다. 대부분의 스폰서십의 가치를 5%로 계산하면 일반적으로 좋은 홍보, 특별 우편 발송 또는 기타 판매촉진, 일부 부대 행사 또는 적당한 양의 유료 광고 비용을 내기에 충분한 금액이 확보되는 것을 알 수 있다. 스폰서십 중 일정 비율을 스폰서십 활성화에 사용한다는 생각은 일반적으로 스폰서에게 환영받으며, 어쨌든 다른 사람들과 차별화되는 데 도움이 되는 색다른 접근 방식이다.

- 새로운 아이디어를 정기적으로 제안하고 "트리거" 행사(*trigger events*)[12]를 활용한다.
- 스폰서가 되는 이유를 잊지 않게 한다.

기업 내 스폰서십 담당자는 매우 바쁘고 업무에 압도당하는 경우가 많아서 직원을 위해 생각해 주면 매우 고마워할 것이다. 예를 들어, 여러분은 새로운 사회자나 출연자, 새로운 장소를 사용, 곧 있을 회사행사에 대한 트윗(*Tweet*)이나 일부 콘텐츠(*content*)를 제안할 수 있다. 아이디어(*ideas*)를 주제에 맞게, 적절하며 신선하게 유지하도록 노력해야 한다.

- 대의명분/지역 사회 관계 노력과 연계한다.
- "소유 가능한" 플랫폼을 제공한다. 온라인 또는 소셜 미디어 활동, 행사 공간(*event lounge*) 등 스폰서가 행사 내에서 자신의 이름을 걸 수 있는 것, 다른 스폰서가 참여할 수 없는 것을 제공한다.
- 스폰서가 변화를 경험할 때 융통성 있게 행동한다.
- 새로운 목록 및 기타 지원 요소 제공한다.

---

12 트리거 이벤트(*trigger events*): 고객의 응답을 유도하는 광고, 캠페인

🎓 주요 학습 요점

- 스폰서십 갱신은 처음부터 지속해서 이루어져야 하며, 스폰서십 기간이 끝날 무렵에 허둥지둥하는 일이 되어서는 안 된다. 갱신은 항상 스폰서십을 최우선으로 염두에 두고 어떤 것도 잊지 않도록 하는 지속적인 과정이다.

- 스폰서가 된 이유를 상기시키고, 약속한 대로 가치를 창출하고, 데이터로 이를 입증했는지 확인한다.

- 스폰서를 유지하는 한 가지 핵심은 스폰서십이 브랜드, 고객이나 직원 수준에서 작동하는 매우 유용한 매개체라는 점이다. 스폰서십을 활용할 수 있는 다양한 방법을 상기시키고, 스폰서를 위해 일하며 스폰서십을 통해 실질적인 가치를 얻을 수 있도록 도와준다.

- 성과가 좋든 나쁘든 스폰서십 업계에서 투자 수익률은 여전히 중요하다. 이는 현실이기 때문에 수익률 측정이 제대로 이루어져야 하고, 당신은 그것을 도울 수 있다. 그러나 주로 목표를 달성하는 방향으로 진행되기 때문에 스폰서의 목표를 처음부터 배워야 한다. 스폰서의 직원이 관심 있는 주요 사항을 보고하도록 도와주면 직원을 고용하고 급여를 인상하는 데 도움이 된다. 만약 스폰서를 위해 적절하고 전문적으로 일할 수 있다면, 당신의 스폰서로부터 멋지고 따뜻한 빛을 받을 것이다.

- 눈에 잘 보이는 것은 피라미드 위로 올라갈 때 시작에 불과하지만, 스폰서가 인지도를 높이는 가시성을 확보할 수 있도록 가능한 한 아래층을 최대한 넓게 만들었는지 확인해야 한다.

- 팬들이 누구인지 아는 힘을 사용하고, 그들의 열정을 깊이 있게 분석하여 활용하면 스폰서에게 귀중한 통찰력을 제공할 수 있다.

- 스폰서가 다른 스폰서와 사업을 결합하거나 공동 프로모션을 통해 스폰서 비용을 절감하는 방법을 제안한다.

- 항상 활동의 모든 요소를 포함하는 기록을 보관한다. 이것은 좋은 기록이고 스폰서 보고서를 훨씬 쉽게 작성할 수 있다.

- 하지만 무엇보다도 경각심을 가져야 한다. 세상은 점점 더 빠르게 변화하고 있으며, 이는 위협이기도 하지만 기회이기도 하다. 축구 클럽이 "좋은 스폰서는 갱신할 때까지 연락이 없는 스폰서"라고 말하던 좋은 시절은 완전히 지나갔다. 따라서 종일 스폰서와 전화 통화를 하지 않더라도 스폰서를 세심하게 파악하고 있으며 스폰서를 도울

수 있는 기회를 찾고 있다는 것을 보여줄 필요가 있다.

요약

스폰서를 유지하는 비결은 스폰서 계약이 체결되는 순간부터 효과적인 서비스를 제공하는 것이다. 스폰서의 목표를 이해하고, 목표를 달성하는 데 도움을 주며, 결정적으로 활동과 성공에 대한 정기적인 보고는 모두 장기적인 관점에서 효과적인 스폰서 관계를 유지하는 데 역할을 할 것이다.

PART III

앞으로 나아갈 길
(The way ahead)

10 미래의 스폰서십

 개요

이 마지막 장은 이 책*(The Sponsorship Handbook)*에서 향후 10년간 스폰서십 산업에 영향을 미치는 주요 흐름을 요약한다. 이러한 흐름이 우리를 어디로 이끌 것인지, 그리고 그것이 스폰서나 주최자 등 상관없이 업계 종사자들에서 어떤 의미가 있을지 예측해 본다.

이 장에서는 다음과 같은 내용을 설명한다:

- 최근 경기 침체의 영향
- 이미 진행중이 흐름:
  - 일반적으로 업계
  - 스폰서
  - 주최자

최근 경기 침체의 영향

세계의 많은 사람이 경기 침체의 여파로 탄력을 되찾기 위해 고군분투하고 있고, 이것은 스폰서십에서 미치는 영향을 무시할 수 없다. 적어도 단기적으로는, 즉시 인식할 수 있는 두 가지의 영향이 있다: 위험 회피와 자금 부족.

위험 회피

스폰서십에 투자하는 새로운 조직이 더 줄어든 것은 분명하다. 이는 주로 스폰서십의 상대적으로 높은 위험성 때문이다. 경기 침체 이전에 이미 스폰서십을 마케팅 믹스의 일부로 포함시키지 않을 정도로 위험 회피 성향이 강한 조직은 미래에 대한 의문이 있는 상황에서 스폰서십을 수용하지 않을 가능성이 크다.

또 다른 경기 침체 관련 위험 회피의 분명한 영향은 평균 스폰서십 계약 기간이 약 3년에서 2년으로 줄어들고 있다는 점이다. 이것은 스폰서십 관계의 양쪽 모두 해당되는 사항이다. 스폰서는 경제 회복에 대한 확신이 없는 상황에서 장기적인 관계에 묶여있기를 원하지 않는다. 마찬가지로, 주최자들 -대부분 단기적으로 낮은 가격을 받아들여야 했던- 은 권리 시장이 회복될 것이라는 가정 하에 가능한 한 빨리 더 높은 가격에 권리를 재판매할 수 있는 기회를 원한다.

자금 부족

이미 언급했듯, 스폰서십 위원회는 경기 침체에 영향을 받지 않고 있다. 사업 특성상 더 높은 위험에 노출될 수밖에 없는 주최자들은 은행 자금 확보가 특히 더욱 어려워졌다. 마찬가지로, 역사적으로 정부 자금에 역사적으로 정부 자금에 의존해 온 주최자들도 현상 유지될 것이라는 환상을 갖지 않았다.

이것으로 주최자들에게 자금 출처로서의 스폰서십이 더욱 중요하게 되었다. 결과적으로, 스폰서들은 경기 침체 이전에 설정했지만 현재 시장이 없는 자산에 대해 높은 가치를 인정받기보다는 스폰서십 수익이 계속 유입될 수 있도록 더 낮은 수수료와 더 짧은 기간을 협상하는 데 훨씬 더 기꺼이 나서고 있다.

스폰서들은 또한 지출을 줄이고 예산을 크게 삭감해야 했으며, 이것은 스폰서십 수수료를 낮추는 압박으로 작용했다. 또 다른 결과로, 더 높은 가치를 지닌 속성에 대한 경쟁이 치열해져 더 높은 가치의 스폰서십 속성을 확보하기 위한 경쟁이 치열해졌고, 그 결과 가장 큰 주최자가 확보한 수수료와 양극화가 심화되었다.

변화를 위한 촉매제

그러나 경기 침체는 스폰서와 주최자 간의 보다 더 진정한 파트너십을 구축과 활성화에 더 큰 초점을 맞추는 것을 포함하여, 이미 진행 중인 흐름을 가속화하는 촉매제 역할을 하며 스폰서십 개발에 전 세계적으로 긍정적인 영향 또한 가져왔다.

파트너십 개발

회장의 변덕스런 스폰서십 '캐쉬 앤 대쉬(cash and dash)' 유형의 스폰서십 계약(스폰서가 수표를 부르고, 브랜드화를 조직하고 환대를 즐기지만, 투자를 활성화하기 위한 다른 일은 거의 하지 않는)은 여전히 살아있지만, 점점 줄어드는 중이다.

스폰서와 주최자 모두 서로를 더 긴밀히 협력하여 서로의 주요 동인을 이해하고 상호 성공에 기여할 수 있는 방법을 파악하게 되었다. 그 결과, 성과급에 대한 관심이 높아져 목표 공유가 더욱 활발해졌고, 심지어 일치된 목표를 달성할 수 있게 되었다. 여기서 주최자는 스폰서의 스폰서십 목표 달성을 지원한 대가로 스폰서십 수수료의 일부를 보너스로 받을 수 있다. 이에 대한 몇 가지 예는 다음과 같다:

- 스폰서십 속성 자체의 홍보 노력의 결과로 미디어에서 특정 스폰서를 언급한 횟수 또는 비율을 달성한 경우 일시불 보너스
- 주최자의 추가 브랜드화 노력에 따라 스폰서가 예상보다 앞서 특정 목표를 달성한 경우 단계별 지급 보너스
- 스폰서에 의한 내 팬 사이에서의 데이터베이스 생성 계획의 성공과 관련된 기록당 지급금

이러한 흐름은 스폰서의 관계에 대한 기여의 일환으로 현물 가치와 현물 마케팅의 사용 증가에서도 나타난다. 주최자의 관점에서 예산 절감 혜택은 모두 현금 흐름 관리에 도움이 된다. 스폰서 입장에서는 현물 혜택을 제공함으로써 팬들의 눈에 신뢰할 수 있고, 따라서 더 수용 가능한 파트너가 될 수 있다.

본격적인 활성화

의심할 여지 없이 여전히 개선의 여지가 많지만, 스폰서십을 활성화하여 수익을 창출하는 역할에 대한 스폰서의 인식이 확실히 더 커졌다. 스폰서는 활성화 프로그램에서 더욱 창의적이 되고 있으며 특히 다음과 같이 점점 더 많아지고 있다:

- 스폰서는 사실상 팬들의 '파티'에 초대받지 않은 손님이라는 점을 인식해야 한다. 따라서 스폰서는 '병 가져오기(*bringing a bottle*)'와 같은 팬들의 경험에 적극적으로 기여할 필요가 있다. 진정성을 위해 그들의 제품과 서비스, 그리고 그들이 소통하고자 하는 메시지를 어떤 식으로든 반영해야 한다.
- 소셜 미디어의 힘을 사용하여 운동선수 및 특유의 콘텐츠와 같은 구매된 권리의 활용을 확대한다. 소셜 미디어는 또한 효율적인 투자라는 장점도 있다. 예를 들어 트위터나 페이스북을 통해 특정 인물이나 이벤트의 팬과 같이 매우 한정된 그룹에 쉽게 접근할 수 있다. 특히 스포츠 팬들은 항상 정보와 뉴스에 굶주려 있고 팬들에게 정보와 통찰력을 제공하는 데 도움이 된다고 느끼는 스폰서들은 호의를 얻을 것이다.

이러한 디지털 커뮤니티를 세분화하고 측정할 수 있는 기능은 스폰서십 업계에 매우 환영할만한 일이며, 이는 스폰서십 성장을 촉진하는 데 도움이 될 것이다. 또한 스폰서는 팬들이 자신에 대해 어떻게 느끼는지, 그리고 가능한 참여 수준에 대해 이전보다 훨씬 더 많은 것을 알게 될 것이다.

브랜드가 소셜 미디어에서 직면하는 문제는 '참여 규칙(*rules of engagement*)'이 기존의 대중 마케팅 채널과 크게 다른 점이다. 이로 인해 두 가지 과제가 발생한다:

- *목소리 톤:* 소셜 미디어는 일방적인 채널이 아니라 모든 사용자가 콘텐츠를 만들고 형성할 수 있는 같은 권리를 갖는 대화이다. 노골적인 상업화는 새로운 온라인 에티켓에 포함되지 않으며, 미래의 성공적인 스폰서는 대화에 참여할 때 올바른 어조를 사용하는 것으로 보이는 사람들일 것이다.
- *통제력 상실:* 마케팅 전반에 걸쳐 조직은 더 이상 브랜드 홍보를 완전히 통제할 수 없다는 사실을 받아들이기 위해 고군분투하고 있다. 잘못하면 몇 초 만에 전 세계적으로 비난받을 것이다. 제대로 하면 브랜드 인지도와 충성도를 높이고 수익에 긍정적

인 영향을 미칠 수 있다. 소셜 미디어 활동가들을 파티에 초대할 만큼 용감한 스폰서와 주최자는 보상받을 것이다.

팬들과 더 가까워지고 스폰서의 자산에 대한 스폰서의 의지를 보여주는 방법으로 풀뿌리 또는 관련 기업 책임 활동에 투자하는 추세도 눈에 띄게 성장하고 있다.

궁극적으로 팬들이 어떤 식으로든 스폰서 활동을 향상시키는 데 유효한 기여를 하지 않는 스폰서를 더 이상 용납하지 않을 것 이라는 인식이 있다. 스폰서들은 그들의 참여가 유효하고, 팬들에게 주목받고, 점차 가치를 인정받기 위해 노력하고 있다.

산업 발전

스폰서십은 경기 침체기의 뒤쳐지는 지표이므로 경제의 다른 부문보다 회복하는 데 더 오래 걸릴 것으로 예상된다. 스폰서십의 경우 지난 10년보다 느린 속도로 성장하겠지만, 주로 전통적인 광고의 비용으로 인해 계속 성장할 것이라는 의미이다.

디지털 혁명의 결과 중 하나는 스폰서십에 대한 새로운 정의가 필요하다는 것이다. 이는 디지털 미디어, 특히 소셜 미디어의 발전과 특정 대상 고객에 대한 채널로서 스폰서십 투자를 성공적으로 지휘할 수 있는 새로운 사업 모델이 만들어질 기회가 고려될 것이다.

각국 정부가 부채를 갚으면서 공공 지출을 전반적으로 삭감함에 따라 스폰서십을 원하는 조직의 수가 증가할 것이다. 그동안 주로 문화 부문에서 정부 기금에 의존해온 조직들은 이제 상업적 스폰서를 유치하기 위해 준비해야 할 것이다. 이러한 조직들은 예술가든 예술적 방향이든 상관없이 상업적 참여와 '편집 통제(editorial control)' 문제와 씨름하기 때문에 문제가 없는 것이 아니다. 마찬가지로 스폰서의 이익을 돌보는 일을 구체적으로 담당하는 일관되고 잘 조직된 구조를 보여주지 못하면 스폰서 유치에 실패할 것이다.

이동 통신이 소통 채널로 발전함에 따라 주최자들과 스폰서 모두 이 지극히 개인적인 매체를 활용하여 자신의 스폰서십 속성과 스폰서십에 보다 깊이 소비자와 소통 할 수 있는 방법을 모색할 것이다.

허용 마케팅[13]은 궁극적으로 소비자에게 훨씬 더 풍부한 경험을 제공할 것이지만, 모

---

13 네트워크상의 1:1 마케팅의 하나. 네트워크 이용자가 자신의 정보를 공개하면 운영자 측은 그 정보를 토대로 일반 이용자들이 필요로 하는 정보를 분석, 추출해서 상용 정보를 제공한다.

든 당사자가 실제로 채널이 성공–성공–성공(win-win- win)을 제공할 수 있도록 허용 매개 변수를 이해하려면 시간이 걸리고 약간의 실패가 있을 수 있다.

스폰서와 함께 일할 의향이 있는 새로운 주최자는 스폰서에게 전적으로 소유하는 활동의 위험없이 새로운 것을 개발할 수있는 기회를 제공하기 때문에 관심을 끌 것이다.

스폰서들

고객 및 기타 이해 관계자와의 양방향 소통을 위한 플랫폼을 제공하는 능력을 기반으로 마케팅믹스 내에서 스폰서십 위상이 높아짐에 따라, 기업들은 스폰서십 활동을 알리는 강력한 전략을 점점 더 강조하게 될 것이다. 이것이 회장의 변덕스런 스폰서십에 대한 완전히 종지부를 찍지는 않겠지만, 전략적이지 않은 스폰서십에 상당한 통제가 필요함을 시사한다.

스폰서십의 작동 방식을 더 잘 이해하고 마케팅 주류에 스폰서십을 포함하면, 다른 마케팅 분야에서 운영되는 계획 도구 및 기법을 접하고 통합에 도움이 될 것이다.

이것은 실행 계획을 개선할 뿐만 아니라 스폰서십 활성화 자금 조달에 대한 인식을 높이는 데도 도움이 될 것이다. 결국, 광고가 게재될 미디어를 구매하기 위해 예산 배정하지 않고 어느 누구도 30초 분량의 TV 광고 제작에 투자할 것을 기대하는 사람은 아무도 없다.

소비자의 관심을 끌고 유지하는 것은 점점 더 어려워져, 브랜드가 스폰서십 활동을 통해 한발 앞서 나가기 위해 창의적인 시도를 하게 될 것이다. 브랜드 노출이나 환대 이상의 것을 목표로 요구하는 스폰서십은 여전히 존재하지만, 디지털 영역의 비용 효율성, 유연성 및 디지털 영역의 도달 범위 및 매력적인 브랜드 경험을 창출해야 하는 필요성은 스폰서십 권리를 활용하는 보다 총체적인 접근 방식으로 이어질 것이다. 이는 결과적으로 스폰서십 수익률을 높이고, 스폰서 조직에 대한 스폰서십의 인식 가치를 높여, 이는 추가 투자의 문을 열어 전 세계적으로 스폰서십의 지속적인 성장에 기여할 선순환 구조를 만들어낼 것이다.

스폰서십에 대한 인식이 높아지면서 스폰서십 조직을 위한, 보다 전략적인 역할을 담당하게 된다. 성과 보고를 염두에 두고 더욱 신중하게 목표를 설정하고 있으며, 관련 측정 방법론에 대한 수요 증가를 충족하기 위해 연구 업계에서 새로운 도구와 기법을 지속적으로 개발하는 것은 불가피한 일이다. 마찬가지로 스폰서들이 마케팅 믹스 전반에 걸쳐 지출한 비용 대비 상대적 가치를 더욱 면밀히 검토함에 따라 계량적 모델링에 대한 더 많은 투자가 증가할 것으로 예상된다.

주최자들

강력한 스폰서십 전략은 더 많은 성공적인 판매, 더 행복한 스폰서, 그리고 스폰서 갱신에 드는 비용과 시간 절약으로 이어진다. 주최자는 스폰서십을 더욱 지원하는 조화로운 환경에서 일함으로써 이익을 얻을 수 있다. 각 스폰서십 관계 목표와 그에 따른 혜택을 명확히 이해하면 장단기적으로 내부 스트레스로부터 광고팀이 보호받을 수 있다.

스폰서십 판매는 더 이상 숫자 게임으로 간주되지 않을 것이다. 스폰서의 자금 경쟁이 치열 해지고 기업 내 스폰서십에 대한 이해와 정교함이 커지면서 시장 진출 전 철저한 준비가 보편화되고, 훨씬 더 적은 수의 기업이 표적이 될 것이지만, 전환율은 기하급수적으로 증가 할 것이다. 스폰서의 요구에 맞게 권리를 조정하는 것이 표준이 될 것이다.

스폰서십을 판매하는 사람들은 스폰서십을 통해 스폰서에게 어떤 혜택을 제공할 수 있는지 입증해야 한다는 압박이 더욱 커질 것이다. 이를 위해서는 주최자가 스폰서의 다양한 목표에 대해 폭넓게 생각하고 스폰서의 성공에 대한 기여도를 명확하게 보여주는 간단하지만 효과적인 측정 방법론을 구현하는 방법을 고민해야 할 것이다. 스폰서십 측정 방법에 대한 요구는 스폰서에 의해 점점 더 커지고, 양질의 보고 시스템을 제공하는 주최자가 유리할 것이다.

혁신의 속도로 인해 구글 및 페이스북과 같은 완전히 새로운 산업과 기업이 급부상하면서 기업의 사업 문제를 이해하는 것은 점점 더 어려워질 것이다. 스폰서십 판매자는 실제 파트너가 되려면 이러한 변화를 추적 및 예측하고 빠르게 변화하는 첨단 기술 사업(*hi-tech businesses*)을 이해하는 데 훨씬 더 전문성을 갖춰야 한다.

요약

업계가 성숙해짐에 따라 스폰서십은 계속 성장하고 대부분 조직에서 마케팅 믹스(*marketing mix*)가 필수 요소로 자리 잡을 것이다. 스폰서십에 대한 인식이 바뀌면서 패러다

임(*paradigm*)이 변화할 것이다:

- 마케팅믹스의 다른 모든 요소에 통합할 수 있는 마케팅 플랫폼이다.
- 시장에 진출하는 하나의 경로가 아닌, 다른 창의적인 솔루션과 상호 교환이 가능하다.
- 스폰서, 주최자 및 팬 간의 3중 윈(*A triple win; win-win-win*) 할 수 있는 파트너십이다.

관리의 전문성과 실행의 창의성은 강력한 스폰서십 성과 창출을 위해 모인 모든 당사자에게 보여지는 존경심에 반영될 것이다. 이 젊은 마케팅 분야는 많은 것을 제공하며, 조직은 시간이 지남에 따라 수익을 최대화하기 위해 열심히 노력할 것이다. 브라질, 중국, 러시아 및 기타 지역에서 강력한 산업 및 브랜드가 등장하고 IT와 소셜 미디어의 혁신 속도로 인해 스폰서십에 자극을 주고 있어 기대가 크다. 이러한 모든 요소가 스폰서십을 더욱 빠르게 발전시킬 것이며, 이 책이 스폰서십을 강력하고 유연한 마케팅 도구로 사용하는 데 있어 역량과 자신감을 키우는 데 도움이 되기를 바란다.

더 많은 영감과 아이디어를 얻으려면 http://www.sponsorshipstore.com을 방문하거나, 트위터에서 스폰서십 팁(*Sponsorshiptips*)을 팔로우(*follow*)하거나, http://www.sponsorshipconsulting.co.uk에서 정기적인 시장 보고서를 요청하면 된다.

용어 사전

활성화(*Activation*): 취득한 권리를 기업이 스폰서십 목표를 달성하는 데 도움이 되는 의미있는 혜택으로 전환하여 스폰서십을 실현하는 과정이다. 예를 들어, 기업 환대와 함께 특정 횟수의 입장권에 대한 권리를 소비자 경쟁 또는 최고급 사업의 환대 기회로 전환하는 것을 말한다. 때때로 스폰서십 촉진 또는 활용이라고도 한다.

매복 마케팅(*Ambush marketing*): 특정 속성의 공식 스폰서*(종종 스폰서의 경쟁자)*가 아닌 브랜드가 소비자의 마음속에 있는 해당 속성과 연관성을 형성하여 상업적 이익을 얻기 위해 수행하는 모든 활동이다.

평가(*Assessment*): 특정 브랜드의 사업 및 마케팅 목표에 대한 잠재적 스폰서십 속성의 적합성을 평가하는 과정이다.

자산(*Assets*): 스폰서십의 일부로 판매되는 요소이며, 스폰서십 혜택이라고도 한다. 예를 들면, 주변 브랜드, 의전 입장권과 같은 유형이거나 결사의 권리와 같은 무형 자산일 수도 있다.

인지도(*Awareness*): 대상 고객이 스폰서의 브랜드를 스폰서 속성과 연관시키는지 확인하는 척도로 사용된다.

혜택(*Benefits*): 획득한 스폰서십 자산의 결과로 권리자가 스폰서에게 제공하는 이점이다. 예를 들면, 자산이 현장 간판인 경우, 혜택은 관중에게 미치는 영향이다.

브랜드 분석(*Brand tracker*): 브랜드 선호도, 지지도, 브랜드 속성, 사용 및 태도를 측정하는 주요 대상 고객 중에서 브랜드의 건전성에 대해 수행되는 정기적인 설문조사이다.

고려 사항(*Consideration*): 스폰서가 권리자로부터 취득한 스폰서십 권리 및 자산에 대한 대가로 제공하는 것을 포함하는 법적 용어로, 현금, 현물 마케팅 또는 현물 가치 중 하나 이상을 포함할 수 있다.

평가(*Evaluation*): 스폰서십이 처음에 설정한 목표를 달성했는지 여부를 확인하는 과정이다. 여기에는 결과의 측정과 해석이 모두 포함된다.

개발(*Exploitation*): 스폰서십 활성화에 대한 대안으로, 지금은 구식으로 간주되는 방식이며, 스폰서가 스폰서십 활동을 활성화를 위해 구매한 권리를 중심으로 개발하는 활동 프로그램을 의미한다.

수수료(*Fees*): 스폰서가 특정한 합의된 직간접적 혜택에 대한 대가로, 지불하는 금액이며, 가장 주목할 만한 것은 스폰서십 속성과의 연관성을 홍보할 수 있는 권리이다.

무형 자산(*Intangible assets*): 직접 또는 관련 비용이 들지 않지만, 그럼에도 영업권처럼 스폰서에게 가치가 있는 스폰서십 요소이다.

중개자(*Intermediary*): 스폰서십의 판매 또는 구매를 촉진하는 역할을 하는 제3자이다. 예를 들면, 판매 대행사, 스폰서십 컨설팅 회사, 변호사를 말한다.

보유 물품(*Inventory*): 주최자가 스폰서에게 제공하는 이점으로, 공급이 제한되어 있어 사전 관리가 필요한 항목과 관련하여 자주 사용된다. 예를 들어, 행사 입장권, 의전 출입증, 행사 프로그램, 호텔 객실, 브랜드 상품 등이 있다.

핵심 성과 지표(*KPI, Key Performance Indicator*): 스폰서 또는 주최자의 목표 달성 측면에서 스폰서십이 어떻게 성과를 거두고 있는지를 파악하는데 핵심이 되는 측정지표이다.

활용(*Leveraging*): 스폰서십 활성화를 지칭하는 다른 방법으로, 스폰서가 구매한 권리를 중심으로 프로그램을 개발하여 대상 고객에게 스폰서십을 실현하는 과정을 말한다.

시장/소비자 조사(*Market/consumer research*): 소비자가 특정 방식으로 반응하는 정도(*정량적*)와 이유(*정성적*)를 이해하는 과정이다. 일반적으로 데이터는 설문지나 포커스 그룹을 통해 수집한 다음 분석한다.

현물 마케팅(*Marketing in Kind, MIK*): 스폰서가 자체의 마케팅 범위를 활용하여 스폰서십 속성의 마케팅 활동을 확대함으로써 인지도와 관심을 높이고 입장권 판매 속성, 데이터베이스 등록 또는 영향력 있는 사람들의(*influencers*) 의견 개진 등을 유도하는 경우이다.

미디어 연구(*Media research*): 스폰서십을 위한 미디어 노출을 파악하고 이를 광고 비용과 같이 생각하는 과정이다.

미디어 환산 가치(*Media value equivalence*): TV 보도 또는 인쇄 매체에서 스폰서 브랜드가 노출되는 시간(*분 또는 숫자*)을 합산한 다음, 해당 매체에서 이 수준의 노출을 광고하는 데 드는 비용을 계산하여 도출한 수치이다. 이 수치는 광고를 통해 해당 활동에 포함되지 않은 관련 언론 보도의 주요 메시지를 전달하는 점을 고려해 일정 비율(*할인율이라고 함*)로 할인하는 경우가 많다.

신제품 개발(*NPD, New Product Development*): 잠재적인 신제품 또는 서비스를 파악하기 위한 연구를 수행한 다음, 해당 연구를 상업적으로 판매 가능한 제품이나 서비스로 개발하는 과정이다.

공식 공급 업체(*Official Supplier*): 공식 공급 업체로 자체 마케팅을 통해 스폰서십 속성과 연관성을 형성할 수 있는 대가로, 스폰서십 활동을 강화하기 위해 현물을 제공하고(*때로는 현금을 추가로 기부하기도 함*) 예산을 제공하는 스폰서이다.

제안 스폰서(*Presenting Sponsor*): 주요 스폰서 또는 타이틀 스폰서 속성 뒤에 있는 두 번째로 중요한 스폰서를 정의하는 데 사용되는 용어다. 이 명칭은 일반적으로 "타이틀 스폰서 이름(*있는 경우*) 스폰서 이름으로 제시된 속성 이름"으로 구성되므로, 제안 스폰서와 속성 사이에 어느 정도 구분을 유지한다.

자산/속성(특성): 일반적으로 스포츠, 문화, 엔터테인먼트, 자선단체 또는 풀뿌리 부문(*예: 특정 미술 전시회, 음악 축제 또는 스포츠 팀*)에 국한되지 않고 스폰서십을 위해 시장에 제공되는 프로젝트, 이벤트, 팀, 장소 또는 기타 단체를 말한다.

정성적·질적연구(*Qualitative research*): 포커스 그룹, 인터뷰를 통해 상황별 정보를 제공한다.

정량적·양적연구(*Quantitative research*): 청중을 대표할 수 있을 만큼 충분히 많은 수의 표본을 기반으로, 통계 정보를 제공한다. 일반적으로 전화 또는 온라인으로 설문지를 작성하는 것이 포함된다.

주최자(Rights-holder): 스폰서십 속성에 대한 물리적 또는 지적 권리를 소유한 개인 또는 조직[테이트 모던(Tate Modern) 또는 FIFA]이다.

결사의 권리(Rights of association): 스폰서십의 가장 기본적인 요소로, 스폰서가 주최자와 합의한 바와 같이 기업 또는 브랜드 간의 연관성을 공공 영역에서, 특히 해당 연관성을 통해 영향을 미치고자 하는 주요 목표 대상에게 홍보할 수 있는 권리를 의미한다.

투자 수익률(ROI, Return on Investment): 백분율로 표시되며 투자 효율성에 대한 재무적 측정치다. 순이익(이익에서 비용을 뺀 값)이 원래 투자금액을 초과(또는 미만)한 횟수를 기준으로 계산된다.

목표 수익률(ROO, Return on Objectives): 이것은 종종 신호등 시스템으로 표현되는 비재무적 지표로, 투자자가 스폰서십하는 주요 목표를 달성하기 위한 스폰서십의 현재 성과를 나타낸다.

스폰서(Sponsor): 홍보, 의전 또는 판매 기회와 같은 직접적인 관련 혜택을 대가로 특정 상업적 목적을 위해 프로젝트, 개인 등에 금전을 제공하는 사람, 브랜드 또는 기업이다.

스폰서십 패키지(Sponsorship package): 주최자가 계약을 통해 스폰서에게 제공하는 특정 권리/혜택의 구체적인 조합이다.

스폰서십 분석(Sponsorship tracker): 스폰서십이 해당 브랜드의 인식 및 보고된 것에 미치는 영향을 확인하기 위해 브랜드에서 정기적으로 실시하는 설문조사이다.

유형 자산(Tangible assets): 직접(예: 의전비용) 또는 간접적으로(예: 광고 구매에 따른 브랜드가 방송 중, 화면 노출 시간의 가치 환산) 특정한 가치를 부여할 수 있는 스폰서십 요소이다.

계약 기간(Term): 회사와 주최자 간의 스폰서십 관계에 대한 계약 기간으로, 일반적으로 몇 개월 또는 몇 년 단위로 표시된다.

타이틀 스폰서(Title Sponsor): 스폰서의 이름이 주최사 이름과 통합된 가장 상위스폰서이다.

가치 평가(Valuation): 다양한 유형 요소의 비용을 정량화하고 무형 요소의 값을 도출하여 스폰서십의 가치를 산정하는 과정이다.

현물 가치(Value in Kind, VIK): 스폰서가 협회의 권리에 대한 대가의 전액 또는 일부 지불하는 것으로 재화 및 서비스를 스폰서십 대상인 주최사에 제공하는 경우이다. 이러한 상품 및 서비스는 예산을 절감하거나(예: 육상대회에 시계 브랜드의 타이밍 서비스 제공) 스폰서십 활동에 대한 목표 대상의 경험을 향상할 수 있다(예: 음악 축제에서 휴대폰 충전서비스 제공).

화이트 나이트(With Knight): 개인적 만족, 인정 또는 협회의 지위 향상에 대한 대가로 권리자에게 무상으로 또는 일반 시장 가격보다 유리한 비용으로 재정 또는 기타 지원을 제공하는 '우호적 투자자'이다. 예를 들어 축구 클럽을 소유한 개인이 클럽의 정상적인 운영 실적보다 더 나은 선수를 영입하기 위해 개인 자금을 투자하는 경우를 말한다.

역자 소개

박정배 박사

청운대학교 공연기획경영학과(2004년 3월. 4년제 최초), 문화예술경영·MICE(2019년 3월. 석사과정)을 개설하여 틀을 만든 초대 학과장·교수이다. 활발한 학회(KRI)에서 역할(회장·부회장·이사 등)과 정부·자치단체·기업 등의 관련 분야에서 비상임 위원(이사)으로 활동하고 있다. 최근에는 코칭·퍼실리테이터·협상/갈등관리·한류 CEO/엔터테인먼트 경영·마케팅·문화전문가과정 등도 이수하며 자격취득하고, 문화융합과정에 관심을 기울이고 있다. 전공 관련 다수의 저서와 논문이 있다.

박양우 박사

제23회 행정고시에 합격한 후 주로 문화체육관광부에서 일했으며, 재직 중 대통령비서실 행정관, 주뉴욕 한국문화원장, 문화관광부 차관 등을 역임하였다. 2008년 중앙대학교 교수로 부임하여 부총장을 지냈고, 제8대 문화체육관광부 장관을 맡아 일했다. 그리고 한국예술경영학회 회장을 지냈고, 지금은 광주비엔날레 대표이사를 맡고 있다.

임연철 박사

중앙일보에서 기자를 시작해 동아일보에서 문화부 기자를 거쳐 문화부장, 편집부국장, 논설위원, 사업국장을 역임했다. 중앙대학교, 숙명여대 초빙교수를 지냈으며 경희사이버대학교, 명지대학교, 성균관대학교, 이화여자대학교 대학원 등에서 공연·전시마케팅과 홍보를 강의했다. 국립중앙극장 극장장(2009~2011)으로서 공연기획·제작, 경영을 총괄했다. 국립극단, 국립오페라단, 국립발레단, 국립합창단, 서울예술단, 예술자료원, 서울시향 이사를 지냈다. 관련 분야 다수의 저서가 있으며, 현재는 미국 드루대감리교 아카이브 연구원으로 미국과 한국에서 전기 작가(biographer)로 활동 중이다.

스폰서십 핸드북

초판발행	2023년 9월 20일
지은이	Pippa Collett · William Fenton
옮긴이	박정배 · 박양우 · 임연철
펴낸이	안종만 · 안상준
편 집	탁종민
기획/마케팅	정연환
디자인	이은지
제 작	고철민 · 조영환
펴낸곳	㈜ **박영시**
	서울특별시 금천구 가산디지털2로 53, 210호(가산동, 한라시그마밸리)
	등록 1959.3.11. 제300-1959-1호(倫)
전 화	02)733-6771
f a x	02)736-4818
e-mail	pys@pybook.co.kr
homepage	www.pybook.co.kr
ISBN	979-11-303-1723-6 93320

*파본은 구입하신 곳에서 교환해 드립니다. 본서의 무단복제행위를 금합니다.

정 가	22,000원